人民文库 第二辑

律 学 新 考

何勤华 | 著

人民出版社

责任编辑:江小夏

装帧设计:肖　辉　王欢欢

图书在版编目(CIP)数据

律学新考/何勤华 著. —北京:人民出版社,2024.11

(人民文库. 第二辑)

ISBN 978－7－01－022833－4

Ⅰ.①律…　Ⅱ.①何…　Ⅲ.①法律-研究-中国-古代　Ⅳ.①D929.2

中国版本图书馆 CIP 数据核字(2020)第 249501 号

律学新考

LÜXUE XINKAO

何勤华　著

人民出版社 出版发行

(100706　北京市东城区隆福寺街 99 号)

北京新华印刷有限公司印刷　新华书店经销

2024 年 11 月第 1 版　2024 年 11 月北京第 1 次印刷

开本:710 毫米×1000 毫米 1/16　印张:19.5

字数:300 千字

ISBN 978－7－01－022833－4　定价:99.00 元

邮购地址 100706　北京市东城区隆福寺街 99 号

人民东方图书销售中心　电话 (010)65250042　65289539

出 版 前 言

1921 年 9 月,刚刚成立的中国共产党就创办了第一家自己的出版机构——人民出版社。一百年来,在党的领导下,人民出版社大力传播马克思主义及其中国化的最新理论成果,为弘扬真理、繁荣学术、传承文明、普及文化出版了一批又一批影响深远的精品力作,引领着时代思潮与学术方向。

2009 年,在庆祝新中国成立 60 周年之际,我社从历年出版精品中,选取了一百余种图书作为《人民文库》第一辑。文库出版后,广受好评,其中不少图书一印再印。为庆祝中国共产党建党一百周年,反映当代中国学术文化大发展大繁荣的巨大成就,在建社一百周年之际,我社决定推出《人民文库》第二辑。

《人民文库》第二辑继续坚持思想性、学术性、原创性与可读性标准,重点选取 20 世纪 90 年代以来出版的哲学社会科学研究著作,按学科分为马克思主义、哲学、政治、法律、经济、历史、文化七类,陆续出版。

习近平总书记指出："人民群众多读书，我们的民族精神就会厚重起来、深邃起来。""为人民提供更多优秀精神文化产品，善莫大焉。"这既是对广大读者的殷切期望，也是对出版工作者提出的价值要求。

文化自信是一个国家、一个民族发展中更基本、更深沉、更持久的力量，没有文化的繁荣兴盛，就没有中华民族的伟大复兴。我们要始终坚持"为人民出好书"的宗旨，不断推出更多、更好的精品力作，筑牢中华民族文化自信的根基。

人民出版社

2021 年 1 月 2 日

目　录

第四编　律家、律学与中华法系

序 弘扬中华法系之律家精神[*]

党的十九大将弘扬中国传统文化作为中华民族重新崛起的伟大战略步骤之一。而在中国传统文化中,中华法系之律家精神占据着重要地位,不仅引导着中华法系的运作和生命延续,而且为我们当下建设中国特色社会主义法治国家提供了源源不竭的精神遗产。

一、何谓中华法系律家

法系,是一个比较法上的概念。1881 年,日本东京大学法学部教授穗积陈重,在推进比较法成长时,根据其在英国、德国留学期间的知识积累,提出了"法族"(Legal Family,法律家族,法系)的概念。穗积陈重认为,纵观人类法律文明史,可以把历史上出现的法律划分为五个大的法系,即以《摩奴法典》等为基础,体现婆罗门教文明的印度法系;以中国古代法律为基础,体现中华法律之精神并传播于周边国家的中华法系;以《古兰经》为基础,体现中世纪亚欧非伊斯兰教文明的伊斯兰法系;以罗马法为基础,凝结着西欧大陆成文法文明的大陆法系;以英国法为基础,

---

* 本部分内容曾发表于《检察日报》(2018 年 4 月 3 日),收入本书时略有改动。

体现判例法文明的英美法系。19 世纪末 20 世纪初,随着世界各国比较法的发展和成熟,法系的概念也为各国法学界所认可。

作为穗积陈重所说世界五大法系之一的中华法系,形成于公元 6 世纪至 7 世纪的隋唐时期。此时,以隋《开皇律》、唐《永徽律》等为基础的中国法,依托隋唐盛世,达到了中国历史上最为发达之境界,成为朝鲜、日本、琉球和越南等周边国家尊敬、仰慕、学习和模仿的对象。以中国法为主体,以其他相关国家的法律为支撑,形成了适用于东亚广大地区的法律体系——中华法系。而中华法系之所以能够屹立于世界法律文明之林,不仅是因为有一批著名法典,还因为有一大批著名律家。正是由于他们的辛勤劳动,中华法系的法律文明才从中国向周边国家扩散,中华法系的精神得以发扬光大。

这里,"律家"是一个学术用语,指的是法学家、律学家。具体是指中国古代从秦汉至清末社会发展中主持和参与制定律、令、科、格、式和例等,并对其解释、研究、运用和实施的法律工作者。而中华法系的律家,就是隋唐(中华法系诞生)以后的律、令、格、式、例等的制定、阐释与实施者。中华法系律家的构成比较复杂,既有政治家,如魏徵、王安石等;有行政官员,如房玄龄、刘文静等;有司法官员,如狄仁杰、包拯等;有在法律研究领域著书立说的律学家,如王明德、沈之奇等;有经学家,如孔颖达、颜师古等;还有文学家、诗人,如陈子昂、刘禹锡、白居易、柳宗元、欧阳修、苏轼、李贽、李渔;等等。他们在履行本职工作的同时,发表了关于法律的看法(观点和学说),或者参与了律的注释、研究,所以就被后人称为律家。

二、中华法系律家的历史贡献

中华法系能够传承 1300 多年,离不开律家的贡献。

首先,律家积极参与立法活动,为国家起草修订律令。如中华法系成型时期的隋唐两朝,曾频繁地进行法律修订,以求实现最佳的统治效能。如隋初高颎、苏威、牛弘等人,在总结南北朝用法深重、诛杀无度的基础上,制定了《开皇律》,"尽除苛惨之法",在一定程度上克服了前朝刑罚的野蛮性。[①] 而唐初的房玄龄、李勣等人,又在《开皇律》的基础上,制定了《贞观律》《永徽律》等,对之前的法典作了重大修改,更加简约。

其次,律家沉下心注释阐述律令,解答法律疑难。如唐代开国元勋长孙无忌等人编纂的《唐律疏议》,宋初元老窦仪等人编撰的《宋刑统》,就是对唐《永徽律》和宋代法律所作的官方注释,它们对律文进行逐句解释,阐明文义,剖析内涵,并设置问答,通过互相辩难,解释、回答法律疑义,以补充律文之不足。这种解释作为官方的解释,与律、令等具有同等效力。《宋刑统》还附上了相应的敕。而明代雷梦麟著《读律琐言》和清代沈之奇的《大清律辑注》等,虽然只是学理解释,但在司法实务中,也同样起着重要的指导意义。

再次,律家传授律令知识,培养法律专门人才。如隋唐之际的王通、杨汪、孔颖达、颜师古等,都有各自不同数量的门生。至唐以后,有宋代的孙奭和傅霖,元代的沈仲纬等。明代的唐枢和李贽,在得罪权贵、遭贬免职之后,两人就长期从事讲学、传授知识的工作。

最后,律家强调立法之简约、便民利民的重要性。如高颎等更定《开皇律》中"刑名",只保留死、流、徒、杖、笞五刑。唐初修订的《贞观律》"凡削烦去蠹,变重为轻者,不可胜纪"[②]。至宋元以后,强调立法简约、便民利民的主张又与法律的公平公正、尊重生命、强调民本、谨慎用刑等思想结合在了一起。如明代律家丘濬在其《大学衍义补》"慎刑宪"中,就强调立法时必须把握住几项原则,如法须公正,法胜君言;尊重生命,强调民本等。

---

① 参见(唐)魏徵、令狐德棻:《隋书》卷二十五,中华书局1973年版,第709—712页。

② (后晋)刘昫等:《旧唐书》卷五十,中华书局1975年版,第2138页。

三、中华法系律家的精神遗产

在 1300 多年中华法系发展过程中,律家慢慢形成了自己的思想、理论和方法,这是我们现在可以把握并予以继承和发扬光大的精神遗产。

提倡法律之平等与司法之公正。这成为律家奏疏和律典解释中的重要内容。如唐代律家陆贽认为,"信赏必罚,霸王之资"①。宋代律家李觏主张法律必须平等:"法者,天子所与天下共也,如使同族犯之而不刑杀,是为君者私其亲也;有爵者犯之而不刑杀,是为臣者私其身也……故王者不辨亲疏,不异贵贱,一致于法。"②大文豪苏轼也提出了"厉法禁,自大臣始"③的司法公正思想。

对法律职业的忠诚与执着。这一点在"法律世家"这一层面上体现得尤为充分。如在唐初,就有韩仲良、韩瑗父子,戴胄、戴至德叔侄,苏瓌、苏颋父子等。至宋、明以后,法律世家并没有绝迹,继续在律学研究中发挥着积极的作用。比如,宋初的和凝、和㠓父子,就是同心协力,将两代人的心血全部投入到完成律学作品《疑狱集》的写作上,开创了中国古代判例集的编纂模式。又如,明代中叶王樵、王肯堂父子也同样如此。王樵毕其一生,只完成了《读律私笺》的初稿。其子王肯堂继承了父亲的事业,殚精竭虑,辛勤写作,终于完成了律学名著《律例笺释》,该书成为明清律学研究中被引用最多的作品。

阐述律令等法律体系中的法理与精神,拓宽律学的理论基础。如唐代律家魏徵,就明确提出:"夫刑赏之本,在乎劝善而惩恶,帝王之所以与天下为画一,不以亲疏贵贱而轻重者也。"④

---

① 《陆贽集》,王素点校,中华书局 2006 年版,第 447—448 页。
② 《直讲李先生集·刑禁第四》,四部丛刊本。
③ 《苏东坡全集》下,中国书店 1986 年版,第 735 页。
④ (唐)吴兢:《贞观政要集校》,谢保成集校,中华书局 2003 年版,第 440 页。

严格执法,确立一种追求法律平等适用、公平正义的传统。如隋代律家苏威长期担任大理卿和刑部尚书等高级司法官的职务,在其执法过程中,能坚持秉公执法,甚至阻止隋文帝的法外用刑和任意杀人。《隋书·苏威传》记载:"上尝怒一人,将杀之,威入阁进谏,不纳。上怒甚,将自出斩之,威当(挡)上前不去。上避之(绕开苏威)而出,威又遮止,上拂衣而入。良久,乃召威谢曰:'公能若是,吾无忧矣。'"①宋以后,严格执法的律家仍然代有人出,如剧可久、包拯、苏天爵、况钟、吴讷、海瑞、蓝鼎元、王又槐等。虽然,在官员队伍中,这样的律家人数并不是很多,但他们的精神足以垂范后世。

律家的上述精神,为中华法系塑造了一个灵魂,这就是从儒家思想衍化出来的一系列律学的基本原则,如以民为本,教化为先,德主刑辅,宽猛相济,约法省禁,慎刑轻罚,刑赏公平,依法治吏,以及法因时而变等。这些原则经过适当改造、提炼和升华之后,作为一种传统法学世界观中的优秀遗产,完全可以融于新的当代法律制度之中,继续发挥作用。

尤其是律家对完美人格、法的公平和司法正义的追求,以及为此前赴后继的传统,更让我们崇敬和追捧。律家秉承儒学"修身齐家治国平天下"的使命感,作为一个士大夫阶层,期望自己拥有一个完美人格;他们在其能力所及的限度内,把法的平等作为至高的准则;在高度集权、行政司法不分、皇帝拥有最高司法权的既有社会框架之内,以一己之努力,竭力在每一个案件的审理中追求最大限度的公平正义,令后人感动和钦佩。正是由于律家的这些理想和追求,才使中华法系延续达 1300 余年,且在进入近代社会之后,使中华法系中的一些精华元素融入近现代法律体系之中,为当代中国法和法学的发展提供了丰厚的精神遗产。

---

① （唐)魏徵、令狐德棻:《隋书》卷四十一,中华书局 1973 年版,第 1185—1186 页。

第 一 编

中国古代的律学与法学

中国古代律学是中国古代法学的主体部分，也是其主要的表现形态，它是立法发展到一定程度，语言学、文字学、逻辑学等有了相应发展以后的产物。

——何勤华：《中国法学史纲》，商务印书馆2012年版，第63页。

汉语"法学"一词的起源及其流变[*]

现在我们所使用的"法学"一词，是一个舶来品，它的故乡在古代罗马，是经过二千余年的发展、演变，才为西方各个国家所接受[①]，并于近代传入中国。那么，汉语"法学"一词的起源、流变是什么样的？它反映了古代、近代中国人怎样的法律意识和法律观念？本文将对此进行探讨。

一

在中国近代以前的辞书(如《康熙字典》)或现代出版的解释中国古典文献的辞书(如《甲骨金文字典》《辞源》《辞海》等)中，是没有"法学"一词的。据高名凯、王立达和实藤惠秀等中日学者的研究，"法学"一词是近代中国人在向日本学习过程中，从日本传入中国的[②]。然而，这个结论仅仅在下述意义上才正确，即现代含义的汉语"法学"一词是从日本传入的；"法学"一词早在中国古代即已出现。

在我国，"法"和"学"字出现得都很早，至今已有近三千年的历史了。

  [*]　本部分内容曾发表于《中国社会科学》1996 年第 6 期，收入本书时略有改动。
  [①]　参见何勤华：《西语"法学"一词的起源及其流变》，《法学》1996 年第 3 期。
  [②]　参阅[日]实藤惠秀：《中国人留学日本史》，谭汝谦、林启彦译，生活·读书·新知三联书店 1983 年版，第 329 页。

在我国古语中,"法"字写作"灋"。在中国现存最古的文字甲骨文中,已出现了廌字,写作 🦌(读 zhì)①,相传是一种善于审判案件的神兽。有的学者认为该字事实上就是我国法的缔造者蚩尤部落的图腾②,在西周金文中,便出现了"灋"字,写作 🦌(克鼎)③。至战国时代,出现了灋的简体字"法"。然而,一直到秦代,灋字仍被频繁地使用(这从 1975 年考古发现的云梦秦简《语书》中可以得知),有时也与"法"字一起出现在同一篇文献中④。汉代以后,灋字逐渐消失,为"法"字所取代。

"学"字比"法"字出现得更早。在甲骨文中,便已有了"学"字,写作"🈂️"。在金文中,"学"字有进一步的发展,写作"🈂️"⑤。古代教、学通用,释义为:一、教也,《静簋》:"静学(教)无斁";二、学也,《静簋》:"小子罙服罙小臣罙尸仆学射";三、学戉,神名⑥。至春秋战国时代,在孔子、墨子、荀子、韩非子等诸子百家的文献中,上述含义的"学"字已是频频出现,如《论语》一书的开篇是"学而",《荀子》一书的开篇是"劝学"等。

"法"和"学"连在一起,作为一个专门用语"法学"来使用,最早是在南北朝时代《南齐书·孔稚珪传》中云:"寻古之名流,多有法学。故释之、定国,声光汉台;元(帝)〈常〉、文惠,绩映魏阁。"⑦至唐代,在白居易的《策林四·论刑法之弊》中,有"伏惟陛下:悬法学为上科,则应之者必俊乂也;升法直为清列,则授之者必贤良也。"⑧然而,"法学"一词虽已出现,但极少使用,在表示对法律之学问时,人们一般都使用"律学"一词(孔稚珪和白居易在这里使用的"法学"一词,其含义仍接近于"律学",与现代"法学"一词有重大区别)。

19 世纪下半叶,在西方列强的压力下,在人民革命斗争的推动下,清

---

① 方述鑫等编著:《甲骨金文字典》,巴蜀书社 1993 年版,第 718 页。
② 参见武树臣等:《中国传统法律文化》,北京大学出版社 1994 年版,第 128—129 页。
③ 方述鑫等编著:《甲骨金文字典》,巴蜀书社 1993 年版,第 720 页。
④ 参阅《周礼·天官冢宰第一》《周礼·地官司徒第二》等。
⑤ 方述鑫等编著:《甲骨金文字典》,巴蜀书社 1993 年版,第 267 页。
⑥ 方述鑫等编著:《甲骨金文字典》,巴蜀书社 1993 年版,第 268 页。
⑦ (梁)肖子显编:《南齐书》,中华书局 1972 年版,第 837 页。
⑧ 《白居易集》第四册,顾学颉校点,中华书局 1979 年版,第 1357 页。

政府被迫进行了法律改革,并开始打开国门,向西方以及东邻日本等国家学习,包括大量翻译他们的法律和法学书籍,现代意义上的"法学"一词也从日本传入中国,逐渐印入中国士大夫的意识中。19世纪末20世纪初,无论在司法官员和知识分子的论文,还是在法律学堂的课程、讲义,以及政府官员的奏章中,"法学"一词都已被广泛使用。比如,梁启超在《论中国宜讲求法律之学》(1896年)一文中,不仅突出强调了"法律之学",而且明确提出了"法学"之用语:"……天下万世之治法学者,……"①20世纪初叶,严复在翻译孟德斯鸠的《法意》时,也使用了"法学"和"法学家"等词②,而在沈家本的作品中,"法学"一词出现得更多。他的著名论文《法学盛衰说》(约写成于1908年前后),全文不过2000余字,但"法学"一词出现了20次③。在法律课程设置方面,在1905年3月开办的京师法律学堂之三年制本科和一年半制速成科,1906年7月设置的直隶法政学堂之二年制预科,都正式开设了"法学通论"的课程④。在一些政府官员的奏章中,"法学"一词也不断出现,如在《大清光绪实录》卷五八三、光绪三十三年十一月己酉(1907年12月26日)条中,我们就看到有如下文字:"翰林院侍读学士朱福铣奏……请聘日本法学博士梅谦次郎,为民商法起草委员,下(修订法律馆议),寻奏。查欧洲法学系统,均分法、德、英三流。日本初尚法派,近尚德派,自当择善而从。"⑤可见,尽管近代中

---

① 梁启超:《饮冰室文集》卷一,中华书局1989年影印版,第93页。据笔者所见,这是中国近代最早提出"法学"一词的论著。当然,梁启超此处虽然用了"法学"一词,但其关于"法学"的观念还是中国传统型的。因为他认为这种法学"是研究规范人群同类不相互吞食的号令"的学问,而这种号令是"明君贤相"为百姓所立。为此,他对中国历史上法学的兴衰作了简单的回顾,强调在"发明西人法律之学以文明我中国"的同时,"愿发明吾圣人法律之学,以文明我地球"。所以,梁启超这里所讲的"法学"一词的内涵与沈家本在《法学盛衰说》中对"法学"一词所阐述的内涵相同,基本上接近于中国古代的"律学"。

② 当然,在严译《法意》一书中,"法学"一词还出现得极少。在大多数场合,孟德斯鸠原文中使用的是"罗马法学家某某",而严复都将其译为"罗马法家(有几处用了'律家')某某"。这说明在严复的观念中,"法学"的意识还不是很强的。

③ 见《沈寄簃先生遗书》(上),中国书店1990年影印版,第924—925页。

④ 汤能松、张蕴华、王清云、阎亚林编:《探索的轨迹——中国法学教育发展史略》,法律出版社1995年版,第166—169页。

⑤ [日]岛田正郎:《清末近代法典的编纂》,创文社1980年版,第25页。

国人对"法学"一词的理解还很不一样,但自 19 世纪末以后,"法学"一词开始大量出现则是事实。

二

由于近代意义上的"法学"一词及其观念是在近代学习西方文化过程中从日本输入的,所以,有必要考察"法学"一词在日本的出现和演变历程。

在日本古代,并没有"法学"一词①。神龟 5 年(728 年),日本仿造中国隋唐官制,设置了律学博士。从此,在日本出现了"律学"一词和以此为业的职业身份。8 世纪中叶,"律学"博士改称"明法"博士②。以后,"律学""明法"又常称为"明法道""明法科",但"法学"一词始终未曾出现。

明治维新前后,随着日本国民革命意识的高涨,西方的各种法律制度和法学理论也开始传入日本。1868 年,在福田孝平所著《日本国当今急务五条之事》(载 1868 年 4 月 10 日《中外新闻》)和津田真道编译的《泰西国法论》中,首次使用了"法学"一词。当然,前者只是提出了"法学"这一用语;而在后者的"凡例"中,则对此作了比较详细的说明:"法学,法语称之为 Jurisprudence 或 Science du Droit,英语称之为 Jurisprudence 或 Science of Law 或单称 Law,德语称之为 Rechtswissenschaft③。汉土的语法与英语相似。故将此学的总名译为'法学'。"④明治 4 年(1871 年)以后,在日本政府的文件中,也开始广泛使用"法学"一词。而作为课程讲义的名称,则是由穗积陈重(1855—1926 年)于明治 14 年(1881 年)在东京帝国

---

① 笔者曾就此问题查阅了各种日本法律古籍,并特地请教了专治法制史的东京大学教授石井紫郎、明治大学教授冈野诚、国学院大学教授高盐博等先生,他们的一致答复是:在他们所看到的日本古籍中,没有发现"法学"一词。

② 日本国史大辞典编集委员会编:《国史大辞典》第 14 卷"律学博士"条(作者:久木幸男),吉川弘文馆 1993 年版。

③ 原文中是日语片假名,笔者据其读音将其恢复为上述法、英、德语。

④ 〔日〕津田真道编译:《泰西国法论》"凡例",载《明治文化全集》第 13 卷,1929 年初版。

大学法学部首次使用的,即 Enzyklopadie der Rechtswissenschaft(即"法学通论")①。至 19 世纪末,"法学"一词在日本已成为一个基础性概念,在一些法律论著,如高桥达郎编译的《英国法学捷径》(1883 年)、河地金代译《法学通论》(1886 年)、穗积陈重著《法律学的革命》(1889 年)、冈村司著《法学通论》(1900 年),以及各大学法学部的法学通论讲义中,"法学"一词都已被广泛使用。

根据东京大学法学部教授冈田朝太郎著《法学通论》的阐述,当时日本人对"法学"一词的理解,已是近代型的、西方型的,比如,作者认为:"法学者,乃国家的科学之一部分。国家的科学者,乃心的科学之一部分。"这话乍听起来颇为费解,但若看看冈田朝太郎所画的关于"法学"的位置图便可了然②:

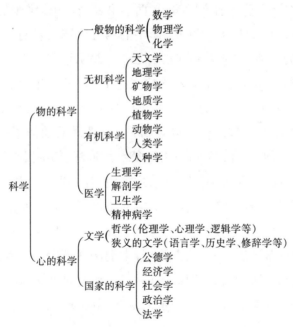

图 1-1　冈田朝太郎关于"法学"在科学中之位置图

---

①　[日]穗积陈重:《续法窗夜话》,岩波书店 1936 年版,第 139—140 页。

②　[日]冈田朝太郎:《法学通论》(汪庚年编:《京师法律学堂讲义》,《法学汇编》第一册),宣统三年(1911 年)北京顺天时报馆排印,第 12 页。

三

那么,在日本被创造出来,并开始被广泛使用的"法学"一词,是通过什么途径传入中国的呢?

鸦片战争以后,西方列强用武力打开了中国的大门。清政府从19世纪60年代起开始翻译、引进西方法律。1863年,出版了由美国传教士丁韪良(W.A.P.Martin,1827—1916年)翻译的《万国公法》(Elements of International Law)一书①。此后,北方的同文馆和南方的江南制造局开始了较大规模的翻译活动。据梁启超的《西学书目表》和徐维则的《东西学书目》的统计,从1862年至1895年,译出的西方法律书籍有18种。不过,由于这些书的内容均为法典和国际公法,并未涉及"法学"之用语②。1904年修订法律馆成立,在沈家本的主持下,清王朝开始了又一轮更大规模的翻译外国法律文献的活动。至1907年5月,沈家本在《修订法律情形并请归并法部大理院会同办理折》中对翻译活动作了一次统计,已译好的有法兰西刑法、法兰西印刷律、德意志刑法、德国民事诉讼法、普鲁士司法制度、俄罗斯刑法、荷兰刑法、意大利刑法、日本刑法、日本改正刑法、日本海军刑法、日本陆军刑法、日本刑法论、日本裁判构成法、日本裁判所编制立法论、日本监狱法、日本监狱访问录、监狱学、狱事谭、日本刑事诉讼法、日本新刑法草案、法典论、日本刑法义解等,共26种。正在翻译的有:德意志民法、德意志旧民事诉讼法、比利时刑法、比利时刑法论、比利时监狱则、美国刑法、美国刑事诉讼法、瑞士刑法、芬兰刑法、刑法之

---

① 该书作者是美国著名国际法学家惠顿(H.Wheaton,1775年—1848年)。

② 参见李贵连:《中国法律近代化简论》,《比较法研究》1991年第3期,笔者事后请教过李先生,他说这些书他都看过,但未见到"法学"之用语。他认为,"法学"一词是从近代日本传入的,但其具体过程尚待研究。

私法观,共 10 种①。从这些书目可知,当时译自西方的主要是法典,涉及法律理论的则主要来自日本。

我们知道,日本学者在解释西方的法律术语时用的都是汉字。尽管这些汉字在日语中的结合和中文不一样,发音不同,并且有些词此时所表达的意思可能和它的原意也已大相径庭②,但中国人一看就明白,稍一解释就能理解其内涵,故造成了当时中国人大量翻译、引进日本的法学著作,并且原封不动地照抄其汉字法律术语的局面③。正是在这种氛围下,当时中国人通过翻译日本的法学著作,将日本的"法学"一词及其观念引入中国。笔者认为,这是"法学"一词传入中国的第一个途径。

1896 年,清政府向日本派出了唐宝锷等第一批留学生(共 13 人),此后,留日学生越来越多。至 1905 年前后,留日学生运动达到了高潮。据不完全统计,从 1896 年至 1911 年辛亥革命前,留日学生总数不下 2 万人④。他们感愤于清政府的腐败,满怀革命的激情,前往学习西方获得成功并使自己强大起来的日本,探索救国救民的方略。在留日的学生中,学习法律的占很大的比重,20 世纪初回国的留日学生中,在政治上最为活跃的大部分与法律(包括法学)有着密切的联系:他们或在日本的大学法学部学习法律(如胡汉民、沈钧儒、章宗祥、曹汝霖以及汪精卫等),或在那里阅读、研究法律(如梁启超、章太炎、杨度、吴玉章等),或在那里编辑法学杂志、出

---

① 故宫博物院明清档案部编:《清末筹备立宪档案史料》下册,中华书局 1979 年版,第838 页。

② 如中国古代的"法律"一词是单音节合成词,它分别表示"法"和"律"这两个含义,而日文中的"法律"一词不仅与中文发音不同,而且它只表示一个含义,以对应于英语的 Law,法语的 Droit,德语的 Recht 等词。

③ 不仅"法学"是这样,其他术语也一样,如日本人用"哲学"来对译 philosophy(国人原译"智学"),"经济学"对译 economics(国人原译"资生学""计学""平准学"),"社会学"对译 sociology(国人原译"群学")。这些词(哲学、经济学、社会学等)在中文中原本都是没有的,但由于是用汉字组合,国人一看就明白,只要改变读音,便可以立刻当作中文来使用,所以,最后都接受了这些术语。

④ 施宣圆:《东瀛求索》,《文汇报》1996 年 5 月 29 日"学林版"。但李喜所著《近代中国的留学生》一书则认为该时期留日学生总数为 39056 人。参见汤能松、张蕴华、王清云、阎亚林编:《探索的轨迹——中国法学教育发展史略》,法律出版社 1995 年版,第 208 页。

版法学书籍(如由中国人自己编译的中国近代第一本《法学通论》①和第一本法律辞典《汉译法律经济辞典》②就是在日本出版发行的)。可见,中国近代留日学生的活动,是"法学"一词传入中国的第二个途径。

以 1895 年天津中西学堂头等学堂设置法律学为始端,中国近代新型的大学普通高等法律教育正式起步。至 1911 年,北京和各地兴办的法律学堂已有近 30 所③。这些学堂,除了由中国人担任教师之外,还聘请了一批日本法学家为法学教师,如冈田朝太郎、志田甲太郎、松冈正义、小河滋太郎等。据不完全统计,从 1897 年至 1909 年,中国各法律学堂聘请的日本法学家共有 57 人次④。这些日本法学家率先在中国开设了"法学通论"的课程。因此,日文"法学"一词及其观念,通过日本教师的讲课活动传入中国,应该是没有什么问题的。

明治维新后,中国政府加强了与日本官方的接触。而当时日本政府中比较活跃的人物,如外相榎本武扬(1836—1908 年)、井上毅(1844—1895 年)、广田弘毅(1878—1948 年),首相伊藤博文(1841—1909 年)、西园寺公望(1849—1940 年)、原敬(1856—1921 年)、平沼骐一郎(1867—1952 年)等,几乎都是学法学出身或从事过法律工作的人。因此,尽管在这种接触交往中,不会对法学作一番理论阐述⑤,但在互相介绍身份、中

---

① 该书由留学在日本法政大学的湖北法政编辑社社员编译,光绪 31 年(1905 年)由设在东京神田区的中国书林发售。编译者在前言中宣称:"法律之学,吾国尚未发达。""敝社同人,留学法政大学。该大学各讲师皆法学泰斗,其学说丰富,足以风靡一世。同人毕业后,深慨祖国前途,欲一表贡献之忱,用就所闻之讲师之讲义,并参考本讲师及诸名家之著述,悉心结构,以成此编。""编译专门法律之书,以定名词为最难,本书所用诸名词,多取之日本,并注西文于其下,以各参考"(原文无标点)。

② 该辞典由日本法学博士清水澄编写,留学东京大学的张春涛、郭开文翻译,陈介校阅,并由东京神田区的奎文馆于 1907 年发行。参见[日]实藤惠秀:《中国人留学日本史》,谭汝谦、林启彦译,生活·读书·新知三联书店 1983 年版,第 299 页。

③ 参见汤能松、张蕴华、王清云、阎亚林编:《探索的轨迹——中国法学教育发展史略》,法律出版社 1995 年版,第 154—157 页。

④ 参见汤能松、张蕴华、王清云、阎亚林编:《探索的轨迹——中国法学教育发展史略》,法律出版社 1995 年版,第 190 页。

⑤ 明治政府中的相当一部分人,此时的"兴奋点"都在于如何扩张日本的势力,吞并朝鲜和中国。

国官员赴日本实地进行考察等耳濡目染之下,无疑强化了日本法治社会和法学研究在中国人心目中的印象。关于此点,梁启超和董康(中国清末修律活动中的重要人物,民国初期的司法部部长)等都有很好的论述。这是"法学"一词传入中国的第四个途径①。

　　根据上述分析,我们可以大体勾画出"法学"一词传入中国的途径。

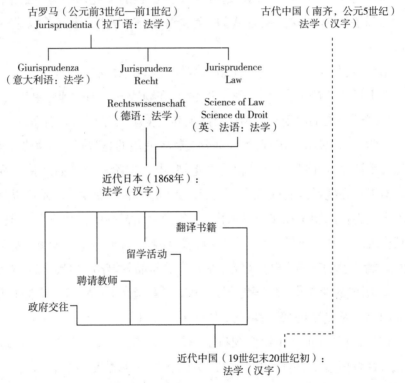

注: ——(实线)表明发展的直接途径
　　-----(虚线)表明发展的间接途径

图 1-2　汉语"法学"一词的起源和发展

---

①　当然,由于近代最早将西方的"法学"及其观念介绍进中国的学者,如梁启超、严复、沈家本等,本身都是熟读中国古籍的人,所以,考证其使用的"法学"一词是采自日本的汉字,还是中国的古籍已相当困难,然而,现代汉语"法学"一词所表达的现代西方观念,通过日本传入中国则是无可怀疑的。

— 11 —

四

通过对汉语"法学"一词之起源与流变过程的探究,我们接触到了一些更为深层次的问题。笔者认为,至少有下述四个问题应予以进一步探讨。

第一,古代中国人为什么使用"律学"而不使用"法学"?

如上所述,"法学"一词出现得并不晚,在魏晋南北朝时即已见诸文献,而且"法学"一词的出现和使用在时间上和"律学"几乎同时。然而,自唐以后,"法学"一词就极少出现,绝大部分文献中使用的是"律学"。虽然,就整个社会生活而言,律学也并不很受人重视,士大夫阶层对此始终持鄙视态度。但毕竟在魏晋以后的各个朝代,设置了律学博士之官职(元代以后开始废止),在律的制定和实施领域内,在各代律注释书中,"律学"一词也是频频出现。尤其是唐代以后,不仅在典籍、注释书中讨论律学问题,就是以"律学"为标题的作品也开始登台,如宋代的作品《律学武学敕式》(贾昌朝撰)①和明代的注释书《律学集义渊海》(作者逸名)②等。出现这种状况的原因是非常复杂的,笔者以为,主要有三个原因。

首先,自公元前4世纪商鞅将李悝《法经》携入秦国,改法为律以后,秦、汉、魏晋南北朝、隋唐直至明清,历朝各大法典都是以"律"冠名。在这种历史条件下,使用"律学"一词而不使用"法学"一词应当是很正常的。法学以立法的发达为进化的基础,以成文法典为主要研究对象。在古代法律注释学时代,中国成文法典称为"律"的状况决定了对其注释、研究的学问形态也必然采用"律学"的名称。

其次,在中国古代社会,"法""刑""律"可以互训,在实质意义上可

---

① 见《宋史·艺文志》"刑法类"。《宋史》有贾昌朝传,但传中没有提及此书。

② 孙祖基著《中国历代法家著述考》(1934年上海刊)和张伟仁主编《中国法制史书目》(史语所专刊,1976年发行)均未记载此书,笔者在东京大学法学部图书室看到过此书的藏本。

以通用,如《说文》曰:"法,刑也"。《尔雅·释诂》称:"刑,法也","律,法也"。因此,古代表示"法"的学问的三个词组:"法学""律学"和"刑名之学"之间,也是可以互相换用的。但是,从实际使用的情况看,"法""律""刑"这三个词之间还是有着微妙的差异。换言之,在古代中国人的观念中,对"法""律""刑"这三个词的认识和理解还是有所区别的。

按照《辞源》的解释,在古代文献中,"法"一般在八种意义上被使用:一、法则、法度、规章;二、刑法、法律;三、标准、模式;四、方法、作法;五、效法、遵守;六、数学上的乘数或除数;七、佛教用语,泛指宇宙的本原、道理和法术;八、姓。"律"主要用于:第一,乐器名;第二,法令;第三,爵命的等级;第四,梳理头发;第五,约束;第六,律诗;第七,戒律。而"刑"则表示:一、处罚的总称;二、割、杀;三、法、典范;四、效法;五、成就;六、治理;七、铸造器物的模范;八、盛羹的器皿。除此之外,在古代文献中,"法"字还有两个很重要的用法,即第一,在中国古代,法(音废)、伐(音吠)音近,法借为伐,有"攻""击"之意,如《管子·心术》:"杀戮禁诛之谓法"即为一例①。第二,法借为废,表示"废除""不遵守""永不叙用"等,如《秦墓竹简·语书》:"……今法律令已具矣,而吏民莫用,乡俗淫失(泆)之民不止,是即法(废)主之明法殹(也)……"②在《秦墓竹简》中,将法作为废来使用的共有十多处;同时,就"律"而言,晋以后,它事实上只表示刑法、刑事规范,用杜预在《律序》中所说的话来表达,就是:"律以正罪名"③。此外,在古代许多重要的场合,"律"表示的都是"军法""军律",如《易经》称:"师出以律",《史记》"律书"说"六律为万事根本焉,其于兵械尤似重。"④尽管如此,上述《辞源》对"法""律""刑"的解释,与笔者接触到的古籍上对这三个字的说明基本上还是吻合的。据此分析,可以将"法""律""刑"以及"法学""律学""刑名之学"的关系图示如下:

---

① 蔡枢衡:《中国刑法史》序,广西人民出版社1983年版,第5页。
② 睡虎地秦墓竹简整理小组编写:《睡虎地秦墓竹简》,文物出版社1978年版,第15页。
③ 沈家本:《历代刑法考》(二),邓经元、骈宇骞点校,中华书局1985年版,第811页。
④ 吴建璠:《唐律研究中的几个问题》,载《中外法律史新探》,陕西人民出版社1994年版,第211—212页。

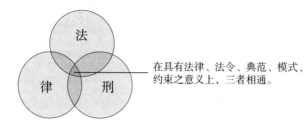

在具有法律、法令、典范、模式、约束之意义上，三者相通。

图 1-3 "法""律""刑"三者之关系

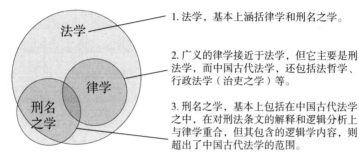

1.法学，基本上涵括律学和刑名之学。

2.广义的律学接近于法学，但它主要是刑法学，而中国古代法学，还包括法哲学、行政法学（治吏之学）等。

3.刑名之学，基本上包括在中国古代法学之中，在对刑法条文的解释和逻辑分析上与律学重合，但其包含的逻辑学内容，则超出了中国古代法学的范围。

图 1-4 "法学""律学""刑名之学"三者之关系

由上可知，"法""律""刑"三个字，既有相同、彼此可以换用的地方，也有许多区别。特别是商鞅改法为律，绝不仅仅是简单的一字之改、名称之改，而是包含了丰富的文化内容。第一，将"法"改为"律"，使法的义务色彩更浓、刑罚的功能更加突出，从而更加适合不受法律约束的皇帝的专制集权统治。如果说，在春秋战国时，臣下还有要求君主守法的意识的话，那么，当法的义务观、惩罚观被突出、定型，皇帝不受法律约束之后，用"律"比之用"法"就更为符合最高统治阶级的利益了。而这一过程恰恰与秦汉建立中央专制集权国家（至唐宋而达到完备，至明清达到极端），皇帝成为至高无上的主宰的过程是一致的。第二，借用吴建璠先生的说法，由于"律"最初的含义是音乐，转变为"军律"后，强化了其强制性和镇压的力度。因此，改"法"为"律"，就是借用军事力量，突出其重要性和权威性，来保证法律的实施。① 法的内容的这种演变，也影响到关于它的学问的名称"法学""律学"和"刑名之学"的使用上，于是就出现了隋唐以

---

① 参见吴建璠：《唐律研究中的几个问题》，载《中外法律史新探》，陕西人民出版社 1994年版，第 212 页。

后只使用"律学"而"法学"和"刑名之学"几乎不被使用的局面①。

再次,秦亡后,秦代禁止私人学习、讲授和解释法律的局面被打破,律学研究开始勃兴,出现了许多以此为业并世代相袭的家族,如西汉的杜周、杜延年父子(人们称其律为"大周律""小周律"),东汉的叔孙宣、郭躬、马融、郑玄、吴雄,以及魏晋时期的杜预、张斐等,形成律注蜂起,著名注释者有"十有余家,家数十万言"的繁荣局面②。魏以后,我国又开始在中央设立律学博士,从此,律学博士成为国家的重要官职之一,从而不仅使"律学"成为一门约定俗成的学问、选官考试的科目、一个公认的研究领域,也使从事它的研究成为一种国家认可的职业、社会地位和谋生手段。显然,在这种情况下,就没有必要再使用"法学"这一用语了。

第二,古代意义上的汉语"法学"和现代意义上的汉语"法学"一词的区别何在?

通过上文分析,我们知道,古代意义上的汉语"法学"是在中国古代自然经济和宗法社会之基础上产生的,而现代意义上的"法学"是西方商品经济和法治社会长期发展的成果,两者的区别主要表现在三个方面:

首先,两者所依据的世界观不同。中国古代之"法学"是建立在封建正统思想之基础上的,这种思想以强调社会等级、宗法制度、大一统国家和忠君孝悌等儒家学说为核心,以鼓吹君主专制,以法、术、势役使臣民的法家理论和主张君主无为无不为、君主南面之术的老庄学说为补充。重视德主刑辅、名分等级和臣民的义务,因而,它不是一种法学的世界观,而是一种律学的世界观,核心是将法视为役使臣民的工具、镇压人民的手段。而现代意义上的"法学"一词,是建立在近代西方启蒙思想家的政治与法律学说之上的,它强调法的平等性、公正性和权威性,将法视为制约

---

① 关于"刑名之学",还需多说几句,该学原是战国时期名辩思潮的产物,研究的重点是推敲"法令之所谓"(法律之名实),强调对刑(形)、名的逻辑分析、演绎,核心在于"定分止争"(商鞅语)、"名法正义"(申不害语)、"循名责实"(韩非语)。为战国时期封建地主阶级从奴隶主阶级手中夺得的统治地位寻找合法的根据。因此,随着法家学派的衰落和地主阶级与奴隶主阶级的斗争成为历史,"刑名之学"也失去了存在的社会基础。

② 周东平主编:《〈晋书·刑法志〉译注》,人民出版社2017年版,第141—142页。

统治权力、保障公民的自由与权利的手段。

其次,两者的范围不同。古代汉语"法学"一词所包含的主要是法(律)注释学,而且基本上局限于刑法领域。当然,有时也涉及一些行政法学(事实上是如何役使官吏的"治吏之学")和关于法律的起源与功能等问题的法哲学(事实上是"刑法哲学")的内容,但这种法哲学仅是伦理学家和哲学家(如孔子、孟子等)或政治家(商鞅、韩非等)或官僚(如马融、张斐、杜预等)的法哲学。因此,它的范围相对比较狭小。而现代"法学"一词,不仅包含了法哲学(法学家的法哲学)、法律条文注释学,而且还包括法史学、法社会学和比较法学等诸多法学基础理论学科。即使是法律条文注释学,与古代的相比,范围也大为扩大,除刑法学之外,还有宪法学、民法学、行政法学和诉讼法学等,并且现代法学将这些法注释学都视为一门科学,而不仅仅是条文和词句的注释。

再次,两者的重心不同。古代汉语"法学"一词所重视的是统治者的权力意识,强调臣民的义务、责任,注重从理论上阐明封建君主专制统治和宗法等级秩序这种法律运行现实的合理性。而现代"法学"一词所体现的是民主的观念、平等的观念以及公民的权利和自由观念,它孜孜以求的是从理论上阐明法在促进社会文明进步中的作用和法如何才能成为保障公民权利的屏障。

第三,明治维新时期日本在学习西方、翻译西语"法学"一词时,日本学者为什么不使用他们比较熟悉、习惯的"律学""明法道""明法科",而使用一个他们历史上所没有、对他们来说比较生疏的"法学"呢?

我们知道,即使是明治维新时期的日本学者,其法学观大都还是以"法律应是以刑为核心""法等同于刑、律"等观点为代表的律学观。1875年,当铃木唯一翻译孟德斯鸠的《论法的精神》一书时,用的还是《律例精义》的译名;明治维新后,日本在制定刑法典时,还以中国刑律为蓝本,编纂了《假刑律》(1868年)、《新律纲领》(1870年)和《改定律例》(1874年)等。后来,这种情况在以下三种因素的作用下发生了变化:第一,明治维新后,日本相继聘请了许多外国法学家,如法国巴黎大学法学院教授、法学博士保阿索那特(G.E.Boissonade,1825—1910年)等,来日本立法、讲学,这些外国法学家不仅将西方的法、法学等名词引入日本,而且将西方的法学观也带了进来。第二,19 世纪上半叶,随着"兰学"(研究以荷兰为首的西方国家的文化的学问)的兴起,日本赴西方学习法律者也不断增加。当轮到明治时期著名法学家津田真道、西周、穗积陈重等人出国时,他们对西方的法和法学已有一定的了解,加上这些人在西方比较扎实、系统地学习了法学通论和各个部门法学知识,聆听了西方法学家的讲解,目睹了西方法治社会的运行状况,这种经历和环境使得他们比较深地理解了西语 Law、Droit、Recht 以及 Legal Science、Science du Droit 和 Rechtswissenschaft 等词的真谛,他们感到再用"律""刑"等来对译 Law、Droit、Recht 等词,用"律学""明法道"等来对译 Legal Science、Science du Droit、Rechtswissenschaft 等词是不确切的。第三,明治维新前后,日本整个民族向西方学习的心情都是非常迫切的,这从福泽谕吉(1835—1901年)的一本介绍西方文化的书 1866 年一出版便销售了 75 万册一事便可得知①。当日本明治时代著名法学家箕作麟祥(1846—1897 年)着手翻译《法国民法典》时,当时的司法大臣江藤新平(1834—1874 年)甚至指示:"即使翻错了也不要紧,只要快就行了。"②在这种氛围之下,日本各界的确全神贯注地投入到学习和研究西方文化包括法和法学的活动之中,箕作麟祥在翻译法国《六法全书》时,挖空心思、殚精竭虑,给一个个西语法律名词配上了对应的汉字,除"权利"(right)和"义务"(obligation)之外(前者在箕作麟祥之前已从荷兰语中译出③,后者则来自汉译本《万国公法》),其他法律用语,几乎都是箕作麟祥呕心沥血推敲出来的。津田真道和穗积陈重也同样如此,不仅认真听讲,细心记笔记,而且不时向老师请教,以弄懂对东方人来说比较陌生的法律专业名词。从而用汉字"法学"一词比较确切地对应翻译了西语 Jurisprudence、Science du Droit、Science of Law 和 Rechtswissenschaft 等词。因此,津田真道、穗积陈重等

---

① 参见张灏:《晚清思想发展试论》,载姜义华等编:《港台及海外学者论近代中国文化》,重庆出版社 1987 年版。
② [日]潮见俊隆、利谷信义编:《日本的法学者》,日本评论社 1975 年版,第 1 页。
③ 参见[日]川岛武宜:《日本人的法意识》,岩波书店 1967 年版,第 16 页。

人用"法学"而不用"律学"等词,是当时日本立法改革、法学观念进化的必然结果。

第四,由于数千年中国传统法律文化的影响,新中国成立后,人们对"法学"一词仍抱有一种排斥心理。明明是"法学理论",我们却一直称之为"国家与法的理论",这种状态一直持续到20世纪80年代初;20世纪50年代,虽在上海华东政法学院出版了以"法学"命名的杂志,但在中央政府所在地北京的中国科学院哲学社会科学部法学研究所出版的法学研究刊物却称为"政法研究"(1978年复刊后始改为"法学研究")。全国报刊索引的分类,在法学栏目,也不使用"法学"标题,而是用"法律"一词。至今,全国新华书店总店主办的《社科新书目》,在介绍法学著作栏目时,用的也是"法律类"一词。即使是专以复印、汇集各报刊法学文章为己任的中国人民大学复印资料《法学》,直到1986年底为止,使用的仍是"法律"。

出现上述情况,虽然与我们受"左"的法学理论影响和继受苏联的模式有关,但是否还与中国历史上轻视法学的传统意识有联系呢?仅此一点,就可以知道,在中国,虽然社会主义法制建设取得了巨大的成功,法学研究已经获得重大成就,但要真正树立法的权威并非易事,要发展和繁荣法学事业还需要我们作出长期持续的努力。

法学形态考

——"中国古代无法学论"质疑 *

　　法学形态,是法学理论研究中一个重要的问题,它关系到我们对中国古代到底有没有法学这个有着重大分歧的问题的基本看法。因此,尽管法学形态以前还没有人提起过,研究它也有相当的难度,笔者还是想对它作一些探讨。

一

　　中国古代有没有法学,这是一个颇有争议的问题。

　　中国、日本和美国等国的大部分学者认为,中国古代有法学,而且比较发达、完善,如中国近代法学家沈家本在《法学盛衰说》一文中,就详细论述了中国古代法学在战国、秦汉、魏晋、隋唐、宋元以及明清等各个阶段的发展过程,并得出了"法学之盛衰,与政之治忽,实息息相通。然当学之盛也,不能必政之皆盛;而当学之衰也,可决其政之必衰"的著名论断。① 中国现

---

　　* 本部分内容曾发表于《法学研究》1997 年第 2 期,收入本书时略有改动。
　　① 沈家本:《历代刑法考》,中华书局 1985 年版,第 2143 页。

代法制史学者陈顾远也在《中国法制史》一书中指出,战国时代是中国古代法学的最盛时期,具体表现为"法理探讨,战国为最著","律文整理,战国集其成"等。① 此后,中国学者如张国华、张晋藩、林剑鸣、高恒、武树臣、俞荣根、周密、王洁卿,日本学者中田薰、仁井田陞、滋贺秀三、大庭脩、八重津洋平、中村茂夫,以及美国学者蓝德彰(John D.Langlois Jr.)等,包括中国最权威的法学辞书《中国大百科全书·法学》,都程度不同地表达了与沈家本和陈顾远相近的观点。

但近年来,也有一些学者认为,中国古代没有法学,法学是西方文化的产物,是至近代才传入中国的"舶来品"。如梁治平认为:"中国古代虽有过律学的兴盛,却自始便不曾产生何种法学"。② 张中秋进一步指出,中国古代只有律学,而无法学,因为"'律学'与'法学'绝不是一个简单的名词之别,也不是一个无关紧要的措辞之争,而是反映了两种形态的法律学术不仅仅在外延上(这是次要的),尤其是在内涵即质的规定性上,存在着根本的区别"。③ 区别在哪里呢? 区别就是法学以正义为核心,而律学中则无正义的位置,而"离开了围绕正义而展开的上述诸问题(即关于法的本质和法的价值等——引者)探讨的法律学术,不应该称之为法学。"④

笔者认为,这两种彼此对立的观点,在一定意义上都是正确的。对前者而言,中国古代的确存在着法学,不仅有"法学"这一术语,⑤而且在汉、晋、隋、唐,其法学研究也曾达到古代世界所少有的繁荣境界,我国7世纪的著名法典注释书《唐律疏议》,无论在结构体系的合理性、概念阐述的科学性、条文注释的完整性、原则内容的系统性等方面,都可以与古代罗马查士丁尼《国法大全》相媲美。说中国古代没有法学,人们很难接受。

---

① 陈顾远:《中国法制史》,商务印书馆1934年版,第42、43页。

② 梁治平:《寻求自然秩序中的和谐——中国传统法律文化研究》,上海人民出版社1991年版,第286页。

③ 张中秋:《中西法律文化比较研究》,南京大学出版社1991年版,第233页。

④ 张中秋:《中西法律文化比较研究》,南京大学出版社1991年版,第234页。

⑤ 参见何勤华:《汉语"法学"一词的起源及其流变》,《中国社会科学》1996年第6期。

对后者而言,现代意义上的法学的确是近代才经由日本从西方传入中国的。① 中国古代存在的研究法律的学问,尽管在文字上、逻辑上对法律条文进行了详细解释,但它只注重君主和国家的利益,只关心刑罚的宽与严、肉刑的存与废、是否允许亲属犯罪后相互容隐、子女可否为父母被杀复仇、皇帝应否大赦,"律""令"等法条的具体运用,以及礼与刑、法与道的相互关系等,完全忽视对公民个人权利和自由的保障,充满了等级的、伦理的色彩,对国民来说,几乎是一种关于义务的说教。这与现代法学所强调的公平、正义,以保障公民个人的权利和自由为使命是完全不同的东西。因此,也很难说服持这种观点的学者接受中国古代存在法学且比较发达的结论。

那么,问题的症结在哪里呢? 笔者认为,上述两种观点,虽然讲的都是事实,但只表达了对法学这一社会现象和学术领域的一个侧面的认识,只表达了法学发展中的部分真理,因而没有能够得出一个比较完整的概念,说出为大家都能接受的道理。

法学,首先是一个历史的概念,它是在不断发展变化的。古代罗马的法学,与中世纪西欧以意大利波伦那大学为核心发展起来的注释法学就不一样,而中世纪的注释法学与近代资产阶级革命以后的法学也不一样,二次世界大战以后,西方的法学又发生了重大的变化。因此,将法学视为一种静止的状态是不符合事实的。

法学,也是一个哲学的概念,即在历史上的各种法学之中,既存在着共同的因素,如讲法学者必有一种指导思想(或法的精神)体现在其中,必然要对法的起源、本质、特征以及法与其他社会现象的关系作出阐述,也必然要对法律条文进行注释,等等。但是,法学又有各种表现形态,在世界上,东方的法学与西方的法学不同;在西方法学之中,大陆法学与英美法学不一样;即使在同一个大陆法学之内,各个国家的法学也呈现出各种不同的特点,因而显得千姿百态。法学,就是这样一个包含了普遍性和特殊性的哲学现象。如果不承认这一点,我们就不能正确认识法学的本

---

① 参见何勤华:《汉语"法学"一词的起源及其流变》,《中国社会科学》1996 年第 6 期。

质和法学发展的客观规律。

法学,还是一个文化的概念,即法学作为社会文化的一个层次,作为一门学术或学问,它是可以分为若干层次的,有低级发展水平的法学形态,也有中级、高级发展水平的法学形态。比如,罗马法学,尽管在古代世界是最为发达、最为完善的法学形态,但它与现代法学相比,又显得比较简陋、比较原始、比较落后了。

所以,在没有对上述问题作出周密的分析之前,就说中国古代有或者没有法学,我认为是一种片面的、肤浅的认识,也无法正确回答大家所要解决的论题。事实上,无论是从哲学、历史还是文化上看法学这一社会现象,都会遇到它的发展形态问题。只有弄清了这个问题,才能正确回答中国古代有否法学,以及它与近现代西方法学有何区别,各个形态的法学在其发展过程中有哪些共同的规律等深层次问题。

二

按照各种汉语词典的解释,所谓形态,就是指"事物的形状和表现"。这一解释,对认识动物、植物或其他自然界的物品而言,是完全可以领会和理解的,但用于分析阐述法学这一学术领域,就似乎过于抽象和不够了。为此,来看看英文对形态一词的解释,或许能对我们有点启示。在英文中,关于形态,共有四个词表示, 即 form, formation, shape, pattern。除pattern 一词外,其他三个词在表示事物的形状、形态的同时,还表示事物的种类、类型、格式、外形、结构、条理、组织、轮廓、方法、惯例、具体表现、各部分的组合、有条理的安排等。其中,"事物的具体表现""各部分的组合""有条理的安排"等释义尤为重要。

了解上述英文中关于形态一词的诠释,对我们分析法学的形态具有重要意义。具体言之,我们认为,法学形态,是指法学的具体表现形式或法学之内部结构的组合形式,也就是说,作为一门学科,一种学术,一种社会现象,法学是由各种要素组合而成的。这些要素主要有:经济基础,立法基础,世界观(指导思想)或理论基础(法哲学,即对法的本质、价值、起源、作用、法与其他社会现象的关系等的研究、阐述),研究内容(法律主体、法律关系、法律规范等),法的体系,原则,概念术语,分支学科和相关学科,法学教育,法学研究方法,法条注释。①

上述分析,尽管简单,但已可以使我们得出如下几点结论:

第一,在上述各法学形态要素中,有些是一般要素,有些则是必备要素,如法学世界观(理论基础、法哲学)、法条注释学、法学研究作品(著作、论文)等,只有具备了这些必备要素,我们才可以认为其已有了法学,反之,则不存在法学。至于那些一般要素具备与否,只是表明该国、该地区的法学的发达和完整程度,而不涉及有否之问题。但这并不是说,一般要素是不重要的,因为正是由于有这些一般要素的差异的存在,才使世界各国的法学发展呈现出先进与落后、发达与简陋、完整与残缺等千姿百态的局面,才奏成一曲丰富多变的动听的法学发展交响乐。

第二,我们以前经常说的,法学就是关于法的学问,其使命是为了帮助法的制定和实施,因此,凡是历史上产生过法的国家或民族,都存在过法学这种观点是不对的,至少是不精确的。因为法学是一种由各种要素组合而成的体系,光有法律未必一定能产生法学,只有具备了那些必备的形态要素,才能认为已形成了法学。

第三,法律思想不等于法学,法哲学也不等于法学,它们都只是法学的一个形态要素,一个组成部分。在有法律存在的场合,可能有法律思想,或法哲学,但未必就发展起了法学。

第四,由于法学形态要素经常处在变动之中,因此,由其组合而成的法学形态也是非常丰富多彩的,绝不仅仅是一种单调的、固定的模式。比如,有的法学形态,其法哲学可能非常发达,但其法条注释并不严谨、细

---

① 这一点区别于其他人文科学形态,如哲学、文学、美学等。因为法律是强制性的社会规范,它被作用于人们的行为,而法条注释(在判例法国家是判例及其原则的注释)是使法律规范有效地作用于人们之行为方式的必不可少的手段,因此,作为研究法律之学问的法学,必须有法条注释这一部分,它是判断有否法学的必备要素。

密;有的法学形态,其法律注释学非常发达,但其法哲学可能非常贫乏;也有的法学形态,其私法部分的规定和解释可能很系统,但在公法方面没有什么成就;等等。

第五,由于决定法学的形态的最终要素是该社会的生产方式以及相对应的文化类型,而在世界历史上又存在着多种不同的生产方式和文化类型,因此,在世界历史上就可能存在着多种法学形态。

20世纪80年代初,我国法学界曾对法学体系展开过热烈的讨论,提出了诸多见解,如三分说、五分说、七分说,等等。[①] 这里,"体系"一词,按《现代汉语词典》的解释,是指:"若干有关事物或某些意识互相联系而构成的一个整体。"[②]在英文中,"体系"一词是由 system 和 setup 两个术语来表示的,其中心意思为系统、制度、方法、秩序、分类等。法学体系,一般是指法学的部门法学分科的问题,是法学学科的内部结构,即法学的各个分支学科"相互关联而又相互区别的系统"。[③]

法学形态理论与法学体系理论相近,在表现法学的内部结构、组成部分方面具有相同点。但两者也有明显区别,概括言之,法学形态的外延比法学体系的要宽:后者主要侧重于其内部构成尤其是各个部门法学分支学科的比例、发展与状况的分析;而前者除了这些内容之外,还要分析研究其赖以存在的经济基础和立法基础,其所运用的方法论,表示其发展程度的原则和概念的运用情况,其据以存在的法学教育状态,法学主体即法学家阶层的状况,以及法学的学术研究氛围、最终价值目标等。在内涵方面,法学体系基本上是静止的、平面的,即法学体系是在法学发展到一定的阶段,形成为一个系统以后,再来分析其各个组成分支学科的合理性以及如何保持协调以使法学成为一个有机的整体,更好地发展。而法学形

---

① 三分说,是指法学体系由理论法学、部门法学和技术法学(如法医学等)三大部分组成;五分说,是指将法学体系分为五个分支:法哲学、法史学、部门法学、国际法学、技术法学;七分说,则是将法学体系分为理论法学、宪法行政法学、民商法学、刑事法学、诉讼法学、国际法学和技术法学七个部分。由于这三种理论的倡导者人数较多,这里就不再一一列举。读者可参阅当时各主要的法学杂志。

② 《现代汉语词典》第7版,商务印书馆2016年版,第1288页。

③ 余先予、何勤华:《大众法学常识》,上海社会科学院出版社1987年版,第59页。

态则注重于法学内部构成、组合的各种要素之间动态的、立体的发展变化,着重表现法学这门学科的状况和表现形态及它的产生与发展方面(当然,也包括法学结构的进一步完善方面)。因此,法学形态与法学体系是反映法学内部构造以及发展规律的两个相互联系又相互区别的方面。笔者提出法学形态的问题,并不是玩弄概念游戏,而是试图在研究法学的构造与发展规律方面搞得更加细致一点,挖掘得更为深入一些。尤其是如下文所表明的那样,在分析古代社会有否法学存在这一点上,法学形态理论有着法学体系理论所无法替代的作用。因为,在古代社会,其法学不管如何发达,几乎都只存在一个部门法学,或是刑法学,或是民(私)法学,用法学体系的理论去分析,可以说是无从着手的。

三

那么,根据上述法学形态的理论,世界历史上哪些国家和地区存在过法学呢? 让我们先来看看除中国之外的其他三大文明古国埃及、巴比伦和印度吧。

埃及是人类最早进入文明的地区,早在公元前 4241 年就发明了先进的历法(将一年分为三季 12 个月 365 天)。[①] 与此同时,根据确实的史料,大约在公元前 4000 年埃及就创建了法律制度。[②]

根据当时埃及的法律(包括习惯法)的规定,国王是全国最高的统治者,每一块土地都属于国王,每一个臣民也属于国王,所有的法律与司法程序也都自他而出。[③] 国王是唯一的立法者。据传,埃及历史上最早的

---

① 翦伯赞主编:《中外历史年表》,中华书局 1961 年版,第 1 页。

② John H.Wigmore, *A Panorama of the World's Legal Systems*, Vol.I, Weat Publishing Company,1928,p.12.

③ John H.Wigmore, *A Panorama of the World's Legal Systems*, Vol.I, Weat Publishing Company,1928,p.13.

立法者是埃及第一王朝的创始人美尼斯（Menes，约前 3200 年登位）。①
据现存资料分析，埃及已制定和颁布过一些成文法（国王立法），当时，法
典（Codes）被安置在法庭当中法官前面的木牌上，供法官当场适用。非
常遗憾的是，由于岁月的流逝，这些法典本身都已全部佚失，这对世界法
律史来说，无疑是一个巨大的损失。②

　　当时，在埃及，司法与一般的行政的界限也不清楚。大约在古王国时
期（公元前 2780—前 2680 年），在中央政府的法院之下，分设了六个大的
地区法院，它们都由国王的大法官（chief judge）领导，而在里面工作的法
官则同时兼任着地区的行政官员，并且还都是高级僧侣。进入中王国时
期（公元前 2050—前 1880 年），这种分设六大地区法院的组织形式开始
消失，而至新王国时期（公元前 1584—前 1071 年），法院组织的变动就更
加频繁。尽管如此，直到新王国时期，大法官的职位一直没有被取消。③
作为国王的代表，他在国王的宫殿里主持日常的开庭事务。

　　到目前为止，我们还没有发掘到古代埃及法庭开庭审理案件时的起
诉状和辩护状等史料，但已经搜集了当时法庭上的一些原始记录。这些
用古埃及文字书写在纸莎草纸上的法庭记录，是到目前为止世界上所发
现的最古老的法庭记录，其年代大约是公元前 2500 年。④ 然而。根据已
发现的史料分析，当时在埃及，"尚未出现过关于法律的论文，而且它们
也不可能存在"。⑤ 公元前 525 年，埃及被波斯征服；前 332 年，又被马其

---

　　① John H.Wigmore，*A Panorama of the World's Legal Systems*，Vol.I，Weat Publishing Compa-
ny，1928，p.17.

　　② John H.Wigmore，*A Panorama of the World's Legal Systems*，Vol.I，Weat Publishing Compa-
ny，1928，p.18.古代埃及的法典虽然没有流传下来，但国外学者的研究表明，国王颁布的法典和
法令是存在的。我国有些学者提出的"埃及没有制定和公布成文法"（见古棣、周英：《法和法
学发生学》，中国人民大学出版社 1990 年版，第 372 页）的观点是不能成立的。

　　③ S.Haley Allen，*The Evolution of Governments and Laws*，Vol.I，Princeton University Press，
1922，p.133.

　　④ John H.Wigmore，*A Panorama of the World's Legal Systems*，Vol.I，Weat Publishing Compa-
ny，1928，p.32.

　　⑤ John H.Wigmore，*A Panorama of the World's Legal Systems*，Vol.I，Weat Publishing Compa-
ny，1928，p.13.

顿占领;前168年,埃及沦为罗马的附属国。这样,埃及奴隶制法的独立发展也就中断了。

根据以上对埃及法律制度的分析,我们可以认为,在埃及,虽然公布过国王的法典,形成了一定的法院组织体系,司法审判活动也很活跃,但没有能够产生法学。①

在巴比伦地区,很早就出现了成文法典。公元前2100年前后,乌尔第三王朝的创始人乌尔纳姆(Ur-Namma,公元前2113—前2096年在位)就颁布了《乌尔纳姆法典》。随后的伊新和拉尔萨等王朝,又颁布了《苏美尔法典》《苏美尔亲属法》《李必特·伊丝达法典》等成文法律。而公元前1762年,由古巴比伦第六代国王汉穆拉比(Hammurapi,?—公元前1750年)颁布的《汉穆拉比法典》,则使巴比伦地区的立法达到最高的水平。

从《汉穆拉比法典》的内容来分析,当时已存在比较原始的法哲学理论。如在该法典序言中,强调了君权神授,提出颁布法典的目的在于"发扬正义于世,灭除不法邪恶之人",②国王的任务之一是"使公道发扬,以正直的法管理部落"。③ 在正文婚姻家庭等法律条文中,主张赡养生病之前妻终身的人道主义立场。④ 在结语中,又反复强调汉穆拉比的法律是正义的体现,他的司法判决和裁定是"公正之道",等等。⑤ 同时,《汉穆拉比法典》的整个内容,虽然是习惯法的简单汇编,但从其分为序言、正文和结语之三大部分的结构,其条文按诉讼程序、盗窃、军人份地、租佃关系、雇佣关系、商业高利贷关系、债、婚姻家庭、遗产继承、奴隶买卖等有条理的排列来看,当时的立法技术也已达到一定水平。然而,虽然法哲学和

① 据美国学者威格摩尔的叙述,在古代埃及,曾出现过法哲学思想,如关于司法正义的观点等。见 John H. Wigmore, *A Panorama of the World's Legal Systems*, Vol.I, Weat Publishing Company, 1928, pp.13–17.

② 《外国法制史资料选编》上册,北京大学出版社1982年版,第18页。

③ 《外国法制史资料选编》上册,北京大学出版社1982年版,第20页。

④ 《外国法制史资料选编》上册,北京大学出版社1982年版,第35页。

⑤ 日本学者平野秩夫于1969—1970年间,在名古屋大学的《法政论集》第45—50卷上曾连载发表了《上古东方法哲学史觉书》一文,内中比较详细地论述了古代埃及和巴比伦的法哲学思想,这是笔者所见到的中日学术界所发表的唯一的一篇关于古代东方法哲学的论著。

立法技术都是法学形态的构成要素,但由于汉穆拉比创立的巴比伦王朝很快就被喀西特人灭亡(公元前 1741 年),巴比伦法的发展迅速中断,因此,零星的法哲学思想和立法技术没有能够导致法学的产生。到目前为止,虽然在《汉穆拉比法典》之外,我们还发现了一批巴比伦地区的官方文书和私人书信,①但无论是在考古发掘还是在现存文献的研究中,都未发现在巴比伦已出现法学的证据。

印度的情况与上述两个国家稍有不同。古代印度是一个宗教国家,其法律是在印度婆罗门教(公元前 7 世纪)、佛教(公元前 6 世纪)和印度教(公元 4 世纪)的产生演变过程中发展起来的。因此,一些具有法律约束力的文献,如婆罗门教时代的《吠陀》《法经》,佛教时代的《律藏》以及婆罗门教、印度教的经典《摩奴法典》(约公元前 2 世纪至公元 2 世纪)等,本身就是宗教教律。附带说一句,尽管国内有些学者否认《摩奴法典》具有法典性质,但鉴于古代社会宗教教义兼法典的情况很普遍,如教会法的基本渊源是《圣经》、伊斯兰法的基本渊源是《古兰经》等,将《摩奴法典》视为古代印度的基本法典也是可以的。

除《摩奴法典》《法经》等法律和宗教合二为一的文献之外,在古代印度,也存在着一批由世俗的国王制定的法令。这些法令在孔雀王朝时期(公元前 324—前 187 年)还曾上升为当时印度的主要法律渊源。此外,传说孔雀王朝的创始人旃陀罗笈多(Chandragupta,约公元前 324—前 300 年在位)的大臣乔底利耶(Kautiliya,生活时代约公元前 300 年)所著的《政事论》也被当时国家视为法典。② 所以,认为古代印度没有由国家发布的成文立法的见解③也是不正确的。

除了法典和法令外,在古代印度也出现了法律思想、法哲学。日本学者白井骏在《古代印度的刑法思想》(白顺社 1985 年版)一书中,对以犯罪、刑罚和刑事诉讼为核心的古代印度的法律思想作了系统的研究。

---

① [苏]B.H.狄雅可夫、H.M.尼科尔斯基编:《古代世界史》,日知译,中央人民政府高等教育部教材编审处 1954 年发行,第 83 页。

② 林榕年主编:《外国法制史新编》,群众出版社 1994 年版,第 121 页。

③ 参见古棣、周英:《法和法学发生学》,中国人民大学出版社 1990 年版,第 378 页。

但是,如前所述,法哲学和法律思想与法学并不是一回事,它们只是法学形态的构成要素。从目前所发现的古代印度留下来的历史文献来看,尚未发现一部法学论著。因此,在没有新的考古发现之前,认定古代印度不存在法学大概是不会错的。

在古代希腊,由于城邦制度繁荣的时间太短,各个城邦之间经常发生战争,立法也未能充分发达等原因,所以只是产生了比较发达的法哲学和法律思想。尽管这些思想为罗马法学的诞生奠定了理论基础,尽管柏拉图的《法律篇》(The Laws)被誉为西方历史上第一部法哲学著作,但在希腊,没有法典注释学,没有产生法学家,也没有形成系统的法学学科。①

在古代世界产生法学的国家和地区,主要是罗马、英国、西欧基督教会和阿拉伯国家。在古代罗马,由于商品经济的高度发展,成文法典的发达,法律与宗教的分离,法律教育的兴起,以自然法为核心的法学观的传播,职业法学家阶层的产生,以及百家争鸣学术研究环境的形成,诞生了西方历史上最早的法学。② 在中世纪英国,虽然没有成文法典,但由于在11世纪就发展起了通行全国的普通法体系,在14世纪又形成了对普通法起补充作用的衡平法体系,开始了对判例的注释和对法律原则的诠释活动,因此,从12世纪起,就出现了众多的法学著作,如格兰威尔(R. Granville,1130—1190年)的《中世纪英格兰王国的法和习惯》,布雷克顿(H. D. Bracton,约1216—1268年)的《关于英国的法与习惯》,利特尔顿(D. Littleton,1407—1481年)的《土地法论》,福特斯库(Sir John Fortescue,活跃时期为15世纪中叶)的《英国法赞美论》,爱德华·科克(Edward Coke,1552—1634年)的《英国法概要》等,形成了比较系统的中世纪英国封建法学。③ 中世纪西欧基督教会的情况也大体相同,由于从9世纪开始基督教会势力的扩张,教会法渊源的丰富,从12世纪起就开始

① 关于古代希腊没有产生法学的原因,详见何勤华:《西方法学史》,中国政法大学出版社1996年版,第一章。

② 详见何勤华:《西方法学史》,中国政法大学出版社1996年版,第二章第一节。

③ 关于中世纪英国法学的详细情况,请参见何勤华:《西方法学史》,中国政法大学出版社1996年版,第六章。

了对教会法渊源的注释、汇编和整理工作。1140年,出版了由意大利一所修道院附属学校的教会法教师格拉梯安努斯(Gratianus,约1179年去世)编纂的《格拉梯安努斯教令集》(也称《矛盾之教会法令调和集》),这部作品被认为是中世纪西欧的第一部法学著作。加上教会法教育活动以及神学法哲学体系的展开,逐步形成了一个比较完整的教会法学体系。①在阿拉伯国家,从8世纪开始,随着人们对其基本法律渊源《古兰经》和《圣训》等的编辑、整理、注释活动的展开,在社会上出现了一个教会法学家阶层,其著名者有哈尼法(699—767年)、马立克(约715—795年)、沙斐仪(767—820年)以及罕百勒(780—855年)等,出版了众多的教会法学著作,如马立克的《穆瓦塔圣训集》、沙斐仪的《法源论纲》等,出现了百家争鸣的局面,并形成了比较系统的注释教法学。② 因此。尽管教会法和伊斯兰法是宗教和法律合一的体系,但由于出现了法哲学(尽管是神学的)、法典和法典注释学,因此仍然产生了比较发达的法学体系。

以上分析,证明法学的形成,必须具备一些基本的条件(形成要素),如果没有这些条件,即使有了法典,有了法哲学,也不可能产生法学。另外,以上世界各国的历史发展也证明,法学形态是非常丰富的,在具备了一些法学形态的基本要素的前提下,由于各国和各个地区的其他经济和文化条件的不同,可以产生许许多多形态各异的法学。③

那么,中国古代的情况如何呢?

---

① 参见何勤华:《西方法学史》,中国政法大学出版社1996年版,第三章第三节;[美]伯尔曼(H.J.Berman):《法律与革命——西方法律传统的形成》,贺卫方等译,中国大百科全书出版社1993年版,第四、五、六章。

② 关于伊斯兰法学研究的详细情况,请参见高鸿钧:《伊斯兰法及主要流派》,《外国法译评》1996年第1期;吴云贵:《伊斯兰教法概略》,中国社会科学出版社1993年版。

③ 在古代和中世纪,存在法学的国家还有日本,因为在中世纪日本,已经存在比较系统的法典(如701年的《大宝律令》、718年的《养老律令》以及1232年的《御成败式目》等),有法典注释学(其代表作是9世纪面世的《令义解》《令集解》以及13世纪以后出现的各种关于《御成败式目》的注释书),也有法哲学——以中国儒家思想为核心的律学世界观。因此,虽然日本古代没有出现"法学"之名,但已存在"法学"之实。

四

按照法学形态的理论,中国古代无疑已经产生了法学。

首先,中国古代很早就出现了成文立法。据比较可靠的史籍记载,我国在春秋时期,就有公元前 536 年郑国子产(?—公元前 522 年)的《刑书》,公元前 505 年前后邓析(公元前 545—前 501 年)的《竹刑》,公元前 513 年晋国的《刑鼎》等。在战国时代,又进一步出现了由魏国李悝(公元前 455—前 395 年)编纂的比较系统的《法经》(公元前 407 年)。秦汉以后,以秦国的《秦律》和汉朝的《九章律》为开端,历代的统一的成文法典更是绵延不绝。这些法典,不仅体系完整、概念术语明确,而且指导思想、立法原则、各种罪名和刑名以及从抽象的原则到具体案件的推理程序等一应俱全。尤其是公元 7 世纪初制定颁布的《唐律》,其立法水平可以说在当时世界范围内都是数一数二的。

其次,与上述一点相连,中国的法典注释学出现得很早。因为有法律,就要执行;要执行,就必须对法律进行解释。因此,在一般情况下(国家未被入侵、灭亡,法制发展没有中断等),成文法典的持续颁布,法制的长期发展,必然导致法典注释学的产生,在中国,自公元前 3 世纪前后的秦国开始,就出现了比较明确系统的法典注释学《法律答问》。至汉代以后,各大经学家开始了以经注律的活动,法学作品丰富,法学名家辈出,著名者有郑玄、马融、张斐、杜预、刘颂、郭躬、陈庞等。《晋书·刑法志》说:当时注释法律者"十有余家,家数十万言"①。可以认为,中国古代的法律注释学,是除罗马之外世界上最为发达的形态。

再次,中国的法哲学出现得也很早,远在西周时代,就出现了"天罚""明德慎罚"等法哲学思想。到春秋战国时期,随着各个学派的崛起,百

---

① 周东平主编:《〈晋书·刑法志〉译注》,人民出版社 2017 年版,第 141—142 页。

家争鸣氛围的出现,中国古代的法哲学达到了一个鼎盛的阶段,无论是法家,还是儒家、道家、墨家、名家,都对法的起源、法的本质、法的作用、法与其他社会现象的关系,法、刑、律的关系,以及法的客观性、平等性、公开性、稳定性等问题展开了热烈的讨论,阐发了各自的主张。秦汉以后,关于法的本质、法与道德的关系,以及肉刑的废复、复仇是否可行、株连与反株连、亲属应否容隐、同罪异罚与同罪同罚、刑讯的限制与否定、"司法时令说"的得失、赦与非赦等问题的争论始终没有停止。尽管这些争论中探讨的大多是刑法问题,但其中包含着的人们对法的根本见解这一法哲学立场是不容置疑的。

此外,中国古代的法律教育起步也比较早,早在春秋战国即已出现。据史籍记载,邓析就曾聚徒讲授法律知识,弟子多达数百人。虽然荀子教学生以儒家经典为主,但韩非和李斯在他那里学了法律则是无可否认的事实。秦始皇统一中国以后,虽然对文化采取了专制主义的立场,但从"若欲有学法令,以吏为师"①来看,法律教育未曾中断。而3世纪魏明帝采纳卫觊的意见,设立律博士以后,中国的法律教育更是有了专门的组织,得到了国家的鼓励和支持。以后,虽然各个朝代的律博士称呼不一,所在部门经常变动,规模人数也不一致,但一直到元代,中央政府的以大理寺(隋)、国子监(唐、宋)为中心的高等法律教育一直没有中断过。法律教育的实施,对法律的制定、施行,对法律的学习、解释,以及对法律的宣传和研究所起的积极影响,是不可否认的。

最后,在中国古代法学研究中,所用的方法也是非常丰富的,逻辑的、历史的、社会的、比较的以及技术检验的,这些在张斐(公元3世纪中叶人)的《律注要略》、长孙无忌(?—659年)等人的《唐律疏议》以及宋慈(约1186—1249年)的《洗冤集录》中,都得到了充分的体现。同时,在法律原则、法律概念和术语的创制、阐明方面,中国古代的成就也是令世人瞩目的,张斐在上述《律注要略》中对20个刑法概念的诠释,以及《唐律疏议》对各种罪名、刑名的说明,其水平令今人都叹为观止。此外,在中

---

① (汉)司马迁:《史记·秦始皇本纪》,中华书局1982年版,第255页。

国古代,与法典注释学和法哲学相关的其他学科也已露萌芽,如历代正史中的《刑法志》,实可算是一篇篇水平高超的法制史论文;《管子》一书中提出的"仓廪实则知礼节,衣食足则知荣辱",①不能不说已包含了法经济学的观点;白居易(772—846年)等人针对社会时弊而提出的法律对策的论文,也已经涉及到了法社会学的思想。当然,由于中国特殊的国情,上述这些思想未能发展成为近现代西方的法史学、法经济学和法社会学,而且在这里将它们相提并论也似有牵强比附之嫌。但这些思想对中国古代法学发展的促进作用是不可低估的。

通过上述分析,我们可以清楚地看到,中国不仅具备了法学存在的必备要素,而且具备了相应的各种一般要素。古代中国人在这个领域创造的如此丰富的思想文化成就,使我们无论如何也无法否认中国古代法学的存在。因此,笔者认为,中国古代不仅存在法学,而且还是一种比较发达的法学形态。

五

那么,为什么有些学者还是认为中国古代没有法学呢? 看来,除了列出中国古代法学存在的表现之外,还必须阐明中国古代法学与其他各种法学在形态上的区别与特点,这样,我们才能对这个问题有更深一层的理解。

首先,让我们列表来比较一下中国古代法学与古代罗马法学、伊斯兰法学和近代西方法学在法学各形态要素上的相同点与差异。

---

① 《管子》卷一,《牧民第一·经言一》,(唐)房玄龄注,(明)刘绩补注,上海古籍出版社2015年版,第1页。

表 1-1　法学形态对照表

形态要素	古代中国	古代罗马	中世纪伊斯兰	近代西方
经济要素	封建经济	商品经济 （简单型）	封建经济	商品经济 （发达型）
立法要素	成文法典 （刑法为主）	成文法典 （私法为主）	成文法典 （法律教义合一）	成文法典 （分门别类）
部门法体系	不完整	不完整	不完整	完整
法律注释	发达系统 （刑法注释）	发达系统 （私法注释）	发达系统 （教法注释）	发达系统 （综合注释）
法哲学	丰富 （以宗法伦理 为核心）	丰富 （以自然法 为核心）	丰富 （以教义 为核心）	丰富 （以公平正义 为核心）
法学原则	基本形成 （刑法原则）	基本形成 （私法原则）	基本形成 （教法原则）	发达完善 （综合型）
概念术语	系统科学 （刑法学）	系统科学 （私法学）	系统科学 （教法学）	系统科学 （综合型）
研究方法	比较丰富	比较丰富	比较丰富	丰富科学
相关学科	有一些	有一些	无	齐全
法学主体	法学家 （多为官僚兼）	法学家 （职业性）	教法学家 （教会人士兼）	法学家 （职业性）
价值目标	义务、和谐	权利、正义	尊从安拉	社会正义
法律教育	不发达	比较发达	不发达	发达
学术环境	基本不自由	基本自由	不自由	自由

以上所列虽然非常简单，但从中已可以大体得知中国古代法学的一些基本特点。

第一，中国古代的法学，是建立在以小农经济为基础的封建经济基础之上的。在这种经济基础之上，商品交换不发达，宗法体制盘根错节，主要权力都集中在地主阶级的总代表皇帝手中，臣民只有义务而无权利，法律成为维护君主专制统治和确保社会秩序稳定、和谐的工具。这一切，都造成了中国古代法学的特殊风貌和基本性格，形成了与古代罗马以及近现代西方法学不同的特点。

第二，中国古代的法哲学虽然起步早，发展一以贯之，但它的基本立场在于论证法律在宗法家族体制中的地位，君君、臣臣、父父、子子之间的法律关系,法律在统治人民、平息纠纷、镇压敌对分子中对道德的辅助作用,而从来没有去研究如何保护国民(中国古代未曾出现过公民",所以我们只能使用"国民"一词)的权利和自由问题,也没有取得过独立于伦理和政治的地位。因此,中国古代的法哲学实质上是一种伦理法哲学、政治法哲学和刑罚法哲学。全面阐述中国古代法哲学的特点需要专门写篇论著,这里只能点出上述三个特色,以帮助我们理解为什么古代中国法学和古代罗马法学以及近现代西方法学有那么巨大的不同。

第三,中国古代虽然很早就出现了成文法典,并且在以后的发展中这个传统一直绵延不绝,但中国的法典,从春秋战国时代的《刑书》《刑鼎》《法经》,到《秦律》《九章律》《魏律》《晋律》《唐律》以及以后各个朝代的法典,都是刑法典或是以刑法内容为核心的法典,调整民事关系的私法规范很少,而且绝大部分民事法律规范是处理民事问题的刑法规范。① 在这种状况下,中国比较发达的法律注释学只能是刑法注释学,它不是为如何保护国民的权利出谋划策,而是着重于研究如何更好地完善其律(律文)这个刑事镇压的工具。② 这样,尽管中国古代的法律注释学十分发达,但其性格和面貌与古代罗马或近现代西方的却是大不相同。

第四,尽管中国古代的法律教育开始很早,魏以后在中央政府也设有进行法律教育的机构,但中国古代的法律教育,从来没有获得过独立的地位。在春秋战国时期,它主要依附于其他学术教育;在秦代,它只是官吏的附带职责;在汉代,它又成为经学教育的内容之一;魏以后,它也只是为选拔官吏而学习之科目的一种。即使在将法律教育作为中央高等教育内容之一的唐宋年间,当时律学也与国子学、太学、四门学、算学和书学等合在一起,且在人数和地位上也不如其他学科。如唐代国子学学生 300 人,太学学生 500 人,四门学生 1300 人,而律学生仅 50 人。③ 元以后,朝廷索

---

① 关于中国古代民事刑法化的详细论述,请参阅张中秋:《中西法律文化比较研究》,南京大学出版社 1991 年版,第 85 页以下。

② 当然,中国古代法律注释学中也有许多关于正确适用法律条文、正确定罪量刑及防止出现冤假错案的论述和技术,但可惜的是,由于中国古代的特殊国情,上述这些内容,都被包摄在法律的刑事镇压的工具属性之中了。

③ 张耕主编:《中国政法教育的历史发展》,吉林人民出版社 1995 年版,第 23 页。

性取消了中央政府的律学博士,从而使元明清的法律教育只能成为府县衙门中幕僚和胥吏中间一种学徒式学习方式。① 中国没有出现如古代罗马时存在过的罗马、贝鲁特、君士坦丁堡法律学校那样的专门法律教育机构,也不曾出现过如中世纪西欧波伦那大学、巴黎大学、海德堡大学、牛津大学等法律教育组织。即使在后汉和魏晋律学最昌盛之时,法律教育也仅仅局限于民间的私塾类型。这一点,也是使中国古代法学在形态上大不同于西方的重要原因。

第五,以百花齐放、百家争鸣为表现形式的学术自由,虽然不是法学存在的必备要素,但却是法学发达和繁荣的重要条件。在中国历史上,曾经有过三次大的学术自由时期,一次是春秋战国时期,一次是魏晋南北朝时期,还有一次就是明清交替时期。但是第一次的时代还比较早,中国的成文法发展还处在初期阶段,因而这次学术自由对中国古代法哲学的形成有很大的帮助,但对法学的整体发展作用不是很大。尤其必须注意的是,由于中国国家和法形成的特殊状况,即中国国家与法是在部族征战中形成和发展起来的,所以,中国古代法一开始就带上了赤裸裸的氏族镇压的色彩,这样,围绕法的本质、法的起源、法的作用等问题的讨论也带有明显的伦理色彩、政治色彩和刑罚色彩。而第二次和第三次学术自由的时期,一是时间比较短,二是从秦代开始,中国进入了中央集权的政治体制,国家所能给予臣民的学术自由也是非常有限的。因此,中国古代法学事实上始终未能摆脱其作为政治附属物的地位。

第六,在古代罗马,法学的主体是形成为一个群体的职业法学家阶层,而在古代中国,职业的法学家数量并不多,绝大部分法学家并不专门从事法律教育和法律著述事业,而只是一批官僚,或者是文学家、哲学家,如东汉著名律学家郑玄(127—200 年)是官僚、经学大师,马融(79—166年)是官僚、经学家和文学家,西晋著名律学家杜预(222—284 年),则是大将军、经学家,《唐律疏议》的主要编纂者长孙无忌是初唐的大官僚,其

---

① 这一点,张伟仁先生在《清代的法学教育》(载台湾大学《法学论丛》第 18 卷第 1、2 号,1988 年)中有很好的阐述,请参阅。

他法律思想家如韩愈(768—824 年)、柳宗元(773—819 年)和白居易等,也是文学家、哲学家和诗人。像担任法官职务又从事立法、法律著述的郭躬(公元 1—94 年)、张斐、陈宠(? —106 年)等,人数并不多。而完全不担任官职,专心致志于法律教育和法律研究的人,如古代罗马盖尤斯(Gaius,约 130—180 年)那样的法学家更是凤毛麟角。因此,中国古代独立的纯法理论著作很少,有相当多的作品往往是法学、哲学、文学、经学互相混合,如《管子》《韩非子》等。即使是最为完善的《唐律疏议》,也主要是法典注释型作品,像上述古代罗马法学家盖尤斯的《法学阶梯》那样的法学理论体系著作,中国一部也没有。

从上述六点(当然还有其他一些方面)可以得知,为什么在本篇一开始时笔者就说中国古代无法学的观点在一定意义上是正确的。因为,与古代罗马和近现代西方相比,中国古代的法学确实是一种完全不同的面貌、完全不同的风格,如以古代罗马法学和近现代西方法学为参照系,那么中国古代确实没有法学可言。但是,问题也出在这里,如上所述,法学是一个有机的整体,是一种由许多要素组合而成的体系,具有丰富多彩的形态,它不可能是一种模式,一种样态。我们不能以古代罗马或近现代西方的法学作为标准衡量世界其他国家是否存在法学,认为凡是与其相同者,就是法学,不同者,就不承认是法学。如果只有"以正义为核心的法学"是法学,那世界上的法学形态不是太单调了吗? 研究世界法学史不是太容易了吗? 很显然,中国古代法学与古代罗马法学以及近现代西方法学的不同,不是"是"还是"不是"法学的区别,而是法学形态的区别。就像文化一样,我们不能说由于中国的文化与西方的文化之间存在着巨大差异,就否认中国文化的存在。

事实上,法学的完善形态只是在现代社会才存在。古代罗马的法学,其实也存在着诸多缺憾。比如,即使是它最为发达的私法学,许多概念术语也是很原始的。它虽然有法人制度和法律行为的萌芽,但却没有"法人"这一对商品经济来说至关重要的概念,也没有"法律行为"这一对法律主体的活动和法律关系的形成而言极为重要的概念,这两个概念都是迟至 19 世纪初叶德国历史法学派崛起后,由德国法学家胡果(G. Hugo,

1764—1844年）提出，并经由其弟子萨维尼（F.C.von Savigny，1779—1861年）和普赫塔（G.F.Puchta，1798—1864年）以及祁克（O.F.von Gierke，1841—1921年）等人的阐述，才发展起来的。但在罗马法学中没有"法人"和"法律行为"的概念，责任并不在罗马法学家，因为当时还没有创制出这两个概念的条件。此外，古代罗马也没有宪法学、行政法学和刑法学，没有法医学，没有法史学、法社会学和比较法学，因为所有这些学科都是近代以后，随着社会的发展、文明的进步、国家机器的完善才一步步形成的。我们不能说因为罗马法学与近现代法学之间存在着这种区别，就否认古代罗马存在法学。事实上，无论是古代罗马法学，还是古代中国法学，都只是一种残缺的法学形态，因为它们都未完全具备法学形态所要求的全部要素。完整意义上的法学形态是近代以后才在西方出现的，而且这种完整也是一个变化的概念。从今人的眼光看来是完整的，以后人的眼光来观察就可能是残缺的，因为法学的发展永无止境。

这里的问题是由于罗马法学是直接建立在简单商品经济之上的，它当中包含的体现商品经济发展规律的成分与近代建立在复杂商品经济之上的资产阶级法学之间有着内在的、必然的联系，所以，古代罗马法学与近现代西方法学之间有着诸多共同的东西，能够为后者所继承，而其法学形态也容易为人们所认同。而中国古代法学，因为是建立在封建的小农经济之上，所以到近代随着这种经济基础被资本主义商品经济所摧毁，建立在其上的法学形态便理所当然地为建立在资本主义商品经济之上的近代西方法学所取代。然而，这并不等于中国古代不存在法学，或中国古代的法学不是"法学"。

六

法学形态的理论，具有重要的理论和实践价值。其意义不仅仅是在证明中国古代有否法学这一层面上，而且对我们加深认识、理解法学的内在结构、本质和发展规律，也都有重要的指导意义。比如，通过对我国当代法学形态的分析，我们就可以知道，我们的法学结构、法学体系并不十分合理，主要表现在理论法学研究的严重滞后。我国的法哲学研究、法史学研究和法社会学研究以及比较法研究等，与发达国家相比都有很大的差距，尤其是我们的部门法学，理论和实践的脱节十分严重，研究水平也不高，几乎成了清一色的法典注释学。如何结合我国法制建设的实践，来探讨各个部门法中的理论问题，即创立一般所说的部门法哲学，将是摆在我们面前的一项重要任务。① 又如，通过法学形态的理论，我们可以知道，在我国培养职业法学家队伍的任务十分迫切，提高法学工作者的主体意识和独立意识，提高法学工作者的创造性和探索精神，都是摆在我们面前的需要抓紧解决的问题。再如，如何营造法学研究中的学术氛围，给予法学工作者以自由研究学术问题的权利，鼓励法学研究中的百花齐放和百家争鸣，提倡多种研究方法的并用，以及深入进行法律教育管理体制和教学内容等方面的综合改革等，也都是我们所应当关注的课题。

---

① 这方面，我们已经做了一些努力，如出版了陈兴良的《刑法哲学》(中国政法大学出版社 1992 年版)、徐国栋的《民法基本原则解释》(中国政法大学出版社 1992 年版)、王利明的《侵权行为法归责原则研究》(中国政法大学出版社 1992 年版)以及梁慧星的《民法解释学》(中国政法大学出版社 1995 年版)等。此外，李锡鹤的《论民法精神》(载《法学》1996 年第 7 期)一文，也在这方面作出了可贵的努力。

第 二 编

律学传统的诞生与发展

律学是中国古代特有的一门学问,是秦汉时期随着成文法典的出现,统治阶级为了使法典(因当时法典尚未定型,故也包括单行的律、令)得以贯彻实施而对其进行注释诠释因而形成的一个学术研究领域……

——何勤华:《中国法学史纲》,商务印书馆2012年版,第66页。

秦汉律学考[*]

中国古代律学是中国古代法学的主体部分,也是其主要的表现形态,是中国古代学术中的一个重要领域,是立法发达到一定程度,语言学、文字学、逻辑学等有了相应发展以后的产物。在中国,早在春秋战国时期,随着立法的进步以及中国古代语言学的发达,就已经出现了对立法事件、某些法律规定、某些名词概念的诠释活动。但是,对国家的整部法典或法规作出系统而完整的注释,并使这种注释成为一门学问即律学,则是秦汉以后的事情。本文拟对中国古代律学的内涵,秦汉时期中国古代律学的诞生过程及其内容,秦汉律学的特点及其传统等,作一些初步的探索。

一

学术界一般认为中国古代律学诞生于秦汉时期,但在秦汉时期的文献中,事实上并无关于律学研究状况的记载,[①]也无"律学"之用语。对律

---

* 本部分内容曾发表于《法学研究》1999 年第 5 期,收入本书时略有改动。

① 《史记》《汉书》等在记述一些法律工作者的活动时,仅提到跟随父亲学习法律(《汉书·于定国传》),当狱吏、学律令(《汉书·路温舒传》),执法官吏之间互相论定律令(《史记·赵禹传》)等,尚未对律学研究活动作出明确的记述。

学研究活动明确作出记述以及"律学"一词的使用,是魏晋以后的事情。

比如,《晋书·刑法志》不仅对董仲舒、马融、郑玄、应劭等人的释律、著律章句等活动作了记述,而且对魏明帝时卫觊上书奏请设立律博士的过程也作了详细叙述。在《晋书·石勒载记》和《南史·孔(稚)珪传》中,又分别出现了"律学"之用语:"太兴二年,(石)勒伪称赵王,……(任命)参军续成、庾景为律学祭酒。""至九年,珪表上律文二十卷,录序一卷,又立律学助教,①依五经例。诏报从之,事竟不行。"但此时,人们对释律活动并未冠以"律学"之概念,使用"律学"一词时,主要是指律博士(助教)这一学(官)职。

至唐宋时期,上述局面有所改变,律学的概念进一步明晰。《册府元龟》六一二载:"(永徽)三年诏曰:律学未有定疏,每年所举明法遂无准凭,宜广召解律人条义疏奏闻,仍使中书门下监定。"②《宋刑统》卷一·名例·五刑:"律学者云……"这里,律学一词已不仅仅指律学博士等学职,而是专指一门学问。

进入明清时期,随着私家释律著述的大量出现,表示一门学问之律学一词的使用也愈加频繁。但总的来说,在中国古代,人们对律学的内涵和外延的界定并不非常明确,一般都只是笼统地称其为研究法律的学问。

近代以后,学术界尽管发表了不少论述中国古代律学的论著,但对律学的界定仍不是很清楚。一方面,国内一些权威的辞书,如《康熙字典》、《辞海·语词分册》(上海人民出版社版)、《法学词典》(上海辞书出版社版)、《中国古代法学辞典》(南开大学出版社版)、《简明法制史词典》(河南人民出版社版)等,均无"律学"一词的释文。《中国历史大辞典·隋唐五代史》中虽有"律学"一词,但其释文为"学校",即唐宋时期国家正式设立的、与太学等相并列的一种教育场所和设施。《辞源》(商务印书馆版)中有"律学馆"和"律学博士"条目,前者指修订法律的机构,后者指的是一种官职(学职)。总之,上述各类辞书对作为一门学术的律学,均未作出说明。

---

① 《南齐书·孔稚珪传》中,"律学助教"写为"律助教"。
② 刘俊文:"点校说明",载《唐律疏议》,中华书局1983年版。

另一方面,在清末民初一些学者如沈家本和程树德的作品中,虽然大量涉及律学,但在前者那里,律学常和法学一词混用,是笼统指称关于法律的学问(参见沈家本《法学盛衰说》);在程树德的著作中,律学的内涵也是比较宽泛的,如他认为,何休、郑玄的以律注经也是律学的组成部分,归属于律学之范畴;律学在战国时已经昌盛(参见《九朝律考·汉律考》)。清末学者张鹏一,写了一本名为《两汉律学考》的著作,但笔者在东京大学法学部图书室见到它时,发现其仅仅是20页罗列汉代立法、执法及法律著述人员的表格,并未对两汉律学作出系统的考证。

进入现代之后,学术界对律学的研究渐趋活跃,但观点仍然未得到统一。一部分学者将律学的外延放得比较宽,认为在先秦时期,中国就已经有了发达的律学。如陈顾远在《中国法制史》一书中说:"中国之律学,似以所谓法家者流,承其正统,实则概言之耳。法家之能否独立,姑置不论,而从事律学者不必限于法家,则为定谳。"高恒在《秦汉法制论考》一书之自序中进一步说:"有人说,律学是'从汉代起','依据儒家学说对以律为主的成文法进行讲习、注释的法学。'这样理解'律学',过于狭窄了,显然不合历史实际。春秋战国之际,随着先秦法家'以法治国'理论的出现,也就出现了关于律的学说。以先秦名学为理论基础而形成的中国古代(或称古典)律学,与哲学、政治学、伦理学等,有明显区别。它具有自己独特用语(法言法语),名词概念精当,判断推理符合逻辑,在发展过程中,吸取了诸家理论,主要是儒家的伦理学说,逐渐成为了一门真正的科学。"钱大群在《中国古代盗窃罪研究》一文中,分析晋代律学家张斐给盗窃罪所下的定义"取非其有谓之盗"时,也指出:"这种观点实际早在春秋时就确立。春秋时的律学家也是以此顺利地解决了转辗相盗中犯罪性质的确定问题。"①此外,怀效锋在《中国传统律学述要》一文中,也阐述了同样的观点。②

---

① 载《中外法律史新探》,陕西人民出版社1994年版。
② "律学实质上就是中国古代的法学,它发轫于商鞅变法,兴起于汉,繁荣于魏晋,成熟于唐,衰微于宋元,复兴于明,至清而终结",见怀效锋:《中国传统律学述要》,《华东政法学院学报》1998年创刊号。

另有一批学者对律学下了比较严格的定义。如张友渔、潘念之在《中国大百科全书·法学》序文"法学"中,对"律学"一词作了界定:通常所说的中国古代律学,"即依据儒家学说对以律为主的成文法进行讲习、注解的法学。它不仅从文字上、逻辑上对律文进行解释,也阐述某些法理,如关于礼和法的关系,对刑罚的宽与严,肉刑的存与废,'律'、'令'、'例'等的运用,刑名的变迁以及听讼、理狱等。"蒋集耀在《律学衰因及其传统评价》(《法学》1990 年第 5 期)一文中指出:"中国古代的律学,是研究制定法的内容及其如何适用的问题。它的研究对象是业已颁布的现行法,主要采用注释诠解的经学方法,目的在于将制定法更加妥帖地适用于实践。律学滥觞于秦,发展于两汉,昌盛于魏晋,至唐以后便趋向衰微。"刘笃才在《论张斐的法律思想》(《法学研究》1996 年第 6 期)一文中进一步强调:"产生于汉代的律学,因其研究对象是律而得名。如果说当时由于统一的刑法典尚未完成,它所研究的汉律还包括较广泛的内容,那么到了魏晋时期及其以后,朝廷颁布的刑法典便是它唯一的研究对象了。"钱剑夫在《中国封建社会只有律家律学律治而无法家法学法治说》(《学术月刊》1979 年第 2 期)一文中,也持与上述学者相同之观点。

笔者基本赞同上述第二种观点,但稍有变化,即笔者以为,律学是中国古代特有的一门学问,是秦汉时期随着成文法典的出现,统治阶级为了使法典(因当时法典尚未定型,故也包括单行的律、令)得以贯彻实施而对其进行注释诠解因而形成的一个学术研究领域,它是中国古代法学的一个重要组成部分,但两者并不是一回事。它不包括中国古代法哲学(法律思想),不包括法史学(如历代刑法志等)和法医学,也不包括以律注经等学术活动。本文的以下论述,均以此观点为出发点。

二

作为特定的以注释、阐述现行法为对象的中国古代律学,诞生于秦汉时期对法律的注释活动,其标志为秦代法律注释书《法律答问》的出现,西汉董仲舒等人以经释律(决狱)、东汉马融和郑玄等人以经注律活动的展开。其具体过程大体可以分为三个阶段。

(一) 以《睡虎地秦墓竹简·法律答问》为代表的秦代律学

1975 年湖北省云梦县睡虎地出土的秦简中的《法律答问》是一篇比较系统完整的律学(法律注释学)作品。《法律答问》出土时位于墓主颈右,计竹简 210 支,解释法律 187 条,多采用问答形式,对秦律的一些条文、术语和律文的意图作出明确的解释。

从《法律答问》的内容范围来看,它所解释的是秦律中的主体部分,即刑法。据《晋书·刑法志》和《唐律疏议》等文献得知,商鞅制订的秦法系以李悝的《法经》为蓝本,分盗、贼、囚、捕、杂、具等六篇。《法律答问》解释的范围,与这六篇大体相符。从《法律答问》所引用的律文来看,既有秦王政时期的法律,也有商鞅时期的原文,还有当时的判例("廷行事")。此外,还有一部分是关于诉讼程序的说明。

由于商鞅变法,实行"权制独断于君",主张由国家制定统一的政令和设置官吏统一解释法令,因此,《法律答问》绝不会是私人对法律的任意解释,在当时应具有法律效力。①《法律答问》可以说是至目前为止所发现的秦汉时期最为完整的律学作品,是我们研究秦代法学的珍贵文献。

(二) 西汉时期的律学研究(法律注释)活动

与秦相比,西汉时期对法律的注释,首先是在范围和深度上有许多发展。

汉在秦的基础上制定了许多单行律条,但由于这些律文都已佚失,我

---

① 睡虎地秦墓竹简整理小组:《睡虎地秦墓竹简》,文物出版社 1978 年版,第 150 页。

们无法得知其运行的具体情况。① 但是,由于张汤、赵禹等人都是汉时的法律家,因此,在他们制定律令时,伴有对律文的解释和研究是可以推定的。《史记·赵禹传》对此有所记载,"今上时禹以刀笔吏积劳积迁为御史,上以为能至太中大夫,与张汤论定诸律令。"

另一方面,据《汉书·于定国传》记载,廷尉于定国,虽然没有像张汤、赵禹那样制定过律令,②但他出身于法律世家,"其父于公为县狱史,郡决曹,决狱平,罗文法者于公所决皆不恨。郡中为之生立祠,号曰于公祠"。于定国少时跟随父亲学习法律,从事狱史工作。后因审案公正,政绩卓著,官职升至廷尉、御史大夫。由此可以推论,在西汉,随着《九章律》《傍章律》《越宫律》等一批法律的出台,当时的法律注释以及教育活动也同时得以蓬勃展开。

其次,随着汉武帝独尊儒学的政策的推行,用儒家经典的原则和精神来解释法律的活动也开始兴起,出现了董仲舒等以经释律的大师。

董仲舒原为研究《春秋》的经学大师,在公元前 139 年汉武帝举行的"贤良对策"中名列第一,藉此踏入政界,参与西汉立法与司法活动。在这些活动中,董仲舒运用儒家的学说(《春秋公羊传》中的原则),解释当时的法律,审理各种疑难案件。

比如,当时有一件疑难案件:某甲从路旁拾到了一个小孩,将其收养为义子,该小孩长大后因杀人而犯了罪,而某甲听其叙述后将其隐藏起来,不去报告。对于这样一个隐藏杀人犯的案件,按照当时的法律是要严厉惩处的。即汉律不仅规定杀人者应处死,首匿者(隐藏杀人犯者)也为大罪,要被处以鬼薪至弃市的刑罚。③ 但董仲舒却断曰:"甲无子,振活养

---

① 均见《晋书·刑法志》及上引钱剑夫:《中国封建社会只有律家律学律治而无法家法学法治说》。

② 程树德在《九朝律考》中引《唐六典》注称"宣帝时,于定国又删定律令科条。"此外,《魏书·刑罚志》也称:"于定国为廷尉,集诸法律,凡九百六十卷,大辟四百九十条,千八百八十二事,死罪决比凡三千四百七十二条,诸断罪当用者,合二万六千二百七十二条。"可见,于定国也曾汇编、删定过律、令、比。但是,《汉书·于定国传》中未提及这些事。

③ 元封四年(前 107 年),毕梁侯婴坐首匿罪人为鬼薪;元康元年(前 65 年),修故侯福坐首匿群盗弃市。见程树德:《九朝律考》,中华书局 1963 年版,第 100 页。

乙,虽非所生,谁与易之……《春秋》之义,父为子隐,甲宜匿乙而不当坐。"即免予刑事处分。①

根据史籍记载,类似上述以经释律、审案断狱的案件,董仲舒处理了232件。② 这里,董仲舒虽然是在断案,但是他的活动,事实上是对当时的法律规定作出了限制性(从宽)解释,对当时法律的适用产生了重要的影响。③

此外,如叔孙通、张欧(叔)、晁错、路温舒、公孙弘、丙吉等,也都是既通儒家经典也熟悉法律知识的大学者,在他们的学术活动中,也可以推定包含有法律解释的内容。④

(三) 东汉时期法律注释活动的活跃

东汉的法律注释活动,在西汉的基础上有了进一步的发展。据史籍记载,东汉时以儒家经义注释法典、阐述律意的著名人物,就有郑兴、郑众、许慎、马融、郑玄、何休、应劭、服虔、文颖等。《晋书·刑法志》在论述这一点时说:对当时的汉律,"后人生意,各为章句。叔孙宣、郭令卿、马融、郑玄诸儒章句十有余家,家数十万言。凡断罪所当由用者,合二万六千二百七十二条,七百七十三万二千二百余言"。

应当说,上述各位学者的律章句,是东汉时期最典型的律学著作,也是秦汉时期律学诞生的重要标志之一。然而,非常遗憾的是,这些以

---

① 程树德:《九朝律考》,中华书局1963年版,第164页。

② 沈家本:《历代刑法考》(三),中华书局1985年版,第1770页。

③ 关于董仲舒的法律思想,中国法律思想史和法制史的著作一般都有涉及,单行本可参阅杨鹤皋:《董仲舒的法律思想》,群众出版社1985年版。也可参阅徐世虹主编:《中国法制通史·战国秦汉》,法律出版社1999年版。

④ 叔孙通原为文学博士,后制定《傍章律》十八篇(《汉书·叔孙通传》);张欧"孝文(帝)时以治刑名侍太子,然其人长者"(《汉书·张欧传》);晁错"学申商刑名于轵(zhǐ,县名)张恢(先)生所,……以文学为太常掌故",汉文帝时"太常遣错受《尚书》伏生所,还,因上书称引解说"(《汉书·晁错传》);路温舒曾"学律令,转为狱史","又受《春秋》,通大义,举孝廉"(《汉书·路温舒传》);公孙弘著《公孙子》,言刑名事,亦谓字直百金(《西京杂记》);丙吉字少卿,治律令,为鲁狱史,积功劳,稍迁至廷尉(《汉书·丙吉传》)。

经注律的律章句作品没有一部得以流传下来。因此,我们研究东汉时期的律学,只能像大海捞针一样,从浩如烟海的众多史籍中钩沉梳爬,以获取东汉人释律的史料。此项工作,笔者认为可以从下述四个方面入手:

第一,郑玄等人不仅注律,也同时注经。他们注律的律章句著作虽然都已佚失,但其注经的作品大部分都得以保存下来。另一方面,郑玄等人注律注经时,运用的章句方法是一样的,对在律文和经文中都曾出现的同一个概念的注释也应是一致的。因此,我们可以从郑玄等人对经文中的法律概念的解释中,窥见其律章句释文的大体面貌。

比如,"伤人"或"伤",是汉律中的一个重要名词,如"盗伤与杀同罪""取人兵刃以伤人,罪与杀人同"(《盐铁论·刑德》),"(薛)况首为恶,(杨)明手伤,功意俱恶,皆大不敬……律曰:'斗以刃伤人,完为城旦,其贼加一等,与谋者同罪'。诏书无以诋欺成罪"(《汉书·薛宣传》)。但是,何谓"伤人"或"伤"?汉律本身并未作出很明确的定义。郑玄在注《周礼·秋官司寇·禁杀戮》时,对此概念作了明确的解释:"见血乃为伤人耳。"虽然,郑玄的此概念系为注经所作,但由此推论他在律章句注汉律中"伤人"或"伤"之概念时,也作出了同样的解释,应当是合乎情理的。

第二,学术界认为,律章句是郑玄等人注释汉律的作品,而后人阐述汉律时常引的"律说"可能就是律章句的成果形式之一。[①] 律章句虽然都已佚失,但某些"律说"由于汉末及魏晋学者在注解《史记》《汉书》时不时加以引用而得以保存。程树德在《九朝律考·汉律考·律家考》中辑出这种"律说"八条。其中,有一条为"封诸侯过限曰附益"(《汉书·诸侯王表》,此为张晏引律郑氏说)。张晏是三国时期魏国人,著有《西汉书音释》四十卷,对汉代史料比较熟悉,且离郑玄生活的东汉末期不远(20余年),故亲眼见到郑玄的律章句并加以引用,当是可以相信的。

当然,以上我们所见到的"律说"还是间接的史料,而在20世纪初出土于敦煌的汉简中,则有汉代人直接引用的汉律律说佚文:"行言者若

---

① 徐世虹主编:《中国法制通史·战国秦汉》,法律出版社1999年版,第232页。

许,多受赇以枉法,皆坐赃为盗,没入(官)□□。行言者,本行职□也。"①
此条律说的律本文,见《汉书·外戚恩泽侯表》如淳注:"律,诸为人请求
于吏以枉法,而事已行,为听行者,皆为司寇。"所谓行言,就是托言行贿,
所以律说解释为"如果听从,收受贿赂,结果多是受赇枉法,以坐赃为盗
论罪"。②

第三,有一部分东汉学者,如应劭、服虔、文颖等,《晋书·刑法志》中
虽然没有明确记载他们著有律章句,③但他们注解、阐述《史记》和《汉
书》中所包含的大量汉代律令的文字大部分被保存了下来,这部分也可
视为汉代律学的重要内容。

比如,《汉书·景帝纪》记载:"……后二年五月诏曰:'……其唯廉
士,寡欲易足。今赀(zǐ)算十以上乃得宦(拥有十万以上的财产才可以获
得官职),廉士算(财产)不必众。有市籍不得宦,无赀又不得宦,朕甚愍
之。赀算四得宦,亡令廉士久失职,贪夫长利。"对此条诏令,服虔解释
道:"赀万钱,算百二十七也。"应劭曰:"古者疾吏之贪,衣食足知荣辱,限
赀十算乃得为吏。十算,十万也。贾人有财不得为吏,廉士无赀又不得
宦,故减赀四算得宦矣。"

这里,按照汉代原来的法律,只有拥有十万以上财产的人才能做官,
这既使清廉之士永远得不到官职,也助长了士人敛财贪婪的风气。因此,
汉景帝下诏将十万入宦降为四万。而服虔和应劭两人对此条诏令的注
释,使人们更容易认识和理解其律意。

第四,在汉代出版的一些辞书中,不仅收集有一般生活中的字、词,也
有一部分为当时法律中的用语。当辞书作者对这些字、词作出解释时,事
实上也就是在解释汉律。这部分释律的内容,也应是汉代律学的重要内

---

① 林梅村、李均明编:《疏勒河流域出土汉简》,文物出版社1984年版,第339页。见前
引徐世虹主编:《中国法制通史·战国秦汉》,法律出版社1999年版,第233页。
② 林梅村、李均明编:《疏勒河流域出土汉简》,文物出版社1984年版,第339页。见前
引徐世虹主编:《中国法制通史·战国秦汉》,法律出版社1999年版,第233页。
③ 应劭著有律章句一事,《汉书·应劭传》有记载。但服虔和文颖是否著有律章句,其他
文献中也无记载。或许他们有这方面的著作,但为《晋书·刑法志》的作者所省略了,因为"十
有余家"的律章句,《晋书·刑法志》只说了叔孙宣、郭令卿、马融、郑玄等四家。

容。这方面突出的事例,就是许慎所著的《说文解字》。

许慎是当时著名的经学家和文字学家,以经解释法律的重点在于说明某些法律用语、字、词的内涵和外延,以帮助人们对这些用语、字、词的理解和适用。比如,"赀"是汉律中的一个重要用语,汉律曰:"民不繇,赀钱二十三。"对此,许慎解释道:"赀,小罚财以自赎也。"又如,汉律规定:"能捕豺貙购(奖励)钱百"。许慎解释说:"貙,貙兽,无前足"。再如,汉令规定:"蛮夷长有罪,当殊之。"许慎解释说:"殊,死也。一曰断也。"此外,许慎在阐述伐、寸、辟、法、臣、狱、牢、告、正、诽、谤、讼、制、范、典、罪、戋、令、犯、治、贼、型等字时,也都不同程度地作出了和上述原则相类似的解释。①

作为中国古代律学诞生的上述三个阶段,其律学的具体表现形态是不同的。

就秦王朝而言,虽然实行了高压的专制集权统治,并且对几乎所有的学术研究活动均予以取缔和镇压②,但其对法律,却给予了异常的重视,实行了"以法为教,以吏为师"的国策。因此,在这种情况下,秦王朝的其他学术如文学、史学等均受到了摧残,但律学却得到了强有力的国家支持。当法律处于独尊地位、法律教育成为一种官僚教育与社会教育,③当统治者急于让全国百姓都熟悉、了解法律时,对法律进行注释讲解的学问——律学就形成了。虽然,缺少其他学术支撑的秦代律学,其表现形态是比较稚嫩的,但其无疑为两汉律学的发达提供了合适的温床。

进入西汉以后,一方面,随着封建统治阶级的日益成熟,法律适用和德治教化手段的行使之关系开始被理顺。另一方面,随着思想领域以儒为宗,各家兼容之封建正统法学世界观的确立,律学的发展也克服了一味

---

① 应该说,近代以来学术界在辑录汉律佚文方面已取得了重大成就,先后出版了薛允升的《汉律辑存》、张鹏一的《汉律类纂》、杜贵墀的《汉律辑证》、沈家本的《汉律摭遗》和程树德的《汉律考》等作品。但在对汉代律学著作佚文的钩沉梳理方面,还未能推出系统的成果,这是非常令人遗憾的。

② 《史记·秦始皇本纪》:"非秦记皆烧之,非博士官所职,天下敢有藏《诗》、《书》、百家语者,悉诣守、尉杂烧之。"

③ 笔者以为,以吏为师,使社会底层的一大批吏也成为可以带有法律学子的教师。此种教育已带有民间办学的性质,具有广泛的社会性。秦墓竹简《法律答问》伴着墓主喜——秦代一名基层官吏一起埋葬,汉初重臣萧何、曹参等都出身于"刀笔吏"等,均充分说明了这一点。

用刑的缺陷,而得到了较为厚实的理论基础。而东汉时期经学方法在注律实践中的运用,使律学变得更为系统、细密、严谨。这些,是汉代律学区别于秦代律学的特点所在。

三

经过秦、西汉、东汉三个阶段的法律注释活动而诞生的律学,大体包括如下内容。

第一,通过对法律用语的注释,使执法的官吏了解法律的含义,使法律得到更好的执行。如《睡虎地秦墓竹简·法律答问》在解释"盗及者(诸)它罪,同居所当坐"之法律条文时指出:"可(何)请'同居'?(同)户为'同居',坐隶(奴隶犯罪,主人应同坐),隶不坐户谓也(主人犯罪,奴隶不连坐)。"[1]

又如,在解释什么是"犯令"、什么是"废令"时,《法律答问》指出:"律所谓者,令曰勿为,而为之,是谓'犯令';令曰为之,弗为,是谓'法(废)令'殹(也)。廷行事(判例)皆以'犯令'论。"[2]

再如,在解释什么是"不直"、什么是"纵囚"时,《法律答问》回答道:"罪当重而端(故意)轻之,当轻而端重之,是谓'不直'。当论而端弗论,及伤(减轻)其狱,端令不致(故意使其达不到判罪的标准),论出之,是请'纵囚'"。[3]

仅从出土的《法律答问》残篇中,我们就可以看到,这种解释是非常明确而详尽的。在210支竹简上,共解释法律条文187条,解释法律概念70余个。由于这种解释与法律具有同等的效力,因此,它有力地帮助了法律的执行。

至汉代,随着经学之训诂方法的运用,汉儒对汉律令中的概念也作出

---

① 睡虎地秦墓竹简整理小组:《睡虎地秦墓竹简》,文物出版社1978年版,第160页。
② 睡虎地秦墓竹简整理小组:《睡虎地秦墓竹简》,文物出版社1978年版,第212页。
③ 睡虎地秦墓竹简整理小组:《睡虎地秦墓竹简》,文物出版社1978年版,第191页。

了各种比较精确的界定和阐述。比如,《汉书·惠帝纪》记载:"(四年)省法令妨吏民者;除挟书律。"应劭对诏令中"挟"字解释说:"挟,藏也。"《汉书·文帝纪》记载:"朕初即位,其赦天下,赐民爵一级,女子百户牛酒,酺五日。"服虔释曰:"酺,音蒲。"文颖解释曰:酺,"音步。汉律,三人以上无故群饮酒,罚金四两。今诏横赐得令会聚饮食五日也。"《汉书·宣帝纪》记:"(地节三年)诏:'池籞未御幸者,假与贫民'。"对此,应劭注释曰:"池者,陂池也。籞者,禁苑也。"

又如,顾山是汉律中一个比较重要的用语。如《汉书·平帝纪》记:"(元始元年诏)天下女徒已论,归家,顾山钱月三百。"对此,应劭作了明确说明:"旧刑鬼薪,取薪于山以给宗庙,今使女徒出钱顾薪,故曰顾山也。"这一解释,就使人们了解了顾山就是负有上山打柴作为服刑内容之女犯人,由于体力不支,以每月出钱三百来雇佣他人为其打柴供应宗庙之行为。

再如,"左道"一词,也是汉律中的一个重要术语,屡见于《汉书》的记载。如"皆奸人惑众,挟左道"(《郊祀志》),"不知而白之,是背经术,惑左道也"(《杜延年传》),"许皇后坐执左道,废处长定宫"(《淳于长传》)。但何谓"左道"?从上述记载中是看不出其明晰的含义的。郑玄在注解《礼记·王制》时,将汉律的这一概念定义为"若巫蛊及俗禁",①于是,这一概念便由不明晰变得明晰。

第二,对律令的文意作出解释。如《汉书·高帝纪》记录了汉初的法律:"约法三章:杀人者死,伤人及盗抵罪。"对此律文,服虔解释说:"随轻重制法也。"《汉书·高帝纪》记:"(高祖七年)春,令郎中有罪耐以上,请之。"对此法令,应劭解释说:"轻罪不至于髡,完其耐鬓,故曰耐。古耏字从彡,发肤之意也。杜林以为法度之字皆从寸,后改如是。言耐罪以上,皆当先请也。耐音若能。"《汉书·惠帝纪》记:"上造以上及内外公孙耳孙有罪当刑及当为城旦舂者,皆耐为鬼薪白粲。"应劭解释说:"上造,爵满十六者也。内外公孙,谓王侯内外孙也。耳孙者,玄孙之子也,言去其

---

① 参阅杨鹤皋主编:《中国法律思想通史》第三卷,山西人民出版社1994年版,第817页。遗憾的是,该书将"巫蛊"二字写成"丞盘",不知是笔误还是校对错误。

曾高益远,但耳闻之也。今以上造有功劳,内外孙有骨血属连,施德布惠,故事从其轻也。城旦者,旦起行治城;舂者,妇人不豫外徭,但舂作米:皆四岁刑也。今皆就鬼薪白粲。取薪给宗庙为鬼薪,坐择米使正白为白粲,皆三岁刑也。"《汉书·武帝纪》记:"(天汉三年)初榷酒酤。"应劭释曰:"县官自酤榷卖酒,小民不复得酤也。"《汉书·哀帝纪》:"除任子令及诽谤诋欺法。"应劭释曰:"任子令者,汉仪注吏二千石以上视事满三年,得任同产若子一人为郎。不以德选,故除之。"

以上各条释文,对律令文句的含义均作了比较清楚的说明,有助于司法实务人员更好地执行法律。

第三,对律令的立法背景和历史渊源作出解释,以帮助人们加深对律令规定内容的理解。比如,《汉书·惠帝纪》记:"六年冬十月辛丑……令民得卖爵。女子年十五以上至三十不嫁,五算。"应劭释曰:"《国语》越王勾践令国中女子年十七不嫁者,父母有罪,欲人民繁息也。汉律人出一算,算百二十钱,唯贾人与奴婢倍算。今使五算,罪谪之也。"《汉书·文帝纪》记:"(元年冬,十二月)尽除收帑相坐律令。"应劭对此解释说:"帑,子也。秦法,一人有罪,并其室家。今除此律。"《汉书·景帝纪》记:"(中六年)十二月,改诸官名。定铸钱伪黄金弃市律。"应劭释曰:"文帝五年,听民放铸(钱),律尚未除。先时多作伪金,伪金终不可成,而徒损费,转相诳耀,穷则起为盗贼,故定其律也。"《汉书·昭帝纪》记:"(始元五年)夏,罢天下亭母马及马弩关。"应劭解释说:"武帝数伐匈奴,再击大宛,马死略尽,乃令天下诸亭养母马,欲令其繁孳,又作马上弩机关,今悉罢之。"①《汉书·昭帝纪》:"(始元六年)二月,诏有司问郡国所举贤良文学民所疾苦。议罢盐铁榷酤。"应劭释曰:"武帝时,以国用不足,县官悉自卖盐铁,酤酒。昭帝务本抑末,不与天下争利,故罢之。"《汉书·宣帝纪》记:"(地节四年,诏曰)令甲,死者不可生,刑者不可息。此先帝之所重,而吏未称。今系者或以掠辜若饥寒瘐死狱中,何用心逆人道也!朕甚痛之。其令

① 对此释文的后半部分,后人持不同意见。三国时期魏人孟康指出:"旧马高五尺六寸齿未平,弩十石以上,皆不得出关,今不禁也。"唐人颜师古说:"亭母马,应说是;马弩关,孟说是。"

郡国岁上系囚以掠笞若瘐死者所坐名、县、爵、里,丞相御史课殿最以闻。"文颖对此诏令中"令甲"一词的起源及含义解释说:"萧何承秦法所作为律令,律经是也。天子诏所增损,不在律上者为令。令甲者,前帝第一令也。"

当然,以上寥寥数例,是不能全面反映秦汉时期丰富的律学内容的。睡虎地秦墓竹简所显示的较为完备的秦代法律体系,东汉时期达七百七十三万二千二百余言的律章句,都表明了秦汉律学的发达。而对其佚文进行收集整理,必定是一件极为有价值的工作。上述简略叙述,仅仅是抛砖引玉而已。

四

与萌芽时期(战国时期)的法律注释活动相比,诞生期(秦汉时期)的律学,具有自己的鲜明特征。

第一,内容丰富、注释详尽。秦汉时期的学者,在注释法典诏令时,既有对某项法律、法令的历史背景和发展演变的分析阐述,也有对律文的立法宗旨、含义等的归纳总结,还有对法律概念、术语的训诂、解读和界定,呈现出一种较为系统的形态。

一方面,就汉代的以经注律活动而言,其领域遍及礼制、官制、教育、刑事、民事、诉讼等各个方面,其内容可以说是无所不包。

另一方面,从秦代的律学来看,仅以《法律答问》残篇而言,其所涉及的范围就非常广泛,既有对犯罪的责任年龄、诬告反坐、株连、犯罪未遂、共犯、教唆犯等涉及刑事犯罪共同性问题的解释,也有对盗窃、窝赃、挪用公款、行贿、斗殴、游荡、逃婚、男女私通、出使外国未归、逃越国境、逃避服役、因讨债强行索取人质、擅自设立神位、司法官吏的"不直"和"纵囚"、麻风病人的犯罪、亲属相告、告不实、路见凶案不加援救等各项具体犯罪的说明阐述,还有对官长和啬夫、捕获逃亡犯人的奖励、看守仓库保管粮食的官员的责任、宫中各种官吏及奴仆的职责、官员收取田赋等行政法规的解释,以及涉及侵权行为及损害赔偿等民事法律方面的解释。可以说,在公元前 3 世纪就有如此比较系统发达的法律注释活动,这在世界法律发展史上也是罕见的。

当然,与后来成熟时期(隋唐时期)系统、完善、发达的律学相比,秦汉时期(尤其是秦代)的律学还显得比较简陋。如《法律答问》虽然比较详细,但在篇章结构上比较杂乱,缺少逻辑性。比如,该答问以刑法为主,并且也涉及到一些刑法总则的问题,如共犯、犯罪未遂、诬告反坐等,但这些都被淹没在各种具体的罪名之中,没有一种秩序可寻。当然,我们所看到的《法律答问》是残篇,也许原来排列秩序的逻辑性要强一些,但我们从后来魏新律制定时,将具律的秩序挪到篇首的记载(《晋书·刑法志》)中可以推知,在秦汉律中,其篇章结构还不尽科学合理,这也影响到对法律的注释的结构体系。律学体系的比较科学合理,是经过魏晋南北朝几百年律学发展以后唐代的事情了。

第二,以刑法解释学为主、诸法解释学并行。秦汉时期的律学,虽是中国古代律学的活水源头,但已经显现出以刑法为主、诸法并存的特点。比如,在《法律答问》中,除了重点对各种刑事犯罪作出的详尽解释以外,还有对土地制度、农业生产、赋税徭役、商业和手工业以及官制、政府管理等规定的解释。又如,虽然由于汉代应劭的《律本章句》、郑玄的《律章句》等作品已经全部遗失,我们无从得知汉代律学的全貌,但从汉代经学家上述以经注律作品中,可以得知汉代的律文注释除刑事法律以外,已经遍及国家的礼制、官制、婚姻、契约、侵权、诉讼等各个领域。这些律学成就,经过魏晋南北朝的发展,终于至隋唐结出硕果,推出了《唐律疏议》这部以刑法为主、兼及其他法律部门的律学的经典作品。①

---

① 蒋集耀在《中国古代魏晋律学研究》(载《学术季刊》1990 年第 3 期)一文中指出:秦汉以后的律学与先秦法学的区别,主要在于前者是形而下的,着重于律文意义的阐发,而先秦法学是形而上的,目的在于营造法的上层建筑。这一见解基本上是对的,但还应当补充两点:第一,先秦时期只有法哲学,尚未形成法学(详细理由请阅拙文《法学形态考》,载《法学研究》1997 年第 2 期)。第二,律学也并不全是形而下的,它当中部分内容是对法律之基本问题的看法,笔者称其为“律学世界观”,它虽然与西方的“法学世界观”在立场、观点和方法等方面相异,但也是一种形而上的法律思维活动。

第三,儒法逐渐合流。战国时代在法学世界观以及对各个具体法律问题上立场不同甚至针锋相对的儒家和法家,至秦汉时期逐步趋于一致,在许多重要的方面如立法和司法的政策等方面,逐步合为一体。而该时期对法律的注释活动,是儒法合流的重要催化剂。

秦汉时期在法律上儒法合流,首先表现为在秦代的律学中,已经重视儒家学派一贯强调的宗法伦理思想。比如,秦律规定:"父盗子,不为盗"。《法律答问》解释道:"今叚(假)父(义父)盗叚(假)子(义子),可(何)论?当为盗。"这里,《法律答问》已经严格区别了具有血缘关系的亲生父子关系和没有血缘关系的义父义子关系的差别,并强调了法律对具有血缘关系的亲生父子关系的严格保护。又如,秦律规定,"子告父母,臣妾告主,非公室告,勿听。"《法律答问》解释道:"可(何)谓'非公室告'?主擅杀、刑、髡其子、臣妾,是谓'非公室告',勿听。而行告(如仍行控告),告者罪。告(者)罪已行(控告者已经处理),它人有(又)袭其告之,亦不当听。"这种解释,明显突出了对尊者(主人、父母)的法律保护。再如,《法律答问》在阐述通奸罪时,认为:"同母异父相与奸,可(何)论?弃市。"而"甲、乙交与女子丙奸,甲、乙以其故相刺伤,丙弗智(知),丙论可(何)殹(也)?毋论。"同母异父之子女通奸,处以弃市;而普通人通奸,即使两男为争夺女方而斗殴刺伤,女方也没有罪。这里,明显突出了对具有血缘关系者相奸的严厉打击。这种规定,与孔子以后儒家的主张是完全相同的,并直接影响了儒法合流以后唐律的制定。① 正是在这种意义上,陈寅恪先生指出:"秦之法制实儒家一派学说之所附系。"②当然,儒法两家均重视宗法伦理思想,其社会根源在于儒家和法家,都是在中国宗法社会这一土壤上成长起来的学派,其学说和主张最终是无法跳出中国宗法社会这一大的环境。

秦汉时期儒法思想的合流,其次表现在通过以经决狱的活动,儒家思想进一步深入到了国家的立法和司法活动当中。如前所述,以经决狱,执

---

① 如《唐律》将亲属之间犯奸称为"内乱",列入"十恶"之中,以重刑论处。
② 陈寅恪:"审查报告三",载冯友兰:《中国哲学史》(下册),中华书局1961年版。

法官员在审判实践中以儒家经义对律、令等作出解释,也是律学的一个重要方面和重要形式,而这一点,除了表现为上述董仲舒等人的春秋决狱之外,还可以从汉代的立法者和司法人员的队伍组成中儒者占有相当的比例这点寻到一些间接的证明。

如前述西汉时期的立法者叔孙通,秦时以文学被征为博士。跟随刘邦后,定拜皇帝礼仪,作《傍章律》十八篇,"汉诸仪法,皆通所论著也"(《汉书·叔孙通传》);当过"狱史""廷尉史"的路温舒,曾"受《春秋》,通大义,举孝廉"(《汉书·路温舒传》);廷尉于定国,既出身法律世家,又曾"迎师学《春秋》"(《汉书·于定国传》)。

又如,东汉初期的立法者侯霸,少"笃志好学,师事九江太守房元,治《谷梁春秋》,为元都讲"。后拜大司徒,他"明习故事,收录遗文,条奏前世善政法度有益于时者,皆施行之。每春下宽大之诏,奉四时之令,皆霸所建也"(《后汉书·侯霸传》)。汝南太守何敞,出身法律世家,"通经传"。作济南王康之太傅时,"辅康以道义,数行法度谏正之,康敬礼焉"。迁汝南太守之后,"及举冤狱,以《春秋》义断之。是以郡中无怨声,百姓化其恩礼"(《后汉书·何敞传》)。廷尉郭禧出身法律世家,"少明习家业,兼好儒学,有名誉,延熹中亦为廷尉"(《后汉书·郭躬传》)。廷尉陈宠,出身法律世家,永元六年(公元94年)代郭躬出任廷尉。性仁慈,"数议疑狱,常亲自为奏,每附经典,务从宽恕"。"宠虽传法律,而兼通经书,奏议温粹,号为任职相"(《后汉书·陈宠传》)。立法者应劭,"少笃学,博览多闻,灵帝时举孝廉"。后多次删定律令。"凡朝廷制度,百官典式,多劭所立"。并著各种法学作品,除《律本章句》外,还有《廷尉板令》《决事比例》《司徒都目》《五曹诏书》《春秋决狱》等(《后汉书·应劭传》)。

第四,与上述一点相连,秦汉(主要是汉代)律学的第四个也是最重要的特点,是以经注律。这是中国以前或以后各个历史时期中都没有或者没有如此鲜明的。具体言之,它表现在两个方面:

首先,汉时儒者以儒家经义来阐述法律文意。比如,《汉书·诸侯王表》记载:"武有衡山、淮南谋,作左官之律"(汉武帝时有衡山王刘赐、淮南王刘安的谋反事件,因此制定了左官之律)。对此条法律,汉儒服虔的解释为:"仕于诸侯为左官,绝不得使仕于王侯也。"应劭的解释为:"人道上右,今害天子而仕诸侯,故谓之左官也。"这里,服虔和应劭的释律,虽然有一些当时制度上的根据,但所据之立场主要是儒家的君臣父子之秩序不得僭乱、尊卑贵贱之等级不得逾越的大义。因此,唐朝经学家颜师古评论说:"左官犹言左道也。皆僻左不正,应(劭)说是也。汉时依上古法,朝廷之列以右为尊,故谓降秩为左迁,仕诸侯为左官也。"

其次,用经学之方法,来阐述诠释法律概念。对于经和经学,学术界有各种不同的见解,[1]比较一致的看法是,经是指儒教经典,如《诗》《书》《礼》《易》《春秋》等,经学则是训解和阐发上述经典的学问。[2] 经学研究中运用的方法主要是训诂,以对儒家经典中的字、词、句进行解释,阐述其包含的文意。如郑玄在解释《周礼·秋官司寇·士师》关于"士师之职,掌国之五禁之法,以左右刑罚。一曰宫禁,二曰官禁,三曰国禁……"时,阐述道:"左右,助也。助刑罚者,助其禁民为非也。宫,王宫也。官,官府也。国,城中也。古之禁,尽亡矣。"[3]

至东汉,训诂已成为学术界相当普及的研究方法,儒者不仅用它来注解经书,也用来注解法律,从而使对法律条文和用语的分句析意更为明确、精密,使法律注释的整体水平大为提高。前述汉儒对汉律中的"左官""左道""挟""耐""伤""顾山""鬼薪""白粲""令甲"等概念的解释,即是例证。

五

如前所述,秦汉时期律学的诞生,是当时中国社会特定的历史条件的

---

① 参阅皮锡瑞:《经学历史》,中华书局 1959 年版;范文澜:《中国经学史的演变》,载《范文澜历史论文选集》,中国社会科学出版社 1979 年版;蒋伯潜、蒋祖怡:《经与经学》,上海书店出版社 1997 年版。

② 《哲学大辞典·中国哲学史卷》,上海辞书出版社 1985 年版,第 472 页。

③ 《十三经注疏》(上),上海古籍出版社 1997 年影印版,第 874 页。

产物。一方面,秦汉时期社会生产力的提高,经济的发展,政治大一统局面的形成,以及国家机构的日益完备,为律学的诞生创造了比较安定的经济和政治条件。另一方面,秦汉时期成文立法的发达,法律数量的日益繁多、庞杂,也对律学的出台提出了客观的需要。此外,秦汉时期封建正统法学世界观的形成,经学的发达,也为法律注释活动的展开创造了必要的文化环境。① 最后,秦汉时期中国文字的发达,也是该时期律学诞生的一个非常重要的条件。据学术界考证,至秦汉时期,中国的文字已经有了三千多年的发展历史,已经达到相当成熟和高度发达的程度,②这也为以文字为载体的律学的诞生开辟了道路。

秦汉时期诞生的律学,在中国法律界,开创了一系列的传统,对后世中国法和法学的发展产生了重要影响。

首先,开创了以经释律的传统。中国的经学源自汉代。而当经学家如许慎、马融、郑玄、何休等人,用儒家经义解释法律时,就在中国开创了以经释律的特殊做法。这一做法经曹魏的刘劭与西晋的刘颂、杜预等人的发扬光大,终于演化成为一种法律界的传统。虽然《唐律疏议》的制定,最终使儒家经义与法律融为一体,法律的儒家化过程基本结束,但以后封建帝王在诏令以及士大夫在朝议、奏章、政论中用儒家经义阐述法律的现象仍不绝于世,包括法官在审案中,也仍然频频用儒家经义来解释法律、适用法律。及至中国封建社会末期,以沈之奇、吴坛、王明德等为代表的清代律学家,在解释《大清律例》时,也始终以儒学的经义为最高指导思想。如沈之奇在解释“名例·十恶·谋反”条时,明确指出:“周官曰:断五刑之讼,必原父子之亲,君臣之义。又曰:凡制五刑,必即天伦。此条所载,皆无君无亲,反伦乱德,天地所不容,神人所共愤者。故特表而出之,以为世戒。”(《大清律辑注》卷一)在解释“户律·婚姻·典雇妻女”条中“若将妻妾妄作姊妹嫁人者,杖一百,妻妾杖八十。知而典娶者,各

① 学术界认为,在汉代,法律规定为官必须精通儒家经典和“颇知律令”,“明经”和“明法”是士大夫入仕的两条途径。此种法律规定的贯彻,在社会上导致了经学和律学并盛的局面。见徐世虹主编:《中国法制通史·战国秦汉》,法律出版社1999年版,第237页。
② 苏宝荣:《〈说文解字〉导读》,陕西人民出版社1993年版,前言。

与同罪,并离异"时,沈之奇指出:"妇人义当从一而终,和同本夫。妄作姊妹嫁人,则夫妇之伦已灭绝矣。后夫不能正其始,前夫不能正其终。故并离异。至于典雇者,妻妾虽无罪,而忽去忽来,犹得称夫妇之正乎?故亦离异。"(《大清律辑注》卷六)

其次,开创了立法者同时编撰律疏的传统。自从秦代在发布法律的同时又撰写公布关于法律的答问、汉代的立法者如应劭在制定法律的同时又撰写解释法律的《律本章句》等作品,在中国就逐步形成了立法者同时编撰律疏的传统。汉以后,曹魏的刘劭参与制定魏新律以后,又写下《律略论》五卷,西晋的杜预在参与制定泰始律的同时,又撰写了《律本章句》,同时代的张斐,也在制定律例的同时,写下了著名的《律注表》。至唐代,长孙无忌等人,也在编纂《唐律》之后,又编撰了系统完备的《唐律疏议》。宋、明、清的统治阶级进一步继承了这一传统,在制定法典时,也编纂了相应的律(例)的解释书。律疏的编写,不仅能帮助司法人员更好地理解法律,使法律能够更好地执行,而且大大推动了律学的发达。

再次,开创了对法律的定义解释、扩张解释、限制解释等的传统。如《法律答问》在解释律文规定的"后子"时,指出:"官(官方认可)其男为爵后(爵位的继承人),及臣邦君长所置为后(嗣)大(太)子,皆为'后子'。"又如,对什么是"宫更人"?《法律答问》解释道:"可(何)谓'宫更人',宫(内奴)隶有刑(受过肉刑),是谓'宫更人'。"再如,在解释什么是"旅人"时,《法律答问》回答道:"寄(居)及客(外来的客人),是谓'旅人'。"这种定义解释,在《法律答问》中比比皆是,如"同居""加罪""赃人""不直""纵囚""家罪""官长""啬夫""甸人""集人""介入""戮""封""谋""具"等,共达70余处。从而,不仅帮助了当时的司法官吏和民众加深对这些法律名词的理解,也为后世的法律名词解释提供了经验。如张斐在对晋律作的注解《律注表》中,对故、失、谩、诈等20个法律名词的解释,《唐律疏议》对笞、杖、徒、死、谋反、不道、不睦、内乱、共犯、自首、公罪、私罪、相须、应别、私约、和诱、参市、行滥等190余个专用法律名词的解释,宋代律学家孙奭在《律附音义》中对唐律中御宝、官当、略、教令、教诱、律令、嫡以长等752个名词的解释等,就是这一传统的最好例证。

同时,《法律答问》通过对某些法律条文的含义作出扩张解释,使其的适用面更为扩大。如秦律只规定对"害盗"加罪,①而《法律答问》通过对"害盗"和"加罪"的内涵的解释,将加罪范围扩张适用至"求盗"②;秦律只规定对休妻者处以罚二甲(两副军甲)的刑罚("弃妻不书,赀二甲"),《法律答问》通过对该句的解释,将被休的妻也纳入罚二甲的处罚范围。秦汉时期对律文的扩张解释,对后世的律注释书也很有影响。如《唐律疏议》在解释"名例律·工乐杂户及妇人犯流决杖""卫禁律·宫殿作罢不出""户婚律·同姓不婚"等律文时,运用的都是扩张解释的方法。明代王肯堂的《律例笺释》对"户律·检踏灾伤田粮"等条的解释,清代沈之奇的《大清律辑注》对"职制律·官员袭荫"等条的解释,运用的也是扩张解释的方法。

此外,对秦律的许多规定,《法律答问》还作了限制性的解释,以进一步帮助人们对这些规定进行理解。如对撬门键者,未撬开就走,当天被拿住,如何论处?《法律答问》解释道:以盗窃为目的,未撬开就走也作盗窃犯论处;不以盗窃为目的,未撬开就走,被抓住,则不以盗窃犯论处,仅处以罚金。③ 又如,秦律规定:"疠者(麻风病人)有罪,定杀。"什么叫"定杀"?《法律答问》解释道:"定杀"就是活着投入水中淹死。有人认为,活埋也是"定杀"。《法律答问》明确指出,这不对,因为活埋与律意不合。这样,《法律答问》通过以上解释,就将"定杀'限制在活着淹死,而将活埋排除出了"定杀"的范围。④ 秦汉时期律注释学中限制解释的方法,对后世的影响更为巨大。《唐律疏议》在"名例·除名"条中,将被别姓收养、出家修道以及死者排除出亲属犯十恶重罪而缘坐之列,在"名例·以赃入罪"条中,将生产、孳息严格限制在"婢产子、马生驹"的范围内等,就是中国古代律学中运用限制解释方法的典型事例。

---

① 《秦律十八种·内史杂》简文中,"害盗"也作"宪盗",系一种捕"盗"的职名。
② 亭中专司捕"盗"的人员。
③ 睡虎地秦墓竹简整理小组:《睡虎地秦墓竹简》,文物出版社1978年版,第164页。
④ 睡虎地秦墓竹简整理小组:《睡虎地秦墓竹简》,文物出版社1978年版,第204页。

第四,开创了法律注释活动与私学并行的传统。① 由于汉代废除了秦代严禁私学的法律,因此,随着法律注释活动的展开,那些参与法律制定以及编纂律疏的律学家,也开始广招学生,传授自己的法律知识。这样,就从汉代起,开创了法律注释与私学并行的传统。如东汉的马融"教养诸生,常有千数"(《后汉书·马融传》),郑玄"学徒相随已数百千人"(《后汉书·郑玄传),郭躬"少传家业,讲授徒众常数百人"(《后汉书·郭躬传》),沛国陈咸家族则五代以律为学,因而终于造就出了陈宠、陈忠这两代著名律学家。秦汉时期开创的这一传统,经魏晋南北朝、隋唐宋元,一直延续至明清时期。如曹魏时期的刘劭,两晋南北朝时期渤海的封氏家族,隋唐时期的王通、杨汪,宋代的孙奭、朱熹,明清时期的王樵和王肯堂父子、王明德之家族等,都是这一传统的实践者和发扬光大者。

---

① 这里所说的私学,是形式意义上的,即办学的经费非来自官府,授课的主体是以私人身份出现的官吏,讲学的场所一般设在教师的家里等,它属于私塾性质,是民间办学的一部分。至于实质意义上的私学,如孔子创办的那种以自由探讨学术为宗旨并不时评论统治者的为政得失的教学活动,就法律领域而言,不仅汉代没有,终至中国封建社会解体也未曾出现过。因为即使在明清私家注律繁盛期,私人法律教育事实上也是一种官学,它从来未敢与最高统治者的法律见解相对抗。

唐代律学的创新及其文化价值*

　　在唐王朝初期社会经济、政治、文化全面进步,以及立法发展,法律教育展开,法学世界观进一步成熟的环境下,唐代的律学研究也进入了昌盛时期。其表现为:官方以及私家编纂的律学著作琳琅满目;以儒学为核心、综合各家精华的正统法学世界观全面渗入律学研究之中;法律体系的理论进一步成熟;(体现立法学成果的)法典的结构更为合理;刑罚(五刑)的体系更加完善;刑法的基本原则更为丰富;对专门的法律制度的研究更为深入;对律文的注释更为全面;对法律名词概念的解释更为精密;律学研究的方法也更加多元;等等。受主题限制,在此仅就唐代律学的发展创新及其文化价值作一初步探索。

一

　　唐王朝律学作品比以往各个时期更为丰富。中国古代流传下来的保存至今最为完整的第一部法典《唐律疏议》就是唐代官方编纂的一部律学著作。与此同时,根据一些学者的考证研究,我们也得知了一些唐代私

　　*　本部分内容曾发表于《政治与法律》2000 年第 3 期,收入本书时略有改动。

家法律著作(包括律令汇编摘要)的编撰情况。

如孙祖基的《中国历代法家著述考》(上海 1934 年刊行)一书,以各代正史中的《艺文志》和《经籍志》等文献为主,收集了各代的法家(实际上是法律类)作品。从该书所列的唐代的法律类著作来看,涉及法学总论类的主要有:李文博撰《治道集》十卷、邯郸绰撰《五经析疑》二十卷、李敬玄撰《正论》三卷;涉及立法类的主要有:刘仁轨撰《永徽留本司格后本》十一卷、崔知悌等撰《法例》二卷、赵仁本撰《法例》二卷、裴光庭撰《唐开元格令科要》一卷、宋璟撰《旁通开元格》一卷、狄无薯撰《开成详定格》十卷、刘琢等撰《大中刑法总要格后敕》六十卷、张戣撰《大中刑律统类》十二卷、李崇撰《法鉴》八卷、王行先撰《律令手鉴》二卷、元泳撰《式苑》四卷、卢纾撰《刑法要录》十卷、李保殷撰《刑律总要》十二卷、王朴撰《律准》一卷、卢质撰《新集同光刑律统类》十三卷等。徐道邻根据各朝《艺文志》对当时的《刑书》也作了统计,结论是在唐代,曾编撰有刑书 61部,共 1004 卷。

可见,唐代由官方和私家编撰的法律著作确实非常丰富。

非常可惜的是,这些作品大多已经亡佚。我们只能从《旧唐书》《新唐书》和《宋史》的"艺文志"等文献中,知道一点关于这些作品的目录。此外,总的来看,上述这些作品,除了《唐律疏议》之外,基本上都是法律法规类文件的汇编,国内关于唐代私家律学作品的记载保留下来的很少,或几乎没有。

然而,令人欣慰的是,关于唐代私家律学著作,从一衣带水的邻邦日本传来了喜讯:由于隋唐时期中国的法和法学在东亚地区最为发达,成为各国竞相模仿的对象。因此,不仅中国的唐律和律疏传入了这些国家,当时中国的私家法律注释书也传入了这些国家。日本庆应大学法学部教授利光三津夫经过多年来对"船载至日本的唐律注释书"的研究,取得了丰硕的成果,从而为我们认识了解唐代的私家律学著作的概貌提供了珍贵的线索。

利光三津夫认为,在中国,除了《唐律疏议》之外,历史上流传下来的律学著作极少,仅有《律附音义》(孙奭撰)、《唐律纂例图》(王元亮撰)、《唐律释文》(王元亮重撰)三种,且这三种书的作者不是唐人,而是宋元时代的人。但是，从《唐律疏议》所取得的如此巨大的成就，从保存至今的张鷟的《龙筋凤髓判》和白居易的判词所达到的水准来推论，唐代的私家律学著作一定很多，只是这些作品很可能在五代十国的战乱中灭失了，没有能够传下来。幸运的是，当初日本在向中国学习，将唐律移植入本国的同时，也将一些中国的私家律学著作运入了日本。这些著作虽然目前也已经佚失，但是当时日本法学家在编纂日本自己的法律注释书《律集解》《令义解》和《令集解》时，参考和引用了这些律学著作的成果，从而使我们现在得以通过《律集解》《令义解》和《令集解》窥见这些律学著作的大体面貌。

利光三津夫通过对《律集解》《令义解》和《令集解》等著作中的注释进行甄别考证，认为这些法律注释书中引用的唐代私家律学作品共有十五种，其中可以确认的为《张氏注》《宋氏注》《简氏注》《杨书》《曹氏注》《夫书》《唐问答》《附释》《杂律义》《唐律释》《律疏骨梗录》等十一种，尚有疑问不敢肯定的有《栗氏注》《唐答》《唐云》《唐律集解》四种。①

利光三津夫的上述研究成果，对我们了解唐代的私家律学著作的情况极有价值，弥补了国内关于这一领域的研究空白。当然，由于上述私家律学著作都已佚失，我们无法了解其全貌，因此，要论述唐代律学研究的情况，我们只能从历史上留下来的保存得最为完整的唐代官方注释书《唐律疏议》入手。

由长孙无忌、李勣、褚遂良、于志宁、柳奭、唐临、段宝玄、韩瑗、来济、辛茂将、刘燕客、裴弘献、贾敏行、王怀恪、蓝雄、路立、石士逵、曹惠果、司马锐等人集体编撰，于唐高宗永徽四年（653 年）颁行的《唐律疏议》，是中国古代律学发展的最高成就，它以《北齐律》《开皇律》以及唐代的《武德律》《贞观律》《永徽律》为基础，以名例、卫禁、职制、户婚、厩库、擅兴、贼盗、斗讼、诈伪、杂律、捕亡、断狱之十二篇的体例为框架结构，构造起一个法典和法律注释学的体系，结构合理、体系完备、内容丰富、注释详尽。下面，我们就以《唐律疏议》为中心，对唐代律学的发展创新以及所取得的成就作些分析。

---

① ［日］利光三津夫：《律令及其令制的研究》，明治书院 1959 年版，第 71 页。

二

《唐律疏议》编纂的目的,在于使过于简约的唐律本文得到补充和诠释,使其在实施过程中遇到的疑难分歧问题,以及"律学未有定疏,每年所举明法,遂无凭准"①的问题获得解决。因此,《唐律疏议》的基本特征就是对唐律律文进行周密、系统、完整的解释。大体而言,在《唐律疏议》中,唐律的律文只占全部篇幅的百分之二十,而疏议则占了百分之八十。而且,正是这百分之八十的疏议,体现了中国古代律学之精华。它集中了以往各代法律解释学的成果,博引各家经典,对律文逐条逐句进行解释,阐明文义,析解内涵,叙述法理,补充不周不备之处,并设置问答,解释疑义,从而丰富了律文的内容及其法理的色彩,建立起了一个律学的体系,从而使中国古代律学达到了最高的水平。仅就对律文的解释而言,在《唐律疏议》中,就已经对前朝律学作出诸多创新,出现了限制解释、扩张解释、类推解释、举例解释、律意解释、辨析解释、逐句解释、答疑解释和创新解释等多种解释方法。

（一）限 制 解 释

为了帮助司法人员严格掌握某些犯罪所涉及的对象、犯罪行为的范围、处罚的刑种等一些界限问题,《唐律疏议》作了许多限制性的解释。

如《名例律》(总第 33 条)规定:"诸以赃入罪,正赃见在者,还官、主。(注:转易得他物,及生产蕃息,皆为见在。)"疏议在解释"转易得他物,及生产蕃息,皆为见在"时说:"转易得他物者,谓本赃是驴,回易得马之类。及生产蕃息者,谓婢产子,马生驹之类。"那么,假如有人强盗或盗窃取得

---

① 《旧唐书·刑法志》。

别人的财物,然后拿了此财物作资本,做起生意买卖获得利润,以及出借放债别有利息,这取得的利润和利息,可以相同于人、畜生产以及不断繁殖所得的财物吗? 疏议回答解释说:"'生产、蓄息',本据应产之类而有蓄息。若是兴生、出举而得利润,皆用后人之功。本无财主之力,既非孳生之物,不同蓄息之限,所得利物,合入后人。其有展转而得,知情者,蓄息物并还前主;不知情者,亦入后人。"这里,疏议认为,生产、蓄息,是指能生产的人、畜,从而将律文规定的"转易得他物"严格限制在婢产子、马生驹之类,较为合理地排除了前主即赃物的原主人对此利润的所有权,保护了后主即与"强盗"或"窃盗"做生意或支付利息的对方当事人的利益。

(二) 扩 张 解 释

《唐律疏议》为了将律文中没有规定的事项,也纳入同类法律规范的管辖范围,就大量利用了扩张解释的方法。如《卫禁律》(总第 65 条)规定:"诸在宫殿内作罢而不出者,宫内,徒一年;殿内,徒二年;御在所者,绞……若于辟杖内误遗兵杖者,杖一百。(注:弓、箭相须,乃坐。)"疏议在解释后一句话时说:"辟杖之内,人皆出尽,所有兵器,亦不合留。或有误遗兵杖者,合杖一百。兵杖之法,应须堪用(应该是相互配合才可以使用的)。或遗弓无箭,或遗箭无弓,俱不得罪,故云:'弓、箭相须,乃坐'。"疏议接着自设问答:"问曰:误遗弩弓无箭,或遗箭无弩,或有盾而无矛,各得何罪? 答曰:'弓箭相须,乃坐'。弩箭无弓,与常箭不别。有弩弓无箭,亦非兵杖之限。盾则独得无用,亦与有弓无箭义同。"这里,疏议通过扩张解释,将遗失弓箭之事项扩张到矛和盾,指出矛和盾也应当相互配合使用,否则就没有用处。因此,只遗失盾,也不算犯罪。

(三) 类 推 解 释

《唐律疏议》在总的原则中规定了律无正文规定的事项,可以进行比附类推适用其他成例以及相类法律的规定的同时,在对每一个具体条文的解释上,也时常运用类推解释的方法,以帮助司法人员明白律意,掌握律文的精神实质。

如《贼盗律》(总第 249 条)规定:"诸缘坐非同居者,资财、田宅不在没限。虽同居,非缘坐及缘坐人子孙应免流者,各准分法留还。""若女许嫁已定,归其夫。出养、入道及聘妻未成者,不追坐。道士及妇人,若部曲、奴婢,犯反逆者,止坐其身。"

疏议对该段律文进行解释以后,又提出了律文中没有涉及的问题:"杂户及太常音声人犯反、逆,有缘坐否?"①疏议对此回答说:"杂户及太常音声人,各附县贯,受田、进丁、老免与百姓同。其有反、逆及应缘坐,亦与百姓无别。若工、乐、官户,不附州县贯者,与部曲例同,止坐其身,更无缘坐。"这里,疏议指明,法律虽然没有明文规定杂户、太常音声人犯谋反、谋大逆罪之后亲属的缘坐问题,但是,由于他们在籍贯、受领耕地、服役和免役等各个方面,与普通百姓享受同等的待遇,所以犯了谋反、谋大逆罪之后,其亲属也应比照普通百姓犯此等罪时的处罚一样,受到缘坐的处罚。

(四) 举 例 解 释

《唐律疏议》在解释律文时,为了使司法人员对律文的规定有更为清楚明白的理解,有时也常常使用举例解释的方法。比如,《名例律》(总第 49 条)规定:"其本应重而犯时不知者,依凡论;本应轻者,听从本。"疏议举例解释说:"假有叔侄,别处生长(分开生活),素未相识,侄打叔伤,官司推问始知,听依凡人斗法……其'本应轻者',或有父不识子,主不识奴,殴打之后,然始知悉,须依打子及奴本法,不可以凡斗而论,是名'本应轻者,听从本'。"这里,律文的"本应重"和"本应轻"的规定,还是比较抽象的,疏议通过举出两个假设的例子来予以解释,就使人们能够很清楚地理解该律文的含义。

---

① 太常音声人,是指隶属太常寺的音乐歌唱人。在官贱民中地位最高,已接近良民,可以与良民通婚。大多系品官后裔,是因罪而谪入营署习艺的伶官。他们在州县有户籍,但不从州县赋役。

（五）律 意 解 释

在唐律的律文中,有许多规定和概念由于前代法律或注释书多有涉及,已经成为大家都比较熟悉的制度或用语。在这种情况下,疏议对有些律文和概念就只解释其内含的立法意图和目的,而对其字面的含义则不再多涉及。笔者称此为"律意解释"。比如,《名例律》(总第4条)的疏议在解释"流刑"时,并未给流刑下定义,而是对为什么要实行三个等级的流刑作出了立法上的解释:"《书》云:'流宥五刑'。谓不忍刑杀,宥之于远也。又曰:'五流有宅(有去处),五宅三居(去三种地方居住)。'大罪投之四裔(四方边远地区),或流之于海外,次九州之外,次中国(中原)之外。盖始于唐虞。今之三流,即其义也。"这里,疏议很明确地表明,流刑是历代先圣所倡导并实行的,其目的在于对被判死刑者作出宽宥,不忍加以诛杀。但为了避免他们再危害当地,以及一定程度上对他们作出惩戒,就将他们放置中原地区以外甚至更远的场所。疏议特别强调,流刑是唐尧虞舜时代即有的制度,唐律只是继承了这一圣人时代的做法而已。

（六）逐 句 解 释

作为一部旨在帮助司法人员完整地、正确地理解唐律之所有规定和律文之含义的注释学作品,《唐律疏议》也非常重视对律文的逐字逐句解释。这种情况在《唐律疏议》中比比皆是。这里试举两条较为典型者,略加分析。

比如,《户婚律》(总第188条)规定:"诸卑幼在外,尊长后为定婚,而卑幼自娶妻,已成者,婚如法;未成者,从尊长。违者,杖一百。"疏议逐句解释说:"'卑幼',谓子、孙、弟、侄等。'在外',谓公私行诣之处。因自娶妻,其尊长后为定婚,若卑幼所娶妻已成者,婚如法;未成者,从尊长所定。违者,杖一百。'尊长',谓祖父母、父母及伯叔父母、姑、兄、姊。"

又如,《贼盗律》(总第255条)规定:"诸妻妾谋杀故夫之祖父母、父母者,流二千里;已伤者,绞;已杀者,皆斩。部曲、奴婢谋杀旧主者,罪亦同。(注:故夫,谓夫亡改嫁。旧主,谓主放为良者。余条故夫、旧主,准此。)"疏议逐句解释说:"'妻妾谋杀故夫之祖父母、父母者,流二千里;已伤者,绞',并据首从科之。'已杀者,皆斩',罪无首从。谓一家之内,妻妾寡者数人,夫亡之后,并已改嫁,后共谋杀故夫之祖父母、父母,俱得斩刑。若兼他人同谋,他人依首从之法,不入'皆斩'之限。部曲、奴婢谋杀旧主,称'罪亦同'者,谓谋而未杀,流二千里;已伤者,绞;已杀者,皆斩。注云'故夫,谓夫亡改嫁。旧主,谓主放为良者',妻妾若被出及和离,即同凡人,不入'故夫'之限。其'旧主',谓经放为良及自赎免贱者。若转卖及自理诉得脱,即同凡人。'余条故夫、旧主准此',谓'殴詈'、'告言'之类,当条无文者,并准此。"

上述两则疏议的解释,第一则疏议的解释使我们依次明白了"卑幼""在外""尊长"等概念的具体含义;第二则对"已杀者,皆斩""罪亦同""故夫""旧主"作了逐项说明,通过这些说明和解释,使司法人员能够清楚地理解律文的含义。

(七) 辨 析 解 释

辨析解释,也可以理解为"区别解释",即对两项或两项以上相近的、比较容易引起混淆的律文或用语进行比较分析、阐述,区别清楚各自的内涵,以帮助司法官吏准确地把握律文的含义。《唐律疏议》在这方面也下了许多功夫。

如《斗讼律》(总第306条)规定:"诸斗殴杀人者,绞。以刃及故杀人者,斩。虽因斗,而用兵刃杀者,与故杀同。"疏议在解释时自设问答说:"问曰:故杀人,合斩;用刃斗杀,亦合斩刑。得罪既是不殊,准文更无异理,何须云'用兵刃杀者,与故杀同'?答曰:《名例》:'犯十恶及故杀人者,虽会赦(遇到大赦),犹(仍然需要)除名。'兵刃杀人者,其情重,文同故杀之法,会赦犹遣除名。"

这里,疏议表明,虽然故杀合斩,用刃杀人也合斩,两者在定罪量刑上相同。而且,用刀斗杀实际上是包括在故杀的外延之内的。但由于律文中对故杀还有"虽会赦,犹除名"的规定,因此,通过说明用兵刃杀者,与故杀同等处罚的规定,就可以将适用于故杀的"虽会赦,犹除名"的规定也适用于情节严重的用兵刃杀人的场合。从而弥补了律文规定以兵刃杀人时因讲究简约而未规定"虽会赦,犹除名"的缺陷。

(八) 答 疑 解 释

答疑解释,就是通过问答的形式,对疏议的解释还抱有的疑问,用提问的方式提出来,疏议再作出答复的一种解释方法。这种方法,事实上在1975年出土的《睡虎地秦墓竹简》中就已经被广泛使用,至唐代便达到了高度发达的成熟形态。比如,《名例律》:"犯罪未发自首"条(总第37条)规定:"自首不实及不尽者,以不实不尽之罪罪之,至死者,听减一等"。疏议对此解释说:"'自首不实',谓强盗得赃,首云窃盗赃,虽首尽,仍以强盗不得财科罪之类。'及不尽者',谓枉法取财十五匹,虽首十四匹,余一匹,是为不尽之罪。称'罪之'者,不在除、免、倍赃、监主加罪、加役流之例。假有人强盗二十匹,自首十匹,余有十匹不首,本法尚合死罪,为其自有悔心,罪状因首而发,故至死听减一等。"

解释完了以后,疏议的作者站在读者之立场上,感到尚有疑问,故又提出:"谋杀凡人,乃云是舅;或谋杀亲舅,复云凡人,姓名是同,舅与凡人状别。如此之类,若为科断?"疏议回答:"谋杀凡人是轻,谋杀舅罪乃重,重罪既得首免,轻罪不可仍加。所首姓名既同,唯止舅与凡人有异,谋杀之罪首尽,舅与凡人状虚,坐是'不应得为从轻',合答四十。其谋杀亲舅,乃云凡人者,但谋杀凡人,唯极徒坐;谋杀亲舅,罪乃至流。谋杀虽已首陈,须科'不尽'之罪。三流之坐,准徒四年,谋杀凡人合徒三年,不言是舅,首陈不尽,处徒一年。"

答复之后,还有疑问:"一家漏十八口,并有课役,乃首九口,未知合得何罪?"疏议答曰:"律定罪名,当条见义。如户内止隐九口,告称隐十八口,推勘九口是实,诬告者不得反坐,以本条隐九口者,罪止徒三年,罪至所止,所诬虽多,不反坐。今首外仍隐九口,当条以'不尽'之罪罪之,仍合处徒三年。"

答复以后,还有疑问,遂再问:"乙私有甲弩,乃首云止有矟(shuò,即槊,长一丈八尺以上,适用于骑兵使用的长矛)一张,轻重不同,若为科处?"疏议答曰:"甲弩不首,全罪见在。首矟一张,是别言余罪。首矟之罪得免,甲弩之罪合科。既自首不实,至死听减一等。"

还有疑问:"假有监临之官,受财不枉法,赃满三十匹,罪合加役流。其人首云'受所监临',其赃并尽,合科何罪?"疏议回答说:"律云'以不实不尽之罪罪之,至死听减一等'。但'不枉法'与'受所监临',得罪虽别,赃已首尽,无财可科,唯有因事、不因事有殊,止从'不应为重',科杖八十。若枉法取物,首言'受所监临',赃亦首尽,无财可坐,所枉之罪未首,宜从所枉科之;若枉出入徒、流,自从'故出入徒、流'为罪;如枉出入百杖以下,所枉轻者,从'请求施行'为坐。本以因赃入罪,赃既首讫,不可仍用'至死减一等'之法。"

这里,律文本身只有两句话40个字,但在疏议通过120余字的解释后,作者站在司法实践角度,感到还有一些疑同,遂一下子提出了四个方面的问题,再对其进行比较详尽的解答。这样,通过一问一答,又问又答,把律文规定的自首的内容阐发详尽,从而使司法官吏得以真正地、透彻地把握这条律文的内涵和精神实质。

在《唐律疏议》对502条律文的解释中,作者使用答疑(问答)解释方法的共有126处,平均不到四个条文就有一处答疑解释。《唐律疏议》这么频繁地运用答疑的解释方法,在古今中外法律文化史上也是少见的。

(九) 创 新 解 释

创新解释,是指疏议的解释,完全超越了律文规定的范围,是以一种立法者的身分,通过疏议解答的形式,在作出新的规定,创造新的原则。

比如,《户婚律》(总第175条)规定:"诸许嫁女,已报婚书及有私约(注:约,谓先知夫身老、幼、疾、残、养、庶之类。)而辄悔者,杖六十。(注:

男家自悔者,不坐,不追聘财。)"疏议在解释此条律注时指明:"老、幼,谓违本约,相校倍年者(男女相比较年龄相差一倍的);疾、残,谓状当三疾,支体不完(残缺不全者);养,谓非己所生(收养来的);庶,谓非嫡子及庶、孽之类。以其色目非一,故云'之类'。皆谓宿相谙委,两情具惬,私有契约,或报婚书,如此之流,不得辄悔,悔者杖六十,婚仍如约。若男家自悔者,无罪,聘财不追。"

但是在现实生活中,民间的私约内容,除了私下就老、幼等项告知对方并达成协议外,有时还会谈及贫富贵贱等内容。疏议因而自设问答:"问曰:有私约者,准文唯言'老、幼、疾、残、养、庶之类',未知贫富贵贱亦入'之类'得为妄冒以否?答曰:老、幼、疾、残、养、庶之类,此缘事不可改,故须先约,然许为婚。且富贵不恒,贫贱无定,不入'之类',亦非妄冒。"

又如,《贼盗律》(总第248条)规定:"虽谋反,词理不能动众,威力不足率人者,亦皆斩。父、子、母、女、妻、妾,并流三千里。"疏议在解释"父、子、母、女、妻、妾,并流三千里"时,自设问答:"问曰:反、逆人应缘坐,其妻、妾,据本法,虽会赦犹离之、正之;其继、养子、孙,依本法,虽会赦合正之。准离之、正之,即不在缘坐之限。反、逆事彰之后,始诉离之、正之,如此之类,并合放、免以否?答曰:刑法慎于开塞(刑法在扩张适用和缩小适用的取舍掌握上要严格把关),一律不可两科。执宪履绳(执行法律履行准则),务从折中。违法之辈,已汩(扰乱)朝章,虽经大恩,法须离、正。离、正之色,即是凡人。离、正不可为亲,须从本宗缘坐。"

这里,第一例疏议通过确定"私约"之范围,明确将贫富贵贱排除出了"私约"的内容之外,作出了"富贵不恒,贫贱无定",因而不能归入私约内容的立法解释(在这一层面上,创新解释与限制解释彼此接近)。第二例强调一部法典不可施用两种标准判罪,执掌国法,履行准则,务必不偏不倚,处断公正适中。并在律文规定之外,提出了那些违反了法律的罪人,已经扰乱了朝廷的宪章,虽然经过皇恩大赦,依照法律还必须加以脱离关系和改正身分。脱离了关系、改正了身分的一类人,就是和罪犯没有任何关系的寻常人,他们以后就不再是罪犯的亲属了,不再因罪犯而缘坐,而是应当回到原来的家族那里,随从他们原来家族的犯罪缘坐(假如他们原来家族中有人犯罪的话)。①

三

《唐律疏议》颁布实施后,受到了历代统治者和学人的高度评价。

清代学者励廷仪在《新刊故唐律疏议序》中说:《唐律疏议》"凡五百条,共三十卷。其疏义则条分缕别,句推字解,阐发详明,能补律文之所未备。其设为问答,互相辨难,精思妙意,层出不穷,剖析疑义,毫无遗剩……洵可为后世法律之章程矣。"②清末中国著名法学家沈家本对《唐律疏议》也作了高度评价,他认为要把《唐律疏议》作为法律经典来学习和掌握,"深求其源而精思其理",作为司法官吏的思想武器和法律准绳。③ 近人杨廷福认为:"《唐律》及其《疏议》,集封建法律之大成,在中国法制史上承上启下,影响深远。""它总结了以往各朝代的立法经验及其司法实践,使之系统化和周密化,成为维护封建经济基础、上层建筑和调整各方面社会关系的法律规范。因此,历代'承用不废',又成为五代、宋、元、明、清编制和解释律例的蓝本。"④刘俊文也指出:"从法学研究的角度看,《唐律疏议》是我国现存最早、最完整的封建法律著作,它集战国秦汉魏晋南北朝至隋以来封建法律理论之大成,成为宋元明清历代制定和解释封建法典的蓝本,并对古代日本、朝鲜、越南等国建立和完善封建法制发生过广泛的影响,被称为世界五大法系之一'中华法系'的代表,毫无疑问是我们今天研究中国法制史和东亚法制史所必须依据的基本资

① 曹漫之主编:《唐律疏议译注》,吉林人民出版社 1989 年版,第 616 页。
② 李光灿:《序言》,载曹漫之主编:《唐律疏议译注》,吉林人民出版社 1989 年版。
③ 沈家本:《历代刑法考》(四),中华书局 1985 年版,第 2207 页。
④ 杨廷福:《唐律初探》,天津人民出版社 1982 年版,第 144 页。

料。"①日本学者仁井田陞进一步指出："在当时世界上,达到像唐律(及律疏)这样发达程度的法典一部也没有。即被称为中世纪西欧划时代法典的《加洛林纳法典》,也不仅比唐律晚了九百年,发达的程度也大不如。甚至19世纪西欧的刑法典,与其相比也未必增色多少。"②

以上各学者对《唐律疏议》的评价,我认为都是允当的。实际上,在唐以前的主要法典都已经亡佚,律学著作基本上都散失的情况下,《唐律疏议》对于我们研究中国古代法和法学发展而言,其价值是不可估量的。具体言之,有如下六个方面。

第一,《唐律疏议》保存了唐代国家大法——律的全文。唐代中国法律的主要形式是律、令、格、式,而在这中间,律无疑是最主要的。而《唐律疏议》通过对律文的保存,使我们知道了唐代法律的主要面貌。不仅如此,由于《唐律疏议》对唐以前的法律也多有引用,因此,通过它我们大体了解了从战国时期李悝《法经》,到秦律、汉《九章律》、魏《新律》、晋《泰始律》,以及北齐律、北周律、隋《开皇律》等的发展脉络。

第二,《唐律疏议》在解释律文时,引用了大量唐代的令。笔者统计了一下,《唐律疏议》引用令的地方共有140余处,涉及令的篇目有《军防令》《狱官令》《公式令》《封爵令》《选举令》《官品令》《赋役令》《假宁令》《捕亡令》《关市令》《宫卫令》《考课令》《仪制令》《厩牧令》《丧葬令》《职官令》《卤簿令》《营膳令》《衣服令》《田令》《户令》《杂令》《祠令》《禄令》《三师三公台省职员令》等二十五篇。③

在保留令的同时,《唐律疏议》还在20余处引用了唐代的格和式,其篇目大体为:《刑部式》《门下省式》《监门式》《宿卫式》《主客式》《职方式》《驾部式》《太仆式》《库部式》《兵部式》《礼部式》《户部式》以及《刑

---

① 《唐律疏议》"点校说明"。

② 见《补订中国法制史研究·刑法》,东京大学出版会1981年版,第172页。

③ 在《唐律疏议》的疏文中,有许多令只讲令,未讲明是什么令,即令的篇目。日本学者仁井田陞根据其他文献比较考证后,确定了这些令的篇目。顺便说一句,唐代的律令格式,在中国本土保留得最为完整的是律(即《唐律疏议》),在日本保留得最为完整的则是令(即《令义解》《令集解》)。因此,仁井田陞在前人研究的基础上,撰写了《唐令拾遗》这一不朽的著作,钩沉汇集了令佚文715条,基本上恢复了唐代令的面貌。

部格》等。

由于《唐律疏议》保留了大量的令、格、式,我们得以通过与唐代其他文献的互相印证、比较,掌握唐代已经散失了的令、格、式的基本情况以及内容。

第三,记录并保存了中国历史上第一部成文法典以及法学著作《法经》的篇目和主要内容。除《晋书·刑法志》以外,《唐律疏议》是记录保存李悝《法经》篇目和内容最多的一部官方文献。我们知道,《晋书·刑法志》最终是由唐代的房玄龄等人定稿的,而房玄龄等人与长孙无忌曾是一起追随唐太宗李世民南征北战数十年的"战友"和同僚。因此,在撰写《唐律疏议》时,长孙无忌等也完全可能看到或接触到中国历史上最早披露李悝《法经》的《晋书·刑法志》的文字的背景文献,不会在疏议中胡乱引用《法经》的材料。此外,如上所述,《唐律疏议》引用的前代文献极为丰富,而至今我们还没有发现《唐律疏议》在引用这些文献时存在不严谨、不正确的情况,这也从另一个角度证明《唐律疏议》关于李悝《法经》的记载是完全可信和可靠的。①

第四,保存了一批判例。由于《唐律疏议》多处引用当时政府及司法实践部门的成例,因而使我们得以了解当时判例的运作情况以及其在法律体系中的地位。比如,《职制律》(总第 111 条):"诸稽缓制书者,一日笞五十,一日加一等,十日徒一年。"疏议在解释时说:"制书,在令无有程限,成案皆云'即日行下',称即日者,谓百刻内也。"即按照疏议的说法,在唐代,皇帝下达命令(制书),在法令的规定上,是没有日程期限的限制的。根据衙门的惯例,都说是"应当即日发下去",而所谓"即日",就是指一百刻之内。② 通过疏议的这种引用、说明,我们就知道了当时成案判例的情况。此外,疏议在谈及以笞刑、杖刑代替肉刑时引用汉文帝十三年处理太仓令淳于意案件时,情况也一样。

---

① 详细请参阅何勤华:《〈法经〉论考》,载韩廷龙主编:《法律史论集》第一卷,法律出版社 1998 年版。

② 唐时计时,用"漏刻"(滴抄或滴水)来表示时间,昼夜计十二时,每时八刻二十分,每刻六十分,一昼夜为一百刻。

第五,记录了唐代中国社会经济、政治、文化、社会习惯、风俗、百姓生活等各个方面的图景。如《唐律疏议》在不少地方都谈到了经济制度、土地税赋、徭役、农林牧渔的生产、交通运输、市场交易,谈到政府官制、国家档案与文书的运作和管理、祭礼、丧葬、佛教和道教等的情况,谈到各种文化艺术、学术研究的发展,乃至迷信、蛊毒、厌魅等情况。尤其是《唐律疏议》对当时的奴婢制度的许多论述,如奴婢在法律上"比作畜产",可以转让、买卖,奴婢所生的小孩只是主人的财产,是一种原有财产的"孳息",主人擅自杀死有罪的奴婢才处杖刑一百,杀死无罪的奴婢只处徒刑一年,等等。使我们意识到当时奴婢的悲惨地位远远超出了我们的想象,中国奴隶制度残余的存在延续状况也比我们所能想象的严重得多。

第六,作为唐代唯一一部存世的官方律学著作《唐律疏议》,比较完整地记录了唐代统治阶级的法学世界观,记录并保存了唐代的法律注释学成果,记录了唐以前各代法制建设兴衰存亡的经验和教训,也记录了历史上一些著名的法律家如萧何等的事迹等。

总之,《唐律疏议》是中国古代最伟大的法典和律学著作,是中国古代法律文化的百科全书,是唐以前(包括隋唐)历代法律学家智慧的结晶,是可以与比它早一个世纪诞生的罗马查士丁尼《国法大全》相媲美的人类杰作,分别代表了古代东西方社会两种文明——奴隶制商品经济和封建制农业经济的法律文化的最高水平。

宋代中国法学的成熟及其贡献*

    我国法学界多数学者认为,中国古代法发展至唐代达到最繁盛、最成熟的阶段,宋以后就开始慢慢走向衰落了。① 但也有少数学者不同意此观点,他们认为在法律方面,由于借助唐代奠定的比较好的基础,以及宋王朝本身的重视,该时期所取得的成就实际上超过了唐代,达到了中国封建社会法制的最高水平。② 如徐道邻就认为,"中国的传统法制,到了宋朝,才发达到最高峰"。③ 有的学者还就宋代取得这种超越唐代法制之成就的原因作了说明,即:第一,宋代总结吸收了唐代法制的经验;第二,有宋一代的统治者十分重视法律的作用,对法律也非常熟悉;第三,宋代商品经济的发达,为法律的发达提供了坚实的基础;第四,维系我国古代法律传统的士大夫,以独具时代特色的人文批判精神及高度的文化素养,在宋代的立法和司法活动中发挥了积极的作用。④

    那么,上述两种观点中,哪一种为正确的呢? 要全面回答这个问题,

---

    * 本部分内容曾发表于《法律科学》2000 年第 1 期,原题为《论宋代中国古代法学的成熟及其贡献》,收入本书时略有改动。

    ① 由于持这一观点的学者人数较多,故这里不再列举。可参阅各种中国法制史和中国法律思想史的教材和论著。

    ② 参见王云海主编:《宋代司法制度》,河南大学出版社 1992 年版,绪论。

    ③ 徐道邻:《中国法制史论集》,志文出版社 1975 年版,第 89 页。

    ④ 张晋藩主编:《中国法律史》,法律出版社 1995 年版,第 256 页。此外,《宋史·王吉甫传》云:"宋取士兼习律令。故儒者以经术润饰吏事。举能其官。"也可以说是此种现象的一个注释。

必须写一部著作才有可能。本文仅从唐宋法律学术即法学角度,对此作一些初步的论述,以求正于学界同仁。

一

按照法学形态的理论,法学世界观是构成法学形态的第一个必备要素。在这一方面,唐代奉行的基本上是汉代确定下来的以儒学为主、兼收法家理论的封建正统法学世界观,其核心是恤民重农、德主刑辅、宽刑慎罚、严格治吏等。这种法学世界观延续至北宋,已显得力不从心,不适应社会发展的潮流了。同时,东汉末开始传入的佛教思想,魏晋兴起的玄学世界观,唐代勃兴的道家思想等,此时也需要以儒学为纲予以整合。

在这种情况下,自北宋起逐步产生了理学世界观。理学名称的起源,最早来自于宋儒的研究方法和研究内容。① 北宋以后的儒者,治经多以阐释义理,兼谈性命为主,故称其学问为理学。它是以儒家的伦理思想为核心,糅合佛、道而形成三教归一的一种理论形态。虽然,早在北宋初,胡瑗、孙复和石介就已有"理学三先生"之称,但理学的实际创始人则是周敦颐、邵雍、张载、程颐和程颢。至朱熹,则将其发扬光大成为一个内容丰富、体系完备的理论形态。

在本体论上,朱熹一方面继承了二程关于理气的学说,以"理"为宇宙的根本,认为理气相依而不能分离,"理在先、气在后","有是理便有是气,但理是本"的主张。② 另一方面,又继承了张载关于"一物两体"的说法,指出"凡事无不相反以相成",认为事物"只是一分为二,节节如此。

---

① 理学之名称,虽然迟至南宋才出现,如《陆九渊集》中有"惟本朝理学,远过汉唐,始有师道"(姜广辉:《理学与中国文化》,上海人民出版社 1994 年版,第 20 页)。但其世界观和方法论,则发端于北宋时期。

② (宋)黎靖德编:《朱子语类·卷一》,杨绳其、周娴君校点,岳麓书社 1997 年版,第 2—3 页。

以至于无穷,皆是一生两尔"。① 认为事物运动的形式有"化"和"变"两种。"化"指"渐渐消化"的量变,"变"指"断顿有可见处"的质变。② 在认识论方面,朱熹强调知先行后,"论先后,知为先"③,但同时又认为"知"和"行"应相互结合。在伦理哲学方面,强调"天理"和"人欲"的对立,主张通过"居敬穷理"的修养工夫,达到革尽人欲,复明天理,恢复人原有的纯善本性。在历史哲学方面,主张退化的、今不如昔的观点,即尧、舜、禹三代是"天理"流行的时代,体现了"王道"政治,而三代以后,则是"人欲"横行的时代,体现了"霸道"政治。④

在北宋中叶出现,至朱熹集大成的宋代理学,不仅改造了传统的儒学,也对当时的立法和法学研究发生了巨大影响,即理学家认为,既然"理"是一种绝对精神,万物都是"理"的体现,由"理"而生,那么国家和法律也不例外,它们都是圣人为了教育、管理和统治民众而设,是"理"的体现:"礼者天理之节文,人事之仪则"⑤,"法者,天下之理"⑥,"'礼'字、'法'字,'实理'字,'日月寒暑,往来屈伸之常理','事物当然之理'"⑦。

在这种观点指导下,理学将法律看作维护封建社会正常的统治秩序的重要工具,是辅助儒学教化的手段,治国既要依靠"礼",又要依靠"法"和"刑":"政者,法度也。法度非刑不立,故欲以政道民者必以刑齐民。德者,义理也。义理非礼不行,故欲以德道民者必以礼齐民。二者之决而王、伯分矣。"⑧理学认为,不仅应重视法律对德治和教化的辅助作用,有时,为了镇压"犯上作乱"的民众,还必须施以重刑:"刑愈轻而愈不足以

---

① (宋)黎靖德编:《朱子语类·卷六十七》,杨绳其、周娴君校点,岳麓书社 1997 年版,第1481 页。

② 《哲学大辞典·中国哲学史卷》,上海辞书出版社 1985 年版,第 260 页。

③ (宋)黎靖德编:《朱子语类·卷九》,杨绳其、周娴君校点,岳麓书社 1997 年版,第134 页。

④ 《哲学大辞典·中国哲学史卷》,上海辞书出版社 1985 年版,第 260 页。

⑤ 《朱熹集·答曾择之》,郭齐、尹波点校,四川教育出版社 1996 年版,第 3112 页。

⑥ 《朱熹集·学校贡举私议》,郭齐、尹波点校,四川教育出版社 1996 年版,第 3637 页。

⑦ 《朱熹集·答吕子约》,郭齐、尹波点校,四川教育出版社 1996 年版,第 2349 页。

⑧ 《朱熹集·答程允夫》,郭齐、尹波点校,四川教育出版社 1996 年版,第 1914 页。

厚民之俗,往往反以长其悖逆作乱之心,而使狱讼之愈繁"①。为此,朱熹发表见解说:"臣伏见近年以来,或以妻杀夫,或以族子杀族父,或以地客杀地主,而有司议刑,卒从流宥之法。夫杀人者不死,伤人者不刑,虽二帝三王不能以此为治于天下……故遂劝陛下深于用法而果于杀人也"②。

为了使上述法律的功能得到充分的发挥,理学主张振纲纪、厉风俗,使天下人都能各循其"理"。为此,必须做到"公赏罚",使"贤者必上,不肖者必下,有功者必赏,有罪者必刑"③。由于理学将维护三纲五常说成是"天理":"父子君臣,天下之定理",而法又是由"理"产生,为"理"服务的工具,因此,理学同时主张在据罪论刑时,必须"上合法意,下慰民情"④,必须以三纲五常为断狱听讼的原则。此外,由于理学严格要求"存天理,灭人欲"(朱熹语)、"饿死事极小、失节事极大"(程颐语),人们的正当的权利,尤其是妇女再婚的权利等被视为不正当的"人欲"、违反了"理"的邪念。因此,作为"理"的派生物的"法",就是一种"灭人欲"的工具,法中的权利因素被彻底抽空,只剩下了义务性、强制性和镇压性的功能,法在人们的心目中的形象也进一步受到破坏,其社会地位也进一步降低。对于这一点,清代学者戴震说得很透彻,即他认为宋代理学强调的"循礼""守节",目的就是维护三纲五常的等级名分制度:"人死于法,犹有怜之者;死于理,其谁怜之"⑤?

总之,理学世界观在唐代传统的法学世界观的基础上,进一步强调了法的工具属性,强调了对混乱的纲纪、衰败的风俗加强整治力度,强调人们的修身养性以及检点行为,以改变北宋"腐化堕落"、积贫积弱的社会状况。因此,在其出台时虽曾受到当权者的压制,但随后便被南宋统治阶级采纳,并成为宋末以及元、明、清三代官方的世界观。所以,就法学世界观而言,宋代出现的理学对唐代传统的法学世界观是一种变异,甚至是一

① 《朱熹集·戊申延和奏札一》,郭齐、尹波点校,四川教育出版社1996年版,第533页。
② 《朱熹集·戊申延和奏札一》,郭齐、尹波点校,四川教育出版社1996年版,第533页。
③ 《朱熹集·己酉拟上封事》,郭齐、尹波点校,四川教育出版社1996年版,第498页。
④ 《朱熹集·州县官牒》,郭齐、尹波点校,四川教育出版社1996年版,第5092页。
⑤ (清)戴震:《孟子字义疏证》,商务印书馆1937年版,第10页。

种倒退（对民众，尤其对广大妇女更为苛刻）。

二

　　除了法学世界观之外，法律注释学也是法学的重要构成要素。在中国古代，法律注释学的表现就是律学。而宋代的律学研究与唐代的相比，也有许多新的发展。

　　徐道邻指出："中国过去的朝代，官家所藏前朝及本朝的法典和法律书，要算宋朝为第一。"①他还依据《宋史·艺文志》、王应麟著《玉海》、《四库总目》、沈家本著《律令考》、孙祖基著《中国历代法家著述考》等作品，列出宋代的私家法律著述共66种（但笔者数了一下，徐道邻列出的实际上只有54种）。这54种书之中，有几种书的作者是唐代和五代时期人，如张鷟是唐代人，和凝是五代人。此外，宋人的法律著述还不止这些，如孙奭的《律附音义》《律令释文》，就被遗漏了。还有如傅霖的《刑统赋解》，也是宋代著名的律学著作，也没有被列入。

　　由此可知，与宋代法学世界观更为严苛相比，宋代的律学研究活动还是非常活跃的，成果也很突出。与唐王朝的律学研究及其成果相比，宋代具有如下两个方面的特征：第一，对刑统以及对明确冠以"刑法"的研究性著述明显增多，这与宋代以《宋刑统》为基本法典的法律体系有着密切的关系。第二，与唐代基本上满足于对律的注释、阐述不同，宋代的律学研究已经呈现出一种著述规模大、内容涉及面广、作者队伍庞大的特色。换言之，宋代除了对律文作出解释之外，律学研究的对象还扩大至判例、断狱、法医检验、官吏箴言、法典用语注音等各个方面。

---

　　① 徐道邻：《中国法制史论集》，志文出版社1975年版，第297页。钱元凯也指出："两宋官私法律著作为中国封建社会之最。据《宋史·艺文志》和《刑法志》载，官撰凡211部，7955卷……私著有29种"，其他文献"补列有25种"。见钱元凯：《〈名公书判清明集〉版本流传考略》，载华东政法学院法律系编：《法学新问题探索》，上海社会科学院出版社1997年版。

<h1 style="text-align:center">三</h1>

宋代不仅推出了众多的律学作品,而且这些作品的内容也很有特色。这一点可以从现存的几部较有代表性的著作中看得很清楚。

(一)《宋刑统》

《宋刑统》的结构体例大体采自《唐律疏议》,分为名例、卫禁、职制等12篇,共30卷。在内容上,也模仿《唐律疏议》在律文之后作注解,最后作出疏议的做法,但已有创新,主要是在律文、注、疏议之外,附上了相关的令、格、式、敕、起请等条文。因此,《宋刑统》尽管在法律注释学方面没有超越《唐律疏议》,但其在体例上的创新却具有重要意义,即《唐律疏议》只是对律文作出注解,而《宋刑统》则将律文、注解、疏议、令、格、式、敕、起请等全部综合在一起,带有一种集大成的价值。以后明清时期的律例注释书,都继承了这一做法。因此,从以《唐律疏议》为代表的单一型的律文注释书,发展至明清时期的综合型的律例注释书,《宋刑统》起着开创性的作用。

(二)孙奭著《律附音义》

孙奭,字宗古,博平人,《宋史》有传。《律附音义》系孙奭为阐述《唐律》而作。《律附音义》的主体部分是唐律的原文,从"名例律卷第一",至"断狱律卷第十二",约占《律附音义》全书的九分之八,剩下的九分之一篇幅为"律音义"。

《律附音义》中"律音"部分,以"名例第一"开始,对五刑、笞、杖、徒、流、死、御宝、县令、官当、自首等752个字、词、短语(有一小部分有重复,如教令、为人、自首等,故实际数字为700余个)作了注释和解析。除个别用语的注文、解释比较详细外,大部分比较简单。从其对词义的解释情况来看,主要是对宋以前历代法学研究成果的吸收和重述;但也有许多内容是对宋以前法学研究成果的发展和创新。

比如,"律音义"对有些用语作了较为详细的解释,包括这些用语的内涵、来历、发展演变以及其社会功能等,从而丰富和发展了宋以前法学研究的成果。如对"名例第一","律音义"是这么解释的:"主物之谓名,统凡之谓例,法律之名既众,要须例以表之,故曰名例。汉作九章,散而未统。魏朝始集罪例,号为刑名。晋贾充增定律二十篇,以刑名、法例揭为篇冠至此。齐赵郡王睿等奏上齐律十二篇,并曰名例。后循而不改。"

又如,许多张斐和《唐律疏议》所没有解释的法律名词,在"律音义"中也得到了解释和说明。如"斩"("侧减切。杀而殊其身首")、"支解"("佳买切。离析也。谓离析其支〔肢〕体")、"缌麻"(音"思",后皆同。《仪礼·丧服传》:缌者,十五升抽其半,有事其缕,无事其布,曰缌。郑氏云,谓之缌者,治其缕细如丝也)等。

由于除《唐律疏议》之外,记录唐律全文的历史文献目前所存的只有两种,一种是敦煌唐写本(残卷),另一种就是孙奭在《律附音义》中所记录下来的唐律原文(全本)。因此,《律附音义》一书对中国法制史研究具有重要的史料价值。

(三) 王键辑《刑书释名》

关于《刑书释名》一书的作者王键,《宋史》并无传记。因此,我们对其生平事迹所知甚少。在《刑书释名》的卷首,只署"宋王键辑"四个字。

《刑书释名》一书是解释历代刑书(法典)中的刑名以及用刑方法的作品,分为黄帝刑,包括鞭扑、钻凿、刀锯、斧钺、甲兵;周代刑,包括墨、劓、刖、宫、大辟;汉代刑,有笞、耐、完、髡、死刑;魏刑,有赎、罚金、杂抵罪、作、完、髡、死刑;晋刑,包括输赎、髡作、弃市、斩、枭首;梁朝的赎、笞、耐、髡、钳、死刑;北齐刑,包括杖、鞭、耐、流、死等五刑;后周的杖、鞭、徒、流、死刑;隋、唐、宋、金刑,主要为笞、杖、徒、流、死等五种。《刑书释名》对这些刑罚的解释均具有一定特色。

(四) 刘筠编著《刑法叙略》

刘筠,字子仪,大名人,《宋史》有传。在《刑法叙略》一书中,刘筠对刑官的设置以及历史沿革作了比较系统、完整的叙述,并对沿革的社会原因作了总结:"夫律令者,国之衡石;刑辟者,人之衔辔。故王者慎其事,择其官,以成钦恤之心,以致平反之治。然后上靡苛政,下无冤民。庶狱清而善气应,其由兹乎。故类其善恶,自成一编。"①因此,《刑法叙略》是一部比较系统完整的"刑官史",虽然只叙述到五代,但宋以前的内容已经相当丰富,即使今天读来,仍颇有价值②。

(五) 傅霖撰《刑统赋解》

傅霖,《宋史》无传,对其生平我们所知甚少。晁公武《郡斋读书志》:"《刑统赋》二卷,皇朝傅霖撰,或人为之注。"《玉海》六十六引淳熙《中兴馆阁书目》之说同。

《刑统赋解》的内容主要是以歌、赋的形式,将《宋刑统》中的一些重要规定予以通俗地诵唱。卷首有《四库全书总目提要》《铁琴铜剑楼藏书目录》关于《刑统赋解》一书的说明,以及朱彝尊的跋、查慎行的志、冒广生和徐松的记、董康的序,书末有上述沈家本所作的跋。全书共有八韵,每韵少的4条,多的22条,共119条。其结构分为赋、解、歌、增注四个层次,对每一条涉及的一项或数项法律规定作了比较详细、充分的,且通俗易懂、对称押韵、朗朗上口的解说。如"律义虽远,人情可推"条的内容为:"解曰:古者五刑条有三千,唐太宗救弊,采(一作'改')为十二章。一

---

① (宋)刘筠:《刑法叙略》,东京大学法学部藏抄本,卷首有"东洋文化研究所图书"和"大木研究室藏"的印章。

② 《刑法叙略》的铅字排印本,已收入《丛书集成初编》,中华书局1985年版。

曰名例,二曰卫禁,三曰职制,四曰户婚,五曰厩库,六曰擅兴,七曰贼盗,八曰斗讼,九曰诈伪,十曰杂律,十一曰捕亡,十二曰断狱。亡金将十二章类为律义三十卷,总613条。其间数十万言,其义虽深远,皆自人情推之,不越于理也。歌曰:刑法齐民,随朝措置;斩自轩辕,流从帝舜;夏商周秦,墨劓宫刖;汉魏吴蜀,流徒杖笞;晋宋齐梁,南北各异;陈隋峻罚,唐为中制;五代交征,朝暮改移;宋法刑统,金改律义;然文深远,沿流圣集;法顺民心,人情推例。增注:禁人为非者,法。法之中理者,律。事之合宜者,义。言远者,宏远也;人情者,天理之当然也。可者,谓事之合理也。推者,谓推穷事理之极也,是知律义虽宏远,即当以天然之理推穷至极,百合其义也。"①这种赋解,内容完整,解释详尽,自成一体,且便于人们诵唱、学习、理解和掌握。

四

在中国古代法学形态中,还有一个重要内容就是法医学,它是利用医学、药物学等知识、技术,研究法律实务上的问题,以鉴定创伤、受毒,判断死因、死亡时间等的一门学问。中国是法医学的故乡,早在先秦时期便已有了法医检验的记录。但法医学成为一门学问,并领先于当时世界各个国家,则是宋代的事情。中外法医学家公认的、现存最早的系统的法医学著作,是由宋慈编撰并于南宋理宗淳祐七年(1247年)出版的《洗冤集录》一书。

关于《洗冤集录》的编撰由来,宋慈在自序中讲得很清楚:法医检验是关系到弄清大辟等刑狱初情的大事,但现时担任检验之责的官吏却因各种原因,大多不能尽心于此项工作。而宋慈四次出任掌管刑狱的官员,"他无寸长,独于狱案审之又审,不敢萌一毫慢易心。若灼然知其为欺,

---

① 沈家本:《枕碧楼丛书》,中国书店1990年影印版,第126页以下。

则巫与驳下;或疑信未决,必反复深思;惟恐率然而行,死者虚被涝漉。每念狱情之失,多起于发端之差;定验之误,皆原于历试之浅,遂博采近世所传诸书,自《内恕录》以下凡数家,会而粹之,厘而正之,增以己见,总为一编,名曰《洗冤集录》。"①

关于《洗冤集录》产生的历史条件,贾静涛总结各家的研究成果之后,归纳为六个方面,即:一是实施封建法典的需要;二是宋代检验制度的发展;三是唐宋时期法医检验的盛行;四是《疑狱集》等刑侦书籍的影响;五是《内恕录》和《检验法》等早期法医学著作的影响;六是祖国医学有关法医学的成就。②

《洗冤集录》已经包括了现代法医学中心内容的大部分,它不是零散地记载一些方法或事例,而是系统地阐述法医学的尸体检验方法与各种死亡情况下的检查所见,如关于验尸的法令、验尸应注意的方法和事项、尸体现象、各种机械性窒息死、各种钝器损伤、古代的交通事故、高温致死、中毒、病死与急死、尸体发掘等。这些,都说明《洗冤集录》是中国古代系统地总结尸体检查经验的法医学著作,而现代法医学正是在它开创的基础上逐渐发展起来的。

《洗冤集录》的法医学成就主要表现在如下几个方面:第一,阐述了法医检验的极端重要性。在《洗冤集录序》中,宋慈就明确指出:"狱事莫重于大辟,大辟莫重于初情,初情莫重于检验。"③第二,对法医检验的原则作了比较系统的阐述。第三,对处理疑难案例时的原则作了阐述。第四,吸收了宋以前法医学作品中的成果,为保存祖国的法医学遗产作出了贡献。如在卷二"妇人"(附小儿尸并胞胎)中,作者在引用了关于堕胎的相关法律规定之后,指出:"律云:'堕,谓打而落。'谓胎子落者,按《五藏神论》:'怀胎一月如白露;二月如桃花;三月男女分;四月形像具;五月筋

① (宋)宋慈:《洗冤集录译注》,高随捷、祝林森译注,上海古籍出版社 2014 年版,第 1 页。

② 贾静涛:《中国古代法医学史》,群众出版社 1984 年版,第 68 页。

③ (宋)宋慈:《洗冤集录译注》,高随捷、祝林森译注,上海古籍出版社 2014 年版,第 1 页。

骨成;六月毛发生;七月动右手,是男于母左;八月动左手,是女于母右;九月三转身;十月满足。'"①这里,通过《洗冤集录》对《五藏神论》内容的引用,我们可以略微知道这部医学著作的面貌。此外,《洗冤集录》也收录有一些宋及宋以前的判例法著作中的成果。第五,对尸体的法医检验作了比较系统完整的理论阐述和实务经验总结。像对各种死亡,如缢死、溺死、杀伤死、烧死、汤泼死、毒死、病死、杖死、针灸死、跌死、压死、闷死、遗路死、男子在妇女身上做爱过分而死等的表现、特征等都作了详细论述。

特别值得重视的是,宋慈对最容易混淆的缢死中的自杀和他杀等作了进一步的深入探讨。如为区分自缢和被打勒死之不同,作者先用了两千多字的篇幅对自缢死作了详细描述,而后对被打勒死假作自缢作了论述:"自缢,被人勒杀或算杀假作自缢,甚易辨。真自缢者,用绳索、帛之类系缚处,交至左右耳后,深紫色,眼合唇开,手握齿露。缢在喉上则舌抵齿;喉下则舌多出。胸前有涎滴沫,臀后有粪出。若被人打勒杀,假作自缢,则口眼开,手散发慢,喉下血脉不行,痕迹浅淡,舌不出,亦不抵齿,项下肉有指爪痕,身上别有致命伤损去处。"②

此外,对溺死中的自杀与他杀,以及尚活着时被吊死,活着时被推入水中溺死,对尸体应检验的各个部位,对检验时的消秽(并配有"辟秽方")、被检验者刚死时的急救措施和方法(并配有"救死方")、案发现场的保护、怀孕尸首入埋后的"产子"现象("棺内分娩")、尸体在春夏秋冬四季不同气温条件下的变化、"血脉坠下"(即尸斑)等,宋慈也作了细致的说明。

通过以上对唐宋两朝尤其是宋代法学世界观、律学作品以及法医学成果等方面的分析比较,笔者认为,至少在法学发展方面,宋代已经超过了唐代:唐代的律学(以《唐律疏议》为代表)确实达到了中国历史上的最高水平,但是律学只是法学的一个组成部分,而在法学的其他领域如法学

---

① (宋)宋慈:《洗冤集录译注》,高随捷、祝林森译注,上海古籍出版社 2014 年版,第 56 页。

② (宋)宋慈:《洗冤集录译注》,高随捷、祝林森译注,上海古籍出版社 2014 年版,第 97 页。

世界观、法医学等方面,宋代都超过了唐代。即使是律学方向,由于《宋刑统》全面继承了《唐律疏议》并有所创新,由于宋代律学著作的数量远远超过唐代且在体系和形式等方面出现了许多新的特点,故也不能简单说律学到宋代已经走向衰落。比较合理的说法是:中国古代的法律,发展至唐代达到了最高水平,而中国古代的法学,则是发展至宋代才走上了历史的顶峰,为中华民族作出了巨大贡献。因此,进一步加强对宋代法和法学的研究,挖掘中国传统法律文化遗产,应当是我们法律史学界的一项重要任务。

宋代的判例法研究及其法学价值[*]

一、唐代书判的兴起及其在宋代的变异

在唐代,身、言、书、判曾是选择官吏的四种标准。杜佑《通典》卷十五《选举三》记载:所谓身,是"取其体貌丰伟";言,是"取其言词辨正";书,是谓"取其楷法遒美";判,是"取其文理优长"。这里的"书",是指书法,"判",才相当于宋代的"书判"。但当时判断它的优劣,主要是看词章。

唐代判词的实例,现在还可以大量看到。成书的有张鷟的《龙筋凤髓判》。此外,白居易的《白氏长庆集》也收录了一百道书判。特别是《文苑英华》,从卷五零三至卷五五二,整整五十卷,收录了大量唐人判词,分门别类,如乾象、律历、岁时、雨雪、傩等,其中也有刑狱、田农等门,一般是由官府出题,提出一个假设的案例,由应试者作判。①

现在选择《文苑英华》卷五二二"刑狱门二十八道"中的一篇《受囚财

---

  * 本部分内容曾发表于《华东政法学院学报》2000 年第 1 期,收入本书时略有改动。
  ① 关于张鷟之判例和白居易之判词所各具有的特色以及唐代判词的发展,霍存福有很好的论述,可参阅霍存福:《张鷟〈龙筋凤髓判〉与白居易〈甲乙判〉异同论》,载《法律史论丛》第四辑,江西高校出版社 1998 年版。

物判》照录如下,供大家比较。

题:受囚贼,增其语,赃轻减罪,省司较议,非当鬻狱。

判:鬻狱贾直,实诚鲁史;舞文巧诋,用存汉策。小大之察,必惟其情;轻重之权,固兹无滥。眷彼丁者,职在监临。货以藩身,见鲁豹之裂带;贪而速戾,同叔鱼之败官。且无属厌,难以未臧,省司忠告,实为平反。

到了北宋,书判作为文体之一种,其性质仍未改变。吕祖谦编《宋文鉴》卷一百二十九收余靖、王回所作书判八篇,余靖《武溪集》中,也收有两卷判词。与唐代的没有两样。

这种判词,第一,案例是虚构的,不是现实的;第二,更重要的是,因为判断它的优劣,主要是看词章,所以判词也主要是在运词遣句、引经用典方面下功夫。因此虽然也反映了当时士大夫对法律和社会问题的一些认识,但对当时社会的整体认识价值不是很高。

由于书判存在的这种脱离社会现实的缺陷,促使一部分士大夫着手对其进行改革。这样,在北宋就出现了从新的立场对文章和时事政治及法律进行思考和写作的运动。欧阳修就是这一运动的主要倡导者。朱熹《三朝名臣言行录》卷二中,记载了欧阳修的一段议论,可以说具有典型的意义:

张舜民游京,求谒先达……诸公之论,于行义文史为多,惟(欧阳)公与谈吏事……公曰……大抵文学止于润身,政事可以及物。吾昔贬官夷陵,欲求《史》《汉》一观,公私无有也。无以遣日,因取(架阁)陈年公案反复观之,见其枉直乖错,不可胜数。以无为有,以枉为直,违法徇情,灭亲害义,无所不有。且以夷陵荒远褊小尚如此,天下固可知也。当时仰天誓心曰:自尔遇事不敢忽也。

这里,欧阳修作为一个正直的封建官僚,看到当时刑狱的黑暗腐败,也感到不能一味致力于文章以求个人的晋升,而应当同时注意政事,包括当时为许多士大夫所不屑一顾的刑狱之事。

在这种背景之下,从北宋时起,在判的整理研究方面,开始出现两种新的现象。

一种现象是一些士大夫将前代明敏断狱、平反冤案的记载汇集成书。

较早的有五代末、北宋初和凝、和㠓父子的《疑狱集》,后来有郑克的《折狱龟鉴》,再后有桂万荣的《棠阴比事》等。它们是一脉相承的,荷兰学者R.H.van Culik 曾对此作了长篇评述。① 据桂万荣为《棠阴比事》所写的后序,宋理宗曾经看过他的书并予以肯定。可见,这类书籍已引起最高统治者的注意和重视。这类书籍取材于正史和笔记,所以每一案例的记载都比较简单。但是,郑克的按语比较长,内容也比较丰富。

另一种现象是一些士大夫将自己的判词收集保存起来,甚至编入自己的文集,传于后世。如《宋史·范应铃传》记载,范应铃在出任崇仁县知县时,"夙兴,冠裳听讼,发摘如神,故事无不依期结正,虽负者也无不心服。真德秀扁其堂曰'对越'"。以后,他又任广西和浙东提点刑狱,有《对越集》四十九卷,专收他的"断讼语",即判词。《对越集》虽已不传,但《名公书判清明集》中收有他的书判。类似范应铃这样的人物在当时还不少。《名公书判清明集》中收的判词有 49 位作者,大多是这种类型。

上述两种现象,起先是并行的,到南宋中后期才合二为一。《名公书判清明集》是两者汇合的标志。它选录的标准,主要不在文章,而在是否"清明";刻印的目的,主要不是供士人应试之用,而是供为官者判案参考。如果当时社会没有这种需要,《名公书判清明集》应不会出版;即使出版,也不会在以后一再重刻。因此,它是书判风气转变的产物。

二、郑克撰《折狱龟鉴》等判例集的出现

郑克,字克明,开封人,《宋史》无传,生卒年不详,宋徽宗宣和六年登沈诲榜进士。南宋初历官登仕郎、建康府上元(今江苏南京)县尉和承直郎、湖州(今浙江省湖州市等地)提刑司干官。《折狱龟鉴》又名《决狱龟

① T'ang-Yin-Pi-Shih,*Parallel Cases From Under the Pear-Tree,A 13th Century Manual of Jurisprudence and Detection*.Leiden,E.j.Brill,1956.

鉴》,《宋史·艺文志》、陈振孙著《直斋书录解题》、晁公武著《郡斋读书志》等均有著录。①《折狱龟鉴》顾名思义,就是要为断狱者提供借鉴。全书分"释冤""辨诬""鞫情""议罪""宥过""惩恶""察奸""核奸""擿奸""察慝""证慝""钩慝""察盗""迹盗""谲盗""察贼""迹贼""谲贼""严明""矜谨"二十门,辑录了上起春秋战国、下至北宋政和(1111—1117年)间历代有关平反冤滥、抉擿奸慝的案例故事二百七十余条、三百九十余事,并以按语的形式对其中大部分案例故事进行了分析和考辨。它的最大价值,在于较为系统地总结了前人在案件的侦破、检验、审讯、判决和平反等方面积累的正反两方面的历史经验。除少数宣扬封建伦理道德和封建迷信者外,大多数至今仍具有一定的借鉴和启发意义。

现摘录两则判例及郑克的按语,以帮助读者明其特色和价值。

王利阅狱 王利郎中通判沧州时,阅具狱,有群盗,当就死。利察其气貌非作恶者,密讯之,颇得其冤状。乃留不决,且索境内。后数日,尽获真盗,赖免者七人。

按:凡察狱者,或以气貌,或以情理,或以事迹:此三者,皆足以知其冤否也。故以二事附于后云:

向傅亮少卿知管城县时,有杀人者,狱已具。傅亮察其情之非是,将释而更捕之,佐吏咸以为不可。后数日,果得真杀人者。此以情理察之者也。

余良肱大卿,初为荆南司理参军。有捕得杀人者,既自诬服,良肱独以验其尸与所用刃疑之,曰:"岂有刃盈尺,而伤不及寸?"白请详捕,果获真杀人者。此以事迹察之者以。夫事迹有时偶合,不可专用,当兼察其情理、气貌。故著此三事。

抑又有说焉,治狱责缓,戒在峻急,峻急则负冤者诬服;受捕贵详,戒在苟简,苟简则犯法者幸免。惟缓于狱,而详于捕者,既不失有罪,亦不及无辜,斯可贵矣。明谨君子,当如是也。

---

① 刘俊文:"前言",载(宋)郑克编撰:《折狱龟鉴译注》,刘俊文译注点校,上海古籍出版社1988年版。

子产闻哭 郑子产闻妇人哭,使执而问之,果手刃其夫者。或问:"何以知之?"子产曰:"夫人之于所亲也,有病则忧,临死则惧,既死则哀。今其夫已死,不哀而惧,是以知其有奸也。"

按:《疑狱集》又载两事:

庄遵为扬州刺史,曾巡行部内,忽闻哭声,惧而不哀。驻车问之,答曰:"夫遭火烧死。"遵令吏守其尸,乃有蝇集于首,披髻视之,得铁钉焉。因知此妇与人共杀其夫也。

韩滉在润州,宴于万岁楼,忽闻哭声,惧而不哀。问左右:"在何所?"对曰:"在某街。"即命捕之,乃妇丧夫也。信宿,狱不成。吏惧,守于尸侧,有青蝇集其首,因发髻视之,脑有大钉。果妇私邻人,醉其夫而钉杀之也。

近时小说亦载一事:

张咏尚书镇蜀日,因出过委巷,闻人哭,惧而不哀,亟使讯之。云:"夫暴卒。"乃付吏穷治。吏往熟视,略不见其要害。而妻教吏搜顶发,当有验。乃往视之,果有大钉陷其脑中。吏喜,辄矜妻能,悉以告咏。咏使呼出,厚加赏劳,问所知之由,令并鞫其事。盖(此吏之妻)尝害夫,亦用此谋,发棺视尸,其钉尚在,遂与哭妇俱刑于市。

此三事始末略同,皆用子产语以察奸者也。或疑张、韩之事后人傅会为之,然则上虞孟尝、临淄曹摅,所论孝妇亦可疑矣。古今虽殊,事理无异,适然相似,何足致诘?当知子产言犹可用。

郭申锡给事,初为常州晋陵尉。民有号泣诉其弟为人所杀者,申锡察其色惧而不哀,曰:"吾得贼矣。"执而讯之,果兄杀弟。此其事异而理不异,岂非亦用子产之言以察奸乎?盖言苟中理,无时不验。非若谲诈,忌人窥测,已陈刍狗,用辄为崇也。王者发政,必占古语,尽心君子焉可忽哉![1]

继郑克的《折狱龟鉴》之后,桂万荣出版了《棠阴比事》一书。桂万

---

[1] 以上两例,均录自(宋)郑克编撰:《折狱龟鉴译注》,刘俊文译注点校,上海古籍出版社1988年版。

荣,字梦协,浙江慈溪人,庆元二年进士,授余干县尉。后历任建康司理参军、太学正、平江通判、尚书右郎等职。《棠阴比事》是在和凝、和𡸁父子的《疑狱集》和郑克的《折狱龟鉴》两书的基础上,进一步从正史、野史、名人笔记中采集选择一些案例,以对仗比韵的形式,如"从事函首,乖崖察额,彦超虚盗,道让诈囚……薛向执贾,里兢诈密,江分表里,章辨朱墨……"编辑而成。具体介绍了封建社会执法、断狱、量刑等情况。其中,许多案例通过实地勘验调查案情原委,取得确凿证据等,不仅对研究古代司法活动,而且对现在侦查破案、判罪量刑也有一定参考价值。

《棠阴比事》原书分 2 卷共 144 条。收入《四库全书》的是明代吴讷的删本和补辑本,世称"吴本"。该本将原书删去 64 条,存 80 条,增补 50 条,共 130 条。至目前,所存的吴本的版本也已不多,常见的是收入《学海类编》的清朝道光年间的刻本"景道光本"。以后的有些本子,如收入《丛书集成》的本子,也是据"景道光本"排印的。①

由于《棠阴比事》的案例,大多从《疑狱集》和《折狱龟鉴》中录出,因此,该书的风格与前两书基本一致。但是,郑克在《折狱龟鉴》中,于大部分案例后都附了按语,对其经验和教训进行评述,并能广征博引,触类旁通,而《棠阴比事》则没有编者的按语,因此,在这一点,它比《折狱龟鉴》要逊色不少。尽管如此,由于《棠阴比事》又增补了一些新的案例,而这些案例又是当时社会司法活动的一种缩影,因此,《棠阴比事》仍是我们了解宋代法制和社会状况的不可多得的文献。试录两则如下。

司空省书 汉沛郡民,家赀二十余万。一男才数岁,失其母,有一女,不贤。其父病,因呼族人为遗书,令悉以财属女,但遗一剑,云:"儿年十五,以此付之。"

其后,(该女)又不与儿(剑),(儿)乃讼之。太守司空何武省其书,②顾谓掾吏曰:"女性强梁,婿复贪鄙,畏害其儿,且俾与女,实寄之耳。夫剑者,所以决断。限以年十五者,度其子智力足以自居;或

---

① 见陈顺烈校注今译《棠阴比事选》前言,群众出版社 1980 年版。

② 中华书局铅字排印本"何武"作"何试"。

闻州县,得以伸理。其用虑深远如是!"乃悉夺财还子。

刘相邻证 丞相刘沆知衡州日,有大姓尹氏,欲买邻人田,莫能得。邻人老而子幼,乃伪为券。及邻人死,遂夺而有之。子讼二十年,不得直。① 沆至。又诉。尹氏出积岁税钞为证。② 沆曰:"若田百顷,税钞岂特收此乎? 始为券时,尝问邻乎? 其人多在,可取为证。"尹不能对,遂服罪。③

三、《名公书判清明集》的面世

《名公书判清明集》(以下简称《清明集》)是宋代一部诉讼判词和官府公文的分类汇编。20 世纪 80 年代以前流传的是日本静嘉堂所藏的宋刻本。这是一个残本,只有户婚门,约 65000 字。20 世纪 80 年代初,我国学者在北京图书馆(现国家图书馆)和上海图书馆分别看到了明刻本《清明集》。北图所藏为残本只有前十卷,上图所藏为足本共十四卷,约 22 万字。

中国社会科学院历史研究所宋辽金元史研究室以明刻本为底本,以宋本作补充,经精细点校,于 1987 年由中华书局出版了《名公书判清明集》(上、下册)点校本,从而为我们研究宋代的判例研究状况、法律史以及其他社会生活提供了珍贵的史料。④

关于《清明集》的编撰时间,据陈智超的考证,大体可以确定为宋理

---

① 中华书局铅字排印本此句作"……及邻人死,即逐其子,讼二十年不得直。"

② 中华书局铅字排印本"税"字写作"户"字。

③ 《棠阴比事》出版后,在国外也发生了很大的影响,除了日本、朝鲜以外,该书也受到了欧洲国家学者的重视。比如,在 20 世纪 50 年代,R. H. van Culik 就对《棠阴比事》作了长篇评述,见 T'ang-Yin-Pi-Shih,*Parallel Cases From Under the Peal-Tree,A 13th Century Manual of Jurisprudence and Detection*,Leiden,E. J. Brill,1956.

④ 关于《名公书判清明集》宋刊本和明刊本的流传演变,钱元凯有详细考证。参阅钱元凯:《〈名公书判清明集〉版本流传考略》,载华东政法学院法律系编写:《法学新问题探索》,上海社会科学院出版社 1997 年版。

宗景定二年(1261 年)。该年,出现了署名"幔亭曾孙"的崇安人编印的初刻本。现在日本静嘉堂所藏宋本是这个初刻本的一个残本,因而只有户婚门一门。以后出现的其他刻本内容有个别增删,但各篇顺序不变,新增内容另为两卷。到元代,在宋本的基础上又增修,添入元人案牍判语。但所添内容,也不是插入各门各类之内,而是另编成三卷,附于宋本之后。明初修《永乐大典》时,将元刻本全书收入。嘉靖、隆庆时,张四维借校《大典》的机会,将《清明集》宋代部分(共十四卷)录出,交盛时选在辽左刻印,这就是我们现在看到的明刻本。①

关于《清明集》的编辑者,目前只知是"幔亭曾孙",但具体为何,尚不清楚。在宋刻本前有一篇引言,因为只剩最后一页,文字又多漫漶,所以未为人所注意。引言作于"景定岁酉日长至"。宋理宗景定共五年,其中只有一个酉年,即辛酉(二年),为公元 1261 年,宋本当刻于此年或稍后。从残序中可知,引言作者就是本书的编印者。他没有署姓名,只署了一个四个字的别号,这个别号,第一、二、四字是清楚的,分别为"幔""亭""孙",第三字很不清楚,经多次辨认,才认出是"曾"字。而"幔亭曾孙",根据流传在福建崇安武夷山的传说,当为武夷山人,至少是崇安人。② 这一推论也可以从《清明集》中所收判词的作者比较多的是福建人或在福建做过官的人这一点得到证明,崇安当时属建宁府,而建宁是当时印刷业的中心之一。这些都与编印者的籍贯密切相关。

关于《清明集》一书的作者,宋明两本共计收书判 473 篇(以一案作一篇),未注明作者名号的有 107 篇,注明作者名号的 367 篇,作者共 49人,其中有事迹可考的 19 人,如潭州人胡颖(字叔献,号石璧,《宋史》有传)、建阳人蔡杭(字仲节,号久轩,《宋史》有传)、莆田人刘克庄(字潜夫,号后村),以及翁甫、吴势卿、范应铃、吴革、方岳、宋慈、真德秀、马光

---

① 陈智超:《宋史研究的珍贵史料——明刻本〈名公书判清明集〉介绍》,载中国社会科学院历史研究所宋辽金元史研究室点校:《名公书判清明集》(下),中华书局 1987 年版,第657 页。

② 陈智超:《宋史研究的珍贵史料——明刻本〈名公书判清明集〉介绍》,载中国社会科学院历史研究所宋辽金元史研究室点校:《名公书判清明集》(下),中华书局 1987 年版,第650 页。

祖、王遂、姚珤、李昂英、叶武子、赵汝腾、王伯大、史弥坚、方大琮等,他们共有书判303篇,占注明作者名号的367篇的80%以上。

关于《清明集》的内容,从中华书局的点校本来看,主要包括官吏门,有申儆、申牒、奖拂、儆饬、禁戢、澄汰、周给、项冒、鬻爵、借补、权摄、受赃、对移、昭雪、举留生祠立碑等小类;赋役门,涉及财赋、税赋、催科、受纳、纲运、差役、限田等科;文事门,包括学校、书院、祠堂和科举四个小类;户婚门,有争业、赎屋、抵当、争田业、争屋业、赁屋、争山、争界至、立继、归宗、检校、孤幼、孤寡、女受分、遗腹、义子、立继类、户绝、分析、女承分、遗嘱、别宅子、违法交易、取赎、坟墓、墓木、库本钱、争财、婚嫁、离婚、接脚夫、雇赁等小类;人伦门,涉及父子、母子、兄弟、夫妇、孝、不孝、乱伦、叔侄、宗族、乡里等科目;人品门,有宗室、士人、僧道、牙侩、公吏、军兵、厢巡等;惩恶门,包括奸秽、诱略、豪横、把持、哗徒、告讦、妄诉、拒追、诬赖、奸恶、假伪、斗殴、赌博、宰牛、妖教、淫祠、淫祀、诳惑、巫觋、贩生口、匿名书、竞渡、霸渡等。

在《清明集》中,占多数的是诉讼判词。为了说明其内容和特点。现录两例:

吴肃吴镕吴桧互争田产("户婚门·争业上")

吴肃嘉定十二年(1219年)一契,典到吴镕帝字号田六亩二角,官字号田二亩三十步,约限九年,亦已投印,其间声载批破祖关去失,上手不在行用,无不分明。吴肃拘收花利,过割税苗,凡经五年。

近有吴桧遽来争占,吴肃入词,追到在官,就索干照。据桧赍(送,呈)出绍兴二十年(1150年)其祖吴武成卖与吴镕之曾祖吴四乙赤契一纸,又于空纸后批作淳熙八年(1181年)赎回,就行租赁与元佃人耕作。且当元立契虽可照证,厥后批凿何所依凭?况元契既作永卖立文,其后岂容批回收赎?纵所赎果无伪冒,自淳熙八年至今,已历四十二年,胡为不曾交业?若曰就行佃赁,固或有之,然自吴四乙至吴镕凡更四世,未有赁田可如是之久者。

准法:诸典卖田宅,已印契而诉亩步不同者,止以契内四至为定;其理年限者,以印契之日为始,或交业在印契日后者,以交业日为始。

又准法:诸理诉田宅,而契要不明,过二十年,钱主或业主死者,官司不得受理。

吴桧所赍干照已经五十余年,其间破碎漫灭,不明已甚,夫岂在受理之数。所批收赎已经四十余年,其田并未交业,仍在元户,岂应不以吴肃交业为正?原其争端,实以吴镕不曾缴纳上手,寻将与元出产人吴桧通同昏赖。吴桧乃吴镕之叔,同恶相济,为谋已深。彼吴肃故为聚敛之家,前后交易未必无违法之契,近因本县根究一二,已行惩断,故嗜利之人从而萌昏赖之心。夫岂知民讼各据道理,交易各凭干照。在彼则曲,在此则直,曲者当惩,直者当予,其可执一,以堕奸谋。吴镕初焉附合,志在得田,不思奸计果行,亦不免盗卖之罪。及送狱根勘,供招自明。

吴镕、吴桧各勘杖六十,废契毁抹入案,田照吴肃交易为业。

已卖而不离业("户婚门·赎屋类")

阿章绍定年内,将住房两间并地基作三契,卖与徐麟,计钱一百五贯。当是时,阿章,寡妇也,徐鼎孙,卑幼也,律之条令,阿章固不当卖,徐麟亦不当买。但阿章一贫彻骨,他无产业,夫男俱亡,两孙年幼,有可鬻以糊其口者,急于求售,要亦出于大不得已也。越两年,徐十二援亲邻条法,吝赎为业,亦既九年,阿章并无一词。今年正月,忽同鼎孙陈词:当来只典与徐麟,不曾断卖,仍欲取赎。本县已令徐十二交钱还业。

今徐十二又有词于府,称是徐麟见其修整圆备,挟曩年吝赎之恨,扶合阿章、鼎孙,妄以断卖为典;且缴到赎回徐麟原卖赤契三道。

切详此讼,阿章既有卖与徐麟赤契,分明该载"出卖"二字,谓之不曾卖,不可也。经隔十有余年,若以寡妇、卑幼论之,出违条限,亦在不应受之域。向使外姓辗转得之,在阿章已断无可赎之理。但参酌人情,阿章与徐十二为从嫂叔,其可赎不可赎,尚有二说。

据阿章供称:见(现)与其孙居于此屋,初不曾离业。倘果如此,则徐十二合念其嫂当来不得已而出卖之意,复幸其孙克自植立,可复旧物,以为盖头之地。楚人亡弓,楚人得之,何忍迫之出外,而使一老二孤无所归乎!此阿章所以为尚可赎也。但又据徐十二供:阿章离业已久,只因徐麟挟仇,教讼兴词。若果如是,则又难堕小人奸计,以滋无根之讼。大率官司予决,只有一可一否,不应两开其说,但本府未审阿章果曾离业与否,难以遽为一定之论。

今两词并不到府,暑天又不欲牵连追对,宗族有争,所合审处,欲牒昌化佐官,更与从公契勘,限五日结绝,申。

以上两份判词,在《清明集》中并不是最复杂的,但与其他史籍所载之唐、北宋的书判相比,确是大异其趣。

第一,这两份判词,都反映了当时社会生活中确实发生的具体事实,而不像唐、北宋的书判那样是虚拟的、假设的。两个案例,都有具体的时间和地点,不仅如此,这些具体事实,不是随便选取的。凡是经官诉讼的,都是由于双方在现实生活中发生了尖锐的矛盾。因此,这些事实都具有一定典型性,或多或少反映了当时社会的本质。

具体而言,两份判词所反映的事实,都是由两方面的内容组成:诉讼双方的诉词和官府的查证。《清明集》虽然没有收录诉状,但判词中已经概括了诉状的主要内容。如第二个案例中,临安府昌化县的寡妇阿章同她的孙子徐鼎孙申诉,要求赎回她们在十一年前典予徐麟的两间住房和地基。这项房产,早在九年前已由阿章的小叔徐十二援照亲邻条法赎归己有。昌化县原已判决徐十二将房产交还阿章,领回赎款。徐十二不服,向临安府申诉,当时阿章是将房产卖与而不是典与徐麟;现在是徐麟教唆阿章祖孙无理诉讼。由于徐十二交出他赎房时一并赎回阿章出卖房产的卖契,这是确实的证据,所以临安府判定阿章当时确实是卖而非典。

第二,两个书判都援引了作出判决的准则,即有关法律条文。如第一例中援引了两种法律:(1)诸典卖田宅,已印契而诉亩步不同者,止以契内四至为定,其理年限者,以印契之日为始,或交业在印契日后者,以交业日为始。(2)诸理诉田宅,而契要不明,过二十年,钱主或业主死者,官司不得受理。第二例中也引用了两项法律:(1)业主典卖产业,他的亲邻(必须是既亲又邻)有优先典买权,甚至典卖与他人以后,亲邻也可从典主或买主手中赎买归己。（2）寡妇和未成年的孤幼典卖产业，要有一定的条件和保证；否则，典卖以后又想收回，超过一定年限官府就不予受理。这既是防止有人欺凌寡幼，也防止有人利用对寡幼的保护而挑起词讼。由于现在我们所看到的南宋法令总集《庆元条法事类》是一个残本，缺户婚门，所以《清明集》在各案中所引的法律规定（上述两个判决所引的四项法律规定，都是户婚门的内容），为我们了解南宋的法律提供了珍贵的史料。①

第三，每一书判都载明，官府如何根据已经查证的事实，援引法律，作出判决。值得注意的是，在实际运用法律作出判决时，往往不是简单照搬条文，而是还要参考其他因素，实际判决一般从轻。以第二个判决为例，情节本来并不复杂，阿章是断卖房产，而且年限已久，超过了官府受理的期限，完全可以驳回，继续由徐十二管业。但是，第一，阿章申诉她一直没有离业，官府认为应该考虑。按照正规的、合法的典卖手续，业主一经典卖产业，即应与产业脱离关系。但在实际生活中，往往有业主典卖而不离业的情况，如典卖房屋以后作为租户仍在原处居住，典卖田产以后作佃户仍在原田耕种或继续交租等。第二，判词中提出还要"参酌人情"，具体到本案，就是诉讼双方有堂嫂叔的亲属关系，阿章祖孙，一老二孤，无所依靠。所以本案并未最后判决，而是责成昌化县就地查阿章究竟是否离业，如确未离业，将予照顾。这样，法官通过维护弱者一方的利益，将封建社会中的"法意"和"人情"结合了起来。②

在《清明集》中，也有一小部分不是诉讼的判决书，而是对当好一名执法官吏所提出的要求。如卷一第一篇真西山（德秀）的《咨目呈两通判及职曹官》，是嘉定十五年（1222年）他任湖南安抚使、知潭州时勉谕僚属的一份文件，也收入他的文集《西山先生真文忠公文集》卷四十中。他戒

---

① 陈智超：《宋史研究的珍贵史料——明刻本〈名公书判清明集〉介绍》，载中国社会科学院历史研究所宋辽金元史研究室点校：《名公书判清明集》（下），中华书局1987年版，第657页。

② 陈智超：《宋史研究的珍贵史料——明刻本〈名公书判清明集〉介绍》，载中国社会科学院历史研究所宋辽金元史研究室点校：《名公书判清明集》（下），中华书局1987年版，第657页。

勉僚属四事,即廉、仁、公、勤;为民去十害,即断狱不公、听讼不审、淹延囚系、惨酷用刑、泛滥追呼、招引告讦、重叠催税、科罚取财、纵吏下乡、低价买物。十害大多同狱讼有关。特别是他提出,"听讼之际,尤当以正名分,厚风俗为主"。① 这篇文章,可以说是《清明集》全书的纲。

《清明集》的学术价值,除了表现在为我们呈现了宋代判例法的状况之外,还为我们了解当时宋代社会生活的方方面面提供了素材。比如,通过"官吏门"的判例,我们知道了当时官场的腐败风气;通过"文事门",我们知道了当时学校士子承佃职田,学官私受民田,豪户侵占书院田,以及科举中作弊等情况;通过"户婚门",可以了解当时田产、房屋、契约、抵押、继承、收养、析产、市场交易、丧葬、租赁、婚嫁、离婚、雇佣等情况;通过"人伦门",可以了解当时父母子女关系、兄弟姐妹关系、夫妻关系、宗族关系、乡里关系等;通过"人品门",可以了解当时的士、僧、道(士)、吏、兵等各种身份的人员的生活状况;通过"惩恶门",可以了解当时社会的奸、讦、诈、骗、赌、妖、诬、诱略、恶霸、妄诉、斗殴、淫祀、贩卖人口等各种犯罪的情况。

总之,《清明集》包含的内容相当丰富,政治、经济、文化、法律等领域都有所涉及。宋代社会中不同身份、不同职业的人们,从皇帝宗室、官吏至奴仆,到赌场老板、卖卦人、艺人、军兵、僧道、娼妓、庙祝、人贩子、船工、牙侩等,都在其中出现。因此说《清明集》是一幅宋代社会市民生活的百态图,我认为并不过分。

四、宋代判例法研究的特点及其法学价值

通过上述对宋代两种类型的判例法的汇编、研究作品的介绍和分析,

---

① 中国社会科学院历史研究所宋辽金元史研究室点校:《名公书判清明集》(上),中华书局1987年版,第2页。

我们可以看到其所具有的鲜明特点以及在宋代法学发展中的地位。

第一，宋代的判例法研究作品，具有强烈的刑侦书籍的特色。无论是《疑狱集》《棠阴比事》，还是《折狱龟鉴》，都收集分析了大量的破案故事，而不是判决书。带有比较充分的判决要旨的判例并不是很多。

第二，与上述一点相联系，在这些判例法作品中，经验总结的成分居多，主要是向官吏提供刑事侦查和审理案件的指导思想、方式和方法、经验和教训，以及处理案件的立场，而不是或主要不是先例。所以，宋以前的事例比较多，宋代现实的案件比较少，讲故事的色彩也很浓。

第三，带有德治教化的色彩，强调执法官吏的修身养性，强调对诉讼当事人的道德劝谕，强调人情与法意的协调。比如，在《清明集》"叔侄争业令禀听学职教诲"篇中，书判的作者胡颖指出："'听讼，吾犹人也，必也，使无讼乎'！当职德薄望浅，不足以宣明德化，表率士风，而使乖争陵犯之习见于吾党，有愧于古人多矣！否则威之，挞以记之，正惧有所不容但已者，而诸友乃能举责善之谊，以启其良心，使其叔侄之情不远而复，岂非区区所望于学校之士者欤？示周德成叔侄，仰即日禀听明朋友教诲，遂为叔侄如初。若或不悛，则玉汝于成者，将不得不从事于教刑矣！"①

第四，民事判例的数量比较多，尤其是《清明集》收录的几乎都是民事和经济方面的诉讼。这一方面反映了宋代社会商品经济的发达，另一方面也反映了当时法律教育发展，律学下到民间，民众的法律意识、诉讼意识日益高涨，以及各级官吏对民事案件的重视和审理水平的提高。

第五，与上述转变相一致，宋代的判例法汇编所收集的案例，开始由拟制的书判向实际生活中所发生的实案转化。无论是《疑狱集》《棠阴比事》《折狱龟鉴》，还是《清明集》，所收录的案例都是实案，即使有些是从当时的笔记小说中采集而来，也往往是以历史上或现实生活中的实案为原型，只是予以夸张添附而已。这与唐代的纯粹拟制的书判是完全不同的。

---

① 中国社会科学院历史研究所宋辽金元史研究室点校：《名公书判清明集》（下），中华书局1987年版，第391页。

第六,与上一点相联系,当时的判例法作品已经开始显示出抽象化、理论化的倾向。尤其是郑克在《折狱龟鉴》中对每一个案例的按语,既有对破案的经验总结,判案原则的阐述,判案应遵循的指导思想,由判例所体现的法学原理和法律概念术语的诠释,也有将各个相关案例汇编在一起所进行的分析比较,对一些具体案例所反映出的一般抽象原则、原理、学说的概括总结,等等。因此如果说这些案例本身还不具备判例法学的性质的话,那么,郑克的按语部分,则是地地道道的判例法研究理论成果或判例法学的表述。

第七,与宋代法律教育的发达、官吏法律水平提高相联系的是,宋代以后,中国的律学也开始渗入一般士大夫的活动之中。从中国律学的发展轨迹来看,在秦代,律学不仅是官学,还是整个国家唯一的学术("以法为教,以吏为师")。至汉代,律学的这种地位虽然丧失,但是由于马融、郑玄、何休、许慎等经学大师以经注律和以律注经活动的展开,在突出经学的地位的同时,也抬高了作为经学之附庸的律学的地位,这种局面至魏晋南北朝仍没有改变。隋唐王朝建立后,进一步重视法律,尤其是《唐律疏议》这部官方法律注释学作品的编纂成功,以及其作为法典而公布、实施,进一步将律学提升至官学的地位。而从宋代开始,由于法学著作的私家化,律学也从官学下为私学,律学终于走向了民间。这种地位的转变,虽然使律学由显学变为末学,但对律学走向民众是有利的。

明代中国法学对周边国家的影响[*]

一

　　诞生于秦汉时期的中国古代法学，曾对周边国家产生了巨大的影响。这种影响在唐王朝和明王朝分别达到了高潮。本文拟对第二次高潮即明代法学（法律思想、律学、法医学）对周边国家的影响作些初步的论述。

　　某一时代的法律思想是该时代法学形成和发展的世界观和理论基础。值得重视的是，明中叶以后统治阶级法学世界观的变化，以及关于恤民、治吏、法因时而变、德治教化应当加强以及用法必须公正持平的思想，不仅对明中叶以后及清代的律学和法医学研究发生了重要影响，而且还越过国界，为日本法学界所接受。这方面的典型事例，就是丘濬的《大学衍义补》一书在日本的广泛流行。

　　据学术界考证，江户时代（1603—1867 年）舶载传入日本的中国图书，大概占当时中国图书品种的十之七八，《大学衍义补》一书大概也是

---

　　* 本部分内容曾发表于《比较法研究》2001 年第 1 期，原题为《试论明代中国法学对周边国家的影响》，收入本书时略有改动。

通过此途径传入日本的。在日本《舶载书目》中,曾记录了《大学衍义补》随商船进入日本的情况。如正德元年(此"正德"为日本中御门天皇时的年号,正德元年即 1711 年)辛卯 51 番南京船所载书籍中,有"《大学衍义补》二百三卷四十册"的记录。到宽正四年(1792 年),日本又正式刊刻该书,福井轼在为其所作的序中说:"……自今而后,《补》得时而行于世,则学士得正心之方,而其知亦易致乎?"①这些记叙,表明了日本学术界对《大学衍义补》一书的重视。

日本法学界受到《大学衍义补》的影响,不仅表现在一再刊印该书方面,还体现在学术界受《大学衍义补》的影响,仿照《大学衍义补》第九部分《慎刑宪》撰写了《无刑录》一书上。18 世纪初叶,日本学术界在加强对《大明律》研究注释的同时,也开始了对中国法律思想的研究。18 世纪中叶,日本学者芦野德林(1695—1775 年)继承其老师、日本著名朱子学派的代表室鸠巢的遗志,撰写了《无刑录》一书。该书不仅在内容上,而且在体裁篇目上也都基本脱胎于《慎刑宪》。试将两书篇目按内容相当者罗列如下:

《无刑录》	《慎刑宪》
第一卷《刑本》上	第一部分"总论制刑之义上"
第二卷《刑本》下	第二部分"总论制刑之义下"
第三、四卷《刑官》上下	第十四部分"简典狱之官"
第五卷《刑法》上	第三部分"定律令之制上"
第六卷《刑法》下	第四部分"定律令之制下"
第七卷《刑具》	第五部分"制刑狱之具"
第八卷《流赎》	第六部分"明流赎之意"
第九卷《赦宥》	第十二部分"慎眚灾之赦"
第十卷《听断》	第七部分"详听断之法"
第十一卷《详谳》	第十部分"谨详谳之议"

---

① 刘俊文、池田温主编:《中日文化交流史大系·法制卷》(汪桂平执笔),浙江人民出版社 1996 年版,第 176—177 页。

第十二卷《议刑》 第八部分"议当原之辟"

第十三、十四卷《和难》上下 第十三部分"明复仇之义"

第十五卷《伸理》 第十一部分"伸冤抑之情"

第十六卷《感召》 第九部分"顺天时之令"

第十七卷《钦恤》 第十五部分"存钦恤之心"

第十八卷《滥纵》 第十六部分"戒滥纵之失"①

　　日本接受以《大学衍义补》为代表的明代儒家法律思想,表明中国封建正统法学世界观对治理封建社会所具有的实用价值。明治时期学者清浦奎吾在其所著《明治法制史》一书中说,德川氏自1600年起至明治初年止,"幕府之法制惟适应实际,并参酌中国之法制。盖中国之成文法在斯时虽未尽行,而日本之法律思想则至近世尚受其支配。"②

二

　　明代的律学虽然继承隋唐宋元律学而来,但在结构体系、技术层次等方面已有许多发展,其成果受到了周边国家的认同和欢迎,并纷纷予以效仿。

　　在日本,从公元7世纪起开始吸收中国隋唐的法和法学,至德川幕府时期(1603—1868年)又进一步全方位地吸收中国的大明律例以及律例注释学,从而使其法和法学深受中国明代法学的影响。这种影响主要表现为:

　　首先,明代的律、例、令、会典等法律形式,如《大明律》《大明令》《问刑条例》《明会典》,以及明代律例的注释书,如金祇的《大明律直解》,王

---

① 刘俊文、池田温主编:《中日文化交流史大系·法制卷》(汪桂平执笔),浙江人民出版社1996年版,第174页。

② 刘俊文、池田温主编:《中日文化交流史大系·法制卷》(汪桂平执笔),浙江人民出版社1996年版,第177页。

肯堂的《律例笺释》、雷梦麟的《读律琐言》等传入日本,被当时统治阶级以及士大夫作为立法、司法和法律注释时的范本。①

其次,在中国明代律例以及其注释书的影响下,日本发展并巩固了幕藩法律体系。比如,日本近世幕府法的核心《公事方御定书》,就是在中国《大明律》的示范之下制定的。② 当时全国的藩法体系,也是在中国律例的影响下形成的。日本学者曾将这种藩法分为四种类型:(1)参照幕府法《公事方御定书》制定的"御定书系统";(2)直接参照大明律例制定的"明律系统";(3)折衷御定书和大明律例而形成的"折衷系统";(4)各藩自己独立制定的系统。③ 而在这四种系统中,前三种都直接受到了中国大明律例的巨大影响。

再次,出现了日本学者自己翻译或编纂的大明律例注释书。这种注释书,不仅影响了日本的律学研究,也成为当时日本立法、司法时的重要参考资料。在这种注释书中,如下几部是最为重要的:

《明律国字解》,系日本近世著名学者荻生徂徕(1666—1728 年)所著,④是用日语对《大明律》进行诠释的一部律学著作,共注解律文 460条,条例 382 条,按照《大明律》的次序编排,即分为名例律、吏律、户律、礼律、兵律、刑律、工律等七个部分,三十卷,卷首有朱元璋洪武三十年的

---

① 根据幕府将军德川吉宗于宝永六年(1709 年)开具的一张让手下去中国购书的订单可知,该年德川吉宗曾从中国购进了孙存的《大明律读法书》(三十卷)、雷梦麟的《读律琐言》、王樵的《读律私笺》、杨简的《律解辨疑》、陆束的《大明律管见》等八种律例注释书。而加贺藩大臣木下顺庵之次子木下平三郎寅亮进呈给藩主前田纲纪的一张由榊原玄甫写下的其著《大明律谚解》时曾读过的明代中国律学著作的书单,更说明了当时已经传入日本的明律注释书之多,此书单开列的著作如下:诸司职掌、吏计职掌、大明集礼、吾学编、律条疏议、读律琐言、大明律附例、律解弁疑、大明律读法、大明律管见、大明律集解、大明律会览、大明律会解、祥刑冰鉴、大明律正宗、刑书据会、大明律注解、吏学指南、直引释义、吏文辑览、类书纂要、无冤录、六言杂字、萧曹遗笔、通雅正字通、品字笺,见[日]大庭修:《江户时代吸收中国文化的研究》,同朋舍1984 年版,第 211、217 页。
② 《公事方御定书》分为上、下两卷,上卷系各种法令的汇编,共81 条;下卷则仿照《大明律》的体例,对刑法和刑事诉讼法的内容作了规定。
③ [日]高盐博:《日本律的基础研究》,汲古书院 1987 年版,第 425 页。
④ 荻生徂徕,又名徂徕物茂卿,是一位多才多艺的学者,精通哲学、经济学、法学、文学、兵学、音乐等。除了《明律国字解》之外,还有《孙子国字解》(五卷)、《译文答蹄》(九卷)、《徂徕集》(二十一卷)等作品问世。

"御制大明律序"。《明律国字解》现存三种版本,一是徂徕的亲笔写本;二是从写本衍生出来的四文楼刻本;三是从写本转化成的拙修斋丛书刻本。现在日本流行的《明律国字解》是1966年创文社出版的由内田智雄、日原利国校订的《定本明律国字解》。① 从《明律国字解》的内容来看,荻生徂徕的注解还是比较通俗的,如在解释"明律"一词时,作者称:"刑法的书称律,由于这是明代的刑书,故称明律。"②

《明律译》,系荻生徂徕之弟、日本近世著名律学家荻生北溪(1669—1754年)所著,共三十卷,五册,其孤本(写本)现存日本国立公文书馆内阁文库。内容是对《大明律》的日文翻译,其目的在于用明刑慎罚的思想来武装当时的司法官吏。在该书的跋中,荻生北溪强调指出:"律是涉及人的生命的规则,其适用必须慎重。"③

《大明律例谚解》,系榊原篁洲(1656—1706年,又名榊原玄甫)遵照纪伊藩主德川光贞之命于元禄七年(1694年)完成,正德三年(1713年)又经榊原霞洲等人修订的一部著作,有目录一卷,正文三十卷,是德川幕府时期最早的律例注释书。除对大明律例进行点校外,以汉字和日文假名混合的语句进行注释(语释)。在注释中,引用了《大明会典》《大明令》等中国律令,以及《律条疏议》《吏学指南》《读律琐言》《大明律集解》等中国明代律学著作。据日本学者考证,该书共引用中国古代政治法律文献达一百十七部。④

《大明律例译义》,系和歌山藩的高濑喜朴(1668—1749年)受幕府八代将军德川吉宗之命翻译的明律注释书,于享保五年(1720年)出版,由首卷、末卷和正文十二卷共十四卷十四册组成,系对《大明律》律文、

① [日]徂徕物茂卿:《定本明律国字解·解题》,内田智雄、日原利国校订,创文社1966年版。

② [日]徂徕物茂卿:《定本明律国字解·解题》,内田智雄、日原利国校订,创文社1966年版,第3页。

③ [日]高盐博:《日本律的基础研究》,汲古书院1987年版,第324页。

④ [日]大庭修:《江户时代吸收中国文化的研究》,同朋舍1984年版,第217页。[日]高盐博:《日本律的基础研究》,汲古书院1987年版,第354页。《大明律例谚解》在东京大学法学部图书室有藏书。

《问刑条例》等的逐条翻译。在每条条文之前,写明律文的大意,对难解的语句用双行小字随文注解,注释由汉字和日文假名混合而成,整部作品通俗易懂,对当时日本各藩的刑事立法曾发生过重大影响。①

《大明律例详解》系高濑喜朴的另一本律学著作,由目录(序、总目)一卷,律例详解二十一卷,问刑条例详解九卷,共三十一卷三十一册组成。第一册的开头有延享二年(1745 年)林信充的序、②延享元年高濑喜朴的序,最后一册的末尾有写于宽保三年(1743 年)的跋。本书完成之后,于宽保三年进呈给和歌山藩藩主德川亲直。该书的注释风格和内容体例仿自榊原篁洲的《大明律例谚解》、荻生徂徕的《明律国字解》和荻生北溪的《官准刊行·明律》,同时,也大量吸收了这三部作品中的注释学成果。该书进呈给和歌山藩藩主之后,就被其作为座右铭而珍藏在藩府。虽然该书对社会百姓的影响不及同时期日本的其他律学著作,但对和歌山藩的统治者有不小的影响。③

除上述几部主要的律学作品之外,德川幕府时期日本训读翻译明代律例的注释书,还有荻生北溪的《官准刊行·明律》,冈白驹(1692—1767年)的《明律译注》(共九卷)等。④

明代的律学,对朝鲜也产生了巨大的影响。

第一,朝鲜于世祖七年(1461 年)完成颁行、成宗十六年(1485 年)修改颁布正式施行的《经国大典》,英宗二十二年(1746 年)刊行的《续大典》、正宗(正祖)九年(1785 年)刊行的《大典通编》等,都是在中国大明

---

① 据日本国学院大学日本文化研究所研究员高盐博的考证,《大明律例译义》在日本各地现共有传本 33 种。见[日]高盐博:《日本律的基础研究》,汲古书院 1987 年版,第 421 页。《大明律例译义》在东京大学法学部图书室有藏书。关于《大明律例译义》《官准刊行·明律》《明律国字解》等,已译成中文的介绍资料有刘俊文、池田温主编:《中日文化交流史大系·法制卷》第五章(张玉元译),浙江人民出版社 1996 年版。

② 林信充的序对高濑喜朴作了高度评价,并对该书出版的意义也作了充分的肯定:"此解(即该书)行于世,则读律者譬如破竹之势,迎刃而解也。其于移风易俗之方,则有补于治国安民之道。"[日]高盐博:《日本律的基础研究》,汲古书院 1987 年版,第 421 页。

③ 东京大学法学部图书室藏有此书。

④ 据日本著名法制史学家内田智雄的考证,在德川幕府时期,仅日本学者所著的明律研究、编译作品就有十多种。参见[日]徂徕物茂卿(即荻生徂徕):《定本明律国字解·解题》,内田智雄、日原利国校订,创文杜 1966 年版。

律例的模式下制定的,因此深受中国明代法律体制的影响是没有疑义的。甚至,在《经国大典》的"刑典"中,也明文规定准"用大明律"。①

第二,李朝编纂的法典,已经吸收了明代律注释学的技术和经验。比如,《续大典》卷二"户典·收税条"是这么规定的:

(正文)佃夫中择其饶实勤干者,定为户首。凡其八结②应纳之役,使户首收于结内,佃户以纳。

(双行小字注)户首收捧时用大斗者,严禁。土豪官属辈以其所耕,合录民田,自捧其税,加敛米豆于平民,以充其数者,及劫夺民结勒捧投价者(俗称养户)。准计赃轻重论,自杖至徒流。监官书员弄假作虚,负分征民结者,杖一百,流三千里。守令不能发觉者,论罪。土豪田税不纳者及防纳者,杖一百,流三千里。税谷捧上时,米色或不精,或以白土末杂春取色者,监捧差使员及该守令,以制书有违律论。

(正文)每年陈田起垦处,一一开录报本曹减半税,既垦还陈者,勿税。

(小字注)如有奸伪混杂者,该守令监色,以妄冒田结律论。量陈还起处,使田主自首,曾前虽以起为陈自首者,免罪。如有欺隐发觉,则依灾伤差错例论。此边浦落处既悬頉(yí),③则彼边泥生处,查出加录覆沙处,当年则给灾,翌年掘沙后收税。④

第三,将中国明律注释书改头换面一下,在朝鲜正式出版,作为官吏和民众学习、执行的依据。这方面的作品有朝鲜人金祗等撰《大明律直解》和在此书基础上编写的《大明律讲解》。

《大明律直解》约于洪武二十八年(1395年)刊行,书末有洪武乙亥(二十八年)二月尚友齐、金祗题识,其文对撰写此书的缘由、过程作了如下记载:

---

① 朝鲜总督府中枢院调查课编:《李朝法典考》,朝鲜印刷株式会社1936年版,第68页。
② 结,系中世纪朝鲜的土地计量单位,每结约当生产谷子二石的土地。
③ 頉。《康熙字典》:頉,与之切,音移。养也,颔也。
④ 末经保和点校:《续大典》,学习院东洋文化研究所1972年版,第160—161页。

　　此《大明律》书，科条轻重，各有攸当，诚执法者之准绳。圣上（指李朝太祖李成桂）思欲颁布中外，使仕进辈传相诵习，皆得以取法。然其使字不常，人人未易晓……政丞平壤伯赵浚，乃命检校中枢院高士襄与予，嘱其事，某等详究反复，逐字直解。于嚱！予二人草创于前，三峰郑先生道传、工曹典书唐诚润色于后，岂非切嗟琢磨之谓也欤？功既告讫，付书籍院，以白州知事徐赞所造刻字印出，无虑百余本，而试颁行，庶不负钦恤之意也。①

　　由此可见，《大明律直解》是奉朝廷旨意而撰，自李朝太祖四年（明洪武二十八年）起在朝鲜实施。它既是一部法典，又是一部《大明律》的注释书。②

　　光武七年（1903 年）朝鲜又刊刻了《大明律讲解》一书。从笔者在上海图书馆所抄录的该书的内容来看，在刊录的律文（包括双行小字注）方面，该书与《大明律直解》一模一样，而从其注释来看，基本上接近于当时流行的雷梦麟的《读律琐言》、胡琼的《律解附例》等律解释书。下面，试举"以理去官"条以明之。

　　（律文）凡任满得代、改除、致仕等官，与见（现）任同。

　　（双行小字注）谓不因犯罪而解任者，若沙汰冗员裁革衙门之类，虽为事解任降等不追诰命者，并与见任同。

　　讲曰（黑底白线文）：注云：若沙汰冗员、裁革衙门之类者，盖谓裁革多余员数，废省州县，或不称职当降者也。虽为此等因去官，未有职掌诰命不在追夺者，此与见任官同。

　　讲曰：假有正七品官，犯降三等叙用，已受从八品职，其原受七品诰命不追，未如若为科断？

　　解曰：前云解任降等，盖谓不考解官当降用而未有职任者，为其以理去官诰身应留，所以并与见任同。今此七品之职，既得罪降等。

　　① 杨一凡等点校：《中国珍稀法律典籍集成》乙编第一册，点校说明，科学出版社 1994 年版，第 16 页。

　　② 该书的李朝太祖四年刻本，现存朝鲜总督府图书馆（四册、三十卷）。1966 年，朝鲜总督府又依据京城大学图书馆收藏之弘文馆本为底本，以其他各种传本为参校本出版了重刊本。

已授从八品之职,诰虽不追,职任有在,当以见任从八品拟断。

(律文)封赠官与正官同,其夫人犯夫及义绝者,得与其子之官品同。

(注)谓妇人虽与夫家义绝,及夫在被出,其子有官者,得与子之官品同,为母子无绝道故也。

讲曰:若妇人夫亡及被出而改嫁他人者,律不该载,并不得与其子之官品同。

讲曰:假有子犯罪,罢职不追诰命,其父母未知仍得以封赠官论否?

解曰:父母虽因子贵,其命乃受于君,诰既不追焉,可以子之故而遽黜其父,必其子犯该追夺者,不得以官论,若不追夺者,父母并与见任同。

律文:犯罪者并依职官犯罪律拟断。

讲曰:谓前任满得代、改除、致仕等官,及封赠官之类有犯,俱依职官犯罪律内奏闻,请旨区处,不许擅自推问断决。①

第四,强调臣民必须讲读律例,并将中国明代律学著作作为国家律官考试的正式科目。

一方面,《经国大典》明文规定朝鲜也适用《大明律》,因此,明律中讲读律令条也适用于朝鲜臣民。另一方面,李朝定宗即位后,也下谕告:"六典(朝鲜的法律)为治之具,令六曹讲求命官之意,各尽其职,毋教或怠。"②讲求律令的结果就是在社会上形成了一种学习研究法律的风气,促进了律学研究的发展。

与此相联系,朝鲜统治阶级也将中国明代的律学著作作为律官考试的正式科目。如前述《经国大典》中明确规定律官考试科目为:明律、唐律疏议、无冤录、律学解颐、律学辨疑、经国大典等六门。《续大典》为减

---

① 《大明律讲解》卷一,第7—8页,上海图书馆藏刻本。
② 《太祖实录》卷十五之三,引自朝鲜总督府中枢院调查课编:《李朝法典考》,朝鲜印刷株式会社1936年版。

轻应试者负担,将考试科目削减为三科:明律背讲、无冤录和经国大典。①
明代律学被列入司法官吏的考试内容,说明其已经成为朝鲜入仕者的必
读科目,成为当时士大夫的必备的文化素质。

第五,受明代律学的影响,朝鲜于18世纪80年代前后还推出了自己
编的律学著作《百宪撮要》。该书基本上是一部法典提要注释书性质的
作品,其作者和具体出版时间已无从查考,但根据其序文、凡例等可以推
测,其作者可能是当时编纂国家大法《大典通编》的编者之一。从其主体
内容来看,主要是法典和受教。② 在法典和受教的正文下注明出处、颁行
年月。有些事项法典与受教无规定者,则引出五礼、族谱等内容,加以注
释。由于所引法典、受教至正宗时止,故后世学者推断该书是正宗时代
(1777—1800年)的产物。到目前为止,《百宪撮要》的版本已经全部遗
失。所流传的仅仅是两册抄本。③

《百宪撮要》注解的虽然都是朝鲜的法律,但由于当时朝鲜法律的内
容基本上以大明律例为范本,故该书也应视为朝鲜接受中国明清律学之
影响的一个突出事例。

三

明代法医学,源自宋元时期,传播至世界各国的中国古代法医学,主
体也是宋代宋慈的《洗冤集录》和元代王与的《无冤录》。但由于其传播
至国外的时间,是明以后,故论述中国古代法医学对世界各国影响时,我

---

① 贾静涛:《中国古代法医学史》,群众出版社1984年版,第207页。
② 受教,是朝鲜国君敕令的一种,因当时朝鲜向中国称臣,自认其地位相当于中国的诸
侯,故其发布的敕令也不用"敕"字,而用"受教"来称呼。朝鲜总督府中枢院调查课编:《李朝
法典考》,朝鲜印刷株式会社1936年版,第43页。顺便说一句,国家图书馆善本书室藏有《受
教辑录》六卷,朝鲜李翊等辑《朝鲜抄本》。
③ 朝鲜总督府中枢院调查课编:《李朝法典考》,朝鲜印刷株式会社1936年版,第184—
185页。

们也从明代开始。

受中国古代法医学影响最深的是朝鲜。

早在李朝太祖李成桂灭高丽建国号为朝鲜(1392 年)之初,便引入了王与的《无冤录》。世宗正统三年(1438 年)完成并于 1440 年刊印的《新注无冤录》,也是以《无冤录》为底本加以音注,并"博考他书,事穷源流,字究窾冗,详加注释,并附音训"而成。① 书前有羊角山叟、王与、柳义孙等人的序言,后有庚申(1440 年)春崔万里的跋,并由俞孝通刻印,主要适用于朝鲜北部。正统十二年(1447 年)重刊后,也开始流行于朝鲜南部。

《新注无冤录》在朝鲜一直施行了三百余年。英祖二十年(1744 年)朝鲜在纂修《续大典》时,由具宅奎与其子具允明,以及金就夏三人重加增删、训注、考订,于正祖(正宗)二十年(1796 年)出版了《增修无冤录》。全书分为上、下两篇,内容以《新注无冤录》为主,同时吸收了清代刊行的《律例馆校正洗冤录》的成果,在目录和内容次序上有较大变动,烦琐的内容被删除,根据《洗冤录》等书增补的内容,均注明"增""补"字样,改编水准较高。

由于《新注无冤录》和《增修无冤录》都是以汉字刊行的,朝鲜司法部门在应用时仍感不便,故于正祖十四年(1790 年),由刑曹司判除有邻用朝鲜文对《增修无冤录》草案进行翻译,于正祖十六年(1792 年)先于汉文版《增修无冤录》出版,取名《增修无冤录谚解》。② 该书的出版比前两种书出版的意义更为重大,因为它使法医检验在朝鲜全国获得了更加广泛的应用。

朝鲜除了接受中国法医学著作作为法医检验时的参考书之外,还将《无冤录》等书作为司法官吏的考试用书,在前述《经国大典》《续大典》《大典会通》等国家大法中,朝鲜政府都明文规定《无冤录》是官员考试的科目之一。

经由朝鲜,中国古代法医学也传入了日本。明和五年(1768 年),日

① 贾静涛:《中国古代法医学史》,群众出版社 1984 年版,第 199 页。
② 贾静涛:《中国古代法医学史》,群众出版社 1984 年版,第 203 页。

本出版了日文版的《无冤录述》(二卷),译者是河合甚兵征源尚久,出版者是东都崇文堂。从崇文堂和河合甚兵征源尚久的序言中得知,该译本的底本是朝鲜版王与的《无冤录》,但已加有朝鲜人的注释。翻译成日文时,译者将《无冤录》中对日本国情无用的部分作了删除,而保留下适合于日本司法检验实务的内容。从该译本保留有羊角山叟、柳义孙的序,以及崔万里的跋等情况来看,该书事实上是朝鲜版《新注无冤录》的日译本。①

---

① 贾静涛:《中国古代法医学史》,群众出版社 1984 年版,第 211 页。

第 三 编

明清经典律学著作拾萃

古代中国人可以以经释律,而我们则可以用马克思主义,以及公平、正义的价值观来诠释法律,即使是儒家经义,内中优秀的成分,今天也仍然可以为我所用。

——何勤华:《律学传统的继承与创新》,载《律学考》,商务印书馆 2004 年版,第 530 页。

《律解辩疑》：
明代律学的开山之作[*]

在明代的律学著作之中,何广的《律解辩疑》是一部早期的重要作品,也是明代律学的开山之作。该书在《明史·艺文志》中并无记载。据张伟仁《中国法制史书目》记叙:《律解辩疑》,何广著,二册,三十卷。书前有明太祖洪武十九年(1386年)著者序。洪武(1368—1398)年间刊印,刊印者及刊印年份不详。著者明太祖洪武中举明经,官至湖广参议,精律学。

笔者在东京大学法学部图书室曾见过《律解辩疑》完整的抄本。《中国古籍善本书目录》对此书没有记载。杨一凡先生在《22种明代稀见法律文献版本述略》一文中称:《律解辩疑》"现只存一刻本,原藏北平图书馆,后迁至台湾国立中央图书馆。"①但事实上,上海社会科学院图书馆就藏有此书的抄本,笔者在国家图书馆善本书馆还查到了该书的刻本。②封面系图书馆馆员整理时重作的,上写:"律解辩疑不分卷,何广(明)撰,明洪武间刻印,十四行,三十字(25.2×16.9),二册,一函"。翻开第一、第二面都是残页,三分之一以上已无法辨认,最后一行字为:"……洪武

---

　　*　本部分内容曾发表于《法学评论》2000年第5期,原题为《明代律学的开山之作——何广撰〈律解辩疑〉简介》,收入本书时略有改动。

　　①　载韩延龙主编:《法律史论集》第一卷,法律出版社1998年版,第501页。
　　②　书号:1194,已制成缩微胶卷,编号:FR(SB)515。

□□春正月望日松江何广谨序",①才得知这两页是何广的自序。

此外,1994 年,刘海年、杨一凡等将《律解辩疑》中的律文部分抽出,编入《中国珍稀法律典籍集成》乙编第一册,称"律解辩疑所载律文"。笔者将其与《律解辩疑》抄本相对照,发现两者的内容几乎完全一致,并互有脱漏,但抄本脱漏得更多一些。

关于何广,其事迹《明史》无传,生卒年月不详。字公远,华亭(今上海市松江区)人,后徙上海。洪武年间以明经为江西令。永乐二年(1404年)三月擢御史,五月由浙江道监察御史升为陕西按察副使。②

关于《律解辩疑》一书的编纂目的,何广的序中已讲得很明确:

> (先王明刑定法,五刑之属)三千,有如鞭、扑、墨、劓、刖(宫、大辟之刑,布宪中外,而士师职掌暨诸兵牧守(而行)之。自尧而降,历代刑法轻重不侔,惟晋、魏、周、齐条(制颇近)于古,而隋文帝遂革枭辕之酷,立为笞、杖、徒、流、绞、斩之刑,于世(久矣)。今我朝酌古准今,(顺)天行诛,爰命刑部尚书刘惟谦采摭诸条,删繁就简,类编为《大明律》《令》,颁行天下,使民知所畏而不敢犯。此国保于民,民信于国,刑期无刑,而各遂其生者,可谓至仁之至。

> 盖令以教之于先,律以齐之于后。然其律法简古、文义深邃,治狱之吏非老于案牍者,则未尽知耳。苟或法司狱成,定拟之际,失于详明,误乖律意,致有轻重出入之(非)〈罪〉,而况罪诬于人否,则终身之玷,而死(者不能复生。呜呼)恤哉!且陷于刑者,无由自雪,生(者衔怨于天,死者)负怨于地,天地既伤,神人竟怒。(而其阴谴阳报,自有不)期然而至者,可不慎欤?

> 广(日尝读律,玩味采摘疑难)之句,申之以律疏,解其(义拟,然未敢擅注于律。对款)分条,编成别集,名之曰《律解辩疑》。其待识

---

① "洪武"后面两个字字迹已很模糊,无法辨认。但东京大学藏抄本、上海社会科学院图书馆藏抄本,以及《中国珍稀法律典籍集成》所载何广之序,均清楚写明此二字为"丙寅",即洪武十九年(1386 年),因此,该刻本和张伟仁《中国法制史书目》中所列应为同一刻本。

② 杨 凡等点校:《中国珍稀法律典籍集成》乙编第一册,点校说明,科学出版社 1994年版。

见高明之士观之者，尚冀校正无谬，以使迷惑涣然冰解，怡然理顺，岂非希升堂必自开（户牖矣。）凡（莅）官君子于议刑决判之间，庶望（尽心慎求，）以（辅）圣化，而至于无刑之效，斯亦是编之□□□。①

从《律解辩疑》的结构体系来看，其次序先后为：律条目总名②歌（"名例职制兼公式，户役③田宅与婚姻……"），本宗九族五服歌，妻为夫族服之歌，妾为家长族服歌，出嫁女为本宗降服歌，外亲服之歌，妻亲服之枳，三父（同居继父、不同居继父、从继母嫁父）八母（嫡母、继母、养母、慈母、嫁母、出母、庶母、乳母）服之歌，六赃总类歌，金科一诚赋，照刷文卷罚俸例，释文（"刑书之来尚矣，自吕刑之作，至于子产之铸及战国时魏李悝造法经……大明律，大明者，国朝大明一统也；律者，累人心使不得放肆也。名例律，名者，五刑之罪名……"），大明律内五刑条目（"迁徙……"），大明律内条款（丧服总图　讲曰：五服内，大功小功何谓之功也，可得闻欤？解曰：按仪礼图，自斩衰至期年之服，并用生布，其大功小功，皆以熟布为之。大功者，用功粗；小功者，用功细小。此谓人功□治者也……"）丧服之称（问曰：以律论之，……答曰……）例分八字问何？

接下来是《律解辩疑》的正文，即"名例律　答五刑，疏议曰……"。主要内容为：名例律，吏律职制、公式，户律户役、田宅、婚姻、仓库、课程、钱债、市廛，礼律祭祀、仪制，兵律宫卫、军政、关津、厩牧，刑律贼盗、人命、斗殴、骂詈、受赃、诈伪、犯奸、杂犯、捕亡、断狱，工律营造等。在这些大类下面，还分有五刑、十恶、八议、犯罪自首、二罪俱发以重论、男女婚姻、钞法、钱法、盐法等多项小目。

最后，是《律解辩疑·后序》："古之为制者，礼乐刑政，用不偏废。盖礼乐者，为治之具；刑政者，辅治之法，是以皋陶为舜士师，明五刑，以弼五教，期于无刑而已……"作此序的时间和作者为："……洪武丙寅春二月上瀚四明邵敬书。"张伟仁前面曾说，《律解辩疑》一书刊印者及刊印年份

①　此序阙文参照《信吾是斋》本《刑名启蒙例》补于括号内。就阙文而言，抄本比刻本要更厉害一些。
②　刻本"名"字残缺，据抄本补上。
③　刻本"户役"二字残缺，据抄本补上。

不详,笔者推论,写此后序的时间和作者,是否就是刊印的时间和刊印者呢?供学术界思考。

《律解辩疑》一书运用的方法,主要是对律文进行讲解和注释,不分大字小字,只是用黑底白空字标明"讲曰""解曰""议曰""注云""又曰""问曰""答曰"等。现摘录一则,以明其风格和特色。

卷第二十二·诉讼·诬告

(律文)其被诬之人,诈冒不实,反诬犯人,亦抵所诬告之罪。犯人止反坐本罪。谓被诬之人止皆免罪。

议曰:注云,诬告人者,亦抵绞罪。谓被反诬犯人已决者反坐。已死未决者,杖一百,流三千里。犯人止反坐诬告本罪。不坐加等,备赏(赔偿)路费,取赎田宅,断付财产一半之限者,谓如甲诬告乙,杖一百,徒三年,合加所诬罪三等,杖一百,流三千里,被乙又诬告甲致死亲属,甲既被乙反诬,故不在加三等,杖一百,流三千里之限,止反坐杖一百,徒三年。其乙虽曾用过路费,典卖田宅,亦合令甲赔赏(偿)取赎人。如乙反诬告甲致死亲属,甲被诬处决,乙抵甲死罪,绞。因甲先诬乙,然后被乙反诬,亦不在将乙财产断付甲之限,其互相诬□□全虚者,各依所诬抵罪,亦不在加诬之限。

又如,甲诬告乙杖八十,乙却诬告甲杖一百,两相诬告,甲抵杖八十,乙抵杖一百。若互相诬轻为重,亦合反坐所剩。如甲告乙杖八十,乙止该笞五十,乙却诬告甲杖一百,徒三年,甲止该笞四十,甲合反坐所剩笞三十,收赎钞一贯八百文,乙多告甲杖六十,徒一年,[1]通计折杖一百六十,乙合止杖一百,余罪收赎钞三贯六百文。

(律文)若已论决,全抵剩罪,未论决,笞杖收赎,徒流止杖一百,余罪亦听收赎。止不在收赎之类。[2]

议曰:若已论决,全抵剩罪者,谓如告人杖一百,问得止该八十,反坐原告杖二十。如告人杖一百,徒三年,犯人止该杖八十,反坐原

---

① "徒一年",疑为"徒三年"。

② 抄本在"止"字后衍"注"字。

告杖二十，徒三年。如告人杖一百，流三千里，被告止该杖一百，外剩三流并准徒四年，反坐原告徒四年，并以剩罪全科，不在收赎折杖之限。故云全抵剩罪。未论决笞杖收赎者，谓不限徒流，上所剩但剩五十以下，并系笞罪一百以下，并系杖罪，俱各依数收赎。若剩杖六十，徒一年之上者，并止杖一百，余罪亦听收赎。其官吏出入人罪，减剩之罪。若五十以下，系笞罪一百以下，亦系杖罪。本条云三流并准徒四年，皆以一年之所剩罪。杖四十，谓如内将三年作五等，每徒一等折杖二十，该杖一百。所剩一年，折杖四十之类。故下文通称一百四十是也。

（律文）至死罪，而所诬之人已决者，反坐以死，未决者，止杖一百，流三千里。

议曰：本条虽诬告至死，终系诬轻为重之罪，不在陪赏（赔偿）路费□□□□付财产一半之限。

（律文）若各衙门官进呈实封诬告人，及风①宪官挟私弹事，有不实者，罪亦如之。若反坐（及）加罪轻者，②从上书诈不实论。

议曰：罪亦如之，谓并如上文各条诬告人罪。若反坐及加罪轻者，从上书诈不实论，③谓诬轻为重，反坐所剩之罪，及诬告人加所诬之罪，轻加杖一百，徒三年，并依对制上书诈以不实论。

（律文）若狱囚已招伏罪，本无冤枉，而囚之亲属妄诬者，减囚罪三等。罪止杖一百。（止）罪止杖一百，流三千里。

问曰：假如有狱囚，本无冤枉，却令亲属赍（怀着）执已状妄诉，其亲属不知本无冤枉之情，若此之类，归罪何人。

答曰：本条称囚之亲属妄诉者，谓其明知囚无冤枉之情，却替囚人妄诉，故以罪加之。若囚无冤枉，亲属不知其情，赍囚人之状为其陈述，难与明知者一体加罪。况遣人代替首告，于法得相容隐者，为首犹且各听于犯人亲身自首发，今亲属不知情，止赍犯人文状代诉

---

① 抄本脱"告人，及风"四字。
② 抄本脱"及"字。
③ 抄本此句为"从上书诈不以实论"，不通。现依逻辑改之。

者,于理合得勿论。上条云:若律该罪而止者,诬告虽多不反坐,谓如甲诬告乙,受不枉法赃一千贯,折半五百贯,法司问出,止受二百四十贯,折半,一百二十贯罪,止杖一百,流三千里,纵然诬告五百贯,律该罪止,亦不反坐。

又解释诬告条内曰:诬告者,造虚词以情规陷害平人者,谓之诬告。

问曰:本条有诬告人死罪未决者,杖一百,流三千里,加役三年,后款(挽留)诬告人死罪未决者,杖一百,流三千里,而□加役三年,何也?

解曰:前加役三年,是全诬欲陷无罪之人至(置)于死地,今官司辩明,诬告者本应置之于死而被诬之人未决,故流窜荒服就彼,拘役三年,即系抵其死罪也。后无加役三年,其告已承别罪,而辩出所诬罪,抵坐杖一百,流三千里,所以不加役三年也。

《律解辩疑》在中国古代律学史上占有重要的地位。一方面,该书比较早地对《大明律》作出比较系统详尽的注解阐述,因而其观点经常为后出之明清律学著作所引用;另一方面,由于《律解辩疑》所收之《大明律》是洪武十九年以前所颁布之律文,而现在所流传下来的《大明律》,除了朝鲜版《大明律直解》所记录的为洪武二十二年颁行的律文之外,均是洪武三十年钦定颁行的《大明律》,记录洪武十九年以前《大明律》的作品,就只有何广此书了。因此,《律解辩疑》一书的价值是弥足珍贵的。

由于国家图书馆善本书室所保存的《律解辩疑》刻本,在中国内地大概是孤本,且已残缺不全,第二册的内容,有半数左右已经模糊不可辨认。因此,依据此刻本,参校东京大学法学部图书室所藏抄本、上海社会科学院所藏抄本,以及我国台湾地区藏《律解辩疑》刻本,重新校勘出一个完整的本子,应当是海内外学术界共同的责任。

《律学集议渊海》:
明代律学的珍稀作品[*]

　　学术界有许多人认为,明代是中国古代律学的复兴时期。^① 笔者对明代的律学作品进行调查以后,感到上述观点是有道理的,至少在律学作品的数量上,明代不仅远远超过了元代,而且也比唐和宋两个朝代多得多,据笔者统计,已知明代出版的律学著作有 101 种,其中,如何广的《律解辩疑》、王肯堂的《律例笺释》、雷梦麟的《读律琐言》等,在律注释学的内容和形式上都达到了相当高的水准。对这些作品作出全面的介绍和评述,需要写一部专著。本文拟对明代律学作品中一部我国学者尚未接触过的珍稀之作《律学集议渊海》作些论述。

　　《律学集议渊海》,是明代中后期一部比较重要的律学著作。线装,小精抄本,一帙六册,足本,共七卷,国内无藏本,笔者在日本东京大学法学部地下书库发现此著作^②,明代阙名撰^③。开卷为"大明洪武编制《律学集议渊海》,第一,名例律;第二,吏律……第七,工律。"接着是正文:"律学集议渊海　名例律;名者,五刑之罪名;例者,五刑之体例也……"

---

　　* 本部分内容曾发表于《法学》2000 年第 2 期,原题为《明代律学的珍稀作品——佚名著〈律学集议渊海〉简介》,收入本书时略有改动。

　　① 怀效锋:《中国传统律述要》,《华东政法学院学报》1998 年创刊号。

　　② 书号:甲-2,955,J11424(全)。

　　③ 据徐晓庄先生整理考证,本书的撰写者是荻渔隐者。参见(明)荻渔隐者:《律学集议渊海校注》,徐嘉露、徐晓庄校注,宁夏人民出版社 2022 年版。

从《律学集议渊海》的体例而言,先是引用律文,接着以"谨详律意……疏议曰……答曰……"等展开论述,集各家之长,旁征博引,内容十分丰富,如在阐述"犯罪自首"条时,《律学集议渊海》是这么展开的:

(律文)凡犯罪未发而自首者,免其罪,犹征正赃。

其轻罪虽发因首重罪者,免其重罪。若因问被告之事,而别言余罪者,亦如之。其遣人代首,若于法得相容隐者,为首及相告言者,各听如罪人身自首法。若自首不实及不尽者,以不实不尽之罪罪之。至死者听减一等。其知人欲告及逃叛而自首者,减罪二等坐之。其逃叛者虽不自首,能还归本所者,减罪二等。

其损伤于人、于物不可赔偿,事发在逃,若私越度关及奸并私习天文者,并不在自首之律。

若强窃盗诈欺取人财物而于事主处首服,及受人枉法不枉法赃,悔过回付还主者,与经官司自首同,皆得免罪。若知人欲告,而于财主处首还者,亦得减罪二等。其强窃盗,若能捕获同伴解官者,亦得免罪,又依常人一体给赏。

(释文)谨详律意:犯罪之人,惟务掩饰,既能自露,是知过也。免其罪者,情可容而法宜贷,犹追赃者,罪可恕而物宜还也。

因轻以首重,因少以首多,所首虽殊,情则一也。

遣首者,己虽不往,为首者,身虽不知,互讦虽有交讼之心,论其亲情,举同自首也。

不尽不实而仍坐余罪,至死犹得减科,终系首也。

伤难赎补,物难赔偿,逃去者于情难容,度关者余程难复,奸淫已行首告安改,天文已习首已莫追,不准首条罪一如律。

盗诈受赃还主,终有悔过之心,知人欲告而还,亦有畏法之意,盗捕同伴,给赏不殊,旌其悔过,赏其除恶也。

一、不准首

强盗杀人放火

损伤人

于物不可赔偿

越关

犯奸

私习天文

强窃盗再犯

窃盗拒捕杀人自首免其本罪,仍问斗殴杀人。若窃盗持刃伤人自首,免其斩罪,仍问刃伤人,引例充军。

条例:窃盗自首不实不尽者,及知人欲告而于财主处首还,律该减等拟罪者,俱免刺。

《管见》云:强盗首作窃盗,赃虽尽,仍以强盗不得财科之。

又云:监守诈取首作私借,首赃虽尽,仍以诈取未得科之。

又云:受不枉法,无禄人八十贯首作诈欺取财,罪同情异,仍问不应。

又云:如有禄人受枉法,赃一百六十贯,止首八十贯,余未尽,仍该绞罪,但因首而法至死减等。

二、遣人代首,不限亲疏。

三、家长不得为奴婢、雇工入隐。

四、如侄有事而叔首告,叔有事而侄讦举者,俱引得相容隐之人为首。如叔侄俱有事,彼此互相讦首者,则引得相容隐之人相告言。二项须要分别明白,不可乱用,致差律意。

议式:

窃盗自首式:某依窃盗已行得财一百二十贯,罪止律杖一百、流三千里。有

(因下一字提到"大诰",故另起一行,顶格)大诰减等云云,系犯罪未发而自首,依律免罪,追赃完日,仍免刺字,宁家充警。

窃盗亲属首发式(小字:若系卑幼,仍以干名犯义得实之罪拟之,余仿此):

某依窃盗得财云云

大诰云云,缘本犯系伊(小字:期亲某,大功某)首发,同罪人自首,依律免罪。

某依窃盗得财云云

大诰云云,缘本犯系伊(小字:小功,缌麻)亲告发,得减本罪三等律。

某依窃盗得财云云

大诰云云,缘本犯系伊无服亲首发,减一等律。

强盗亲属首发式(小字:依服免罪减等俱如前):

另居亲侄打劫叔财,被同堂叔首发式:

某依亲属行强盗,卑幼犯尊长,以凡强盗得财斩,系小功亲首发,得减本罪三等律,杖九十,徒二年半。

堂兄打劫堂弟家财,被再从兄告发式:

某依各居亲属行强盗,尊长犯卑幼,亦依亲属相盗,大功减凡强盗得财斩罪四等,系小功亲告发,通减本罪七等律,杖一百。

强盗遣人代首式:

某依强盗已行得财律,斩决不待时。缘本犯遣某人代首,听如罪人身自首法,依律免科,请

(另起一行。顶格)旨。

强盗自首行查式:

某系强盗云云,系事未发而自首,依律免罪宁家。缘本犯虽系自首,但同盗某未获,中间恐有杀人放火别故,难便释放,审毕遁回。该州县查无隐下重情,依拟发落。若有别故,从重问结。缘系自首强盗,请

(另起一行,顶格)旨。

家主谋叛被雇工人首发式:

某合依谋叛未行为首律,绞。缘系于法得相容隐雇工人首告,听如罪人身自首法,依律免罪。

妻为窃盗夫知要告首发式:

某氏依窃盗已行得财,系于法得相容隐夫为首,听如罪人知人欲告而自首,减凡人一百二十贯二等罪律,杖九十,徒二年半。

某依知人欲告而自首,减恐吓取人财计赃准窃盗一百二十贯加

等罪止免刺二等律,杖九十,徒二年半。

某依逃叛而自首,减谋而未行为首绞罪二等律,杖一百,徒三年。

某依强盗已行得财律,斩。缘本犯于事主处首服,与经官司自首同,依律免罪宁家。

某依强盗已行得财律,斩。缘本犯捕获同伴解官,依律免罪,仍依常人一体给赏。

《博答》云:假如赵甲打劫得银五十两,将二十两出首。钱乙强盗首作窃盗。孙丙打劫三次,隐下二次,将一次出首。李丁先后共劫二次,先已首一次,今又首一次。各得何罪?

答曰:赵甲问不应从重;钱乙自首不实;孙丙自首不尽。俱以不实不尽强盗得财之罪罪之,至死减等律,杖一百,流三千里。李丁再犯,不准首,仍问强盗得财斩罪。

又问曰:假如周戊窃盗银十两,将五两出首。吴己窃盗银二两,将一两出首,何断?

答曰:周戊虽首赃不尽而罪已尽,止问不应从重。吴己自首不尽,以不尽窃盗得财四十贯之罪罪之律,杖一百,照例免刺(小字:吴己不可以不尽一两之赃拟之,谓其一百二十贯罪止故也。其各赃首不尽者,仿此)。

又问曰:假如郑庚犯掏摸得财事发,到官自又言私铸铜钱,何断?

答曰:郑庚轻罪虽发,因首重罪者,免其私铸铜钱重罪,合依掏摸罪,同窃盗得财一百二十贯罪止律,杖一百,流三千里。有

(因下一字提到"大诰",故另起一行,顶格)大诰减等,杖一百,徒三年,系民初犯,于右小臂膊上刺"掏摸"二字,发冲要驿递照徒年限摆站满日宁家充警(小字:系军免刺送总兵官,拨发缺人墩台哨了,满日放回着伍)。

又同曰:假如王辛犯私盐事发,到官又言曾盗牛,何断?

答曰:除因问被之事,而别言盗牛余罪者,亦如犯罪未发自首免科,合依犯私盐者律,杖一百,徒三年。

《哀集》问曰:一如强窃人财,或受赃十两,花费五两,连见(现)

存数目出首,何断?

答曰:盗情赃数既已首尽,余无不实不尽,止问不应。

从以上的阐述中,可以看到《律学集议渊海》的内容是极为详尽的,对自首的方方面面几乎都已囊括无遗。除了本条所提及的《管见》《博答》《哀集》等律例注释书之外,该书还大量引用了《集说》《集解》《辩疑》《琐言》等著作。《博答》《集说》的作者及详细情况已不可考,而《集解》《琐言》《管见》《辩疑》《哀集》,根据笔者掌握的资料,分别是明中叶出版的《明律集解附例》(郑汝璧撰、高举发刻)以及雷梦麟的《读律琐言》、陆柬的《读律管见》、何广的《律解辩疑》、陈永的《法家哀集》诸书。应当说,《律学集议渊海》的书名,比较恰当地表达了其对各家法律注释书予以广泛引用的特点。

关于《律学集议渊海》的作者,详细情况现已无法得知。但我们从上述该书所引的各家法律注释书中,可以推测出一点线索,即该书作者应当是一位对律学有很深研究、手中掌握各家律学著作的律学家;同时,从其对犯罪自首实务等方面知识的熟悉程度,也可推断作者曾从事过审案实践工作;此外,从该书大量引用《琐言》《集解》《管见》《辩疑》《哀集》《博答》等,但一处也未引用王肯堂的《律例笺释》之情况,可以推知此书的成书时间当为上述诸书之后、《律例笺释》之前,即《琐言》《哀集》等均出版于明嘉靖年间,郑汝璧的《明律集解附例》刊行于万历二十二年,而王肯堂的《律例笺释》约面世于万历三十年之后,因此,大体可推定《律学集议渊海》成书于万历二十二年与三十年之间。

附记:本文于2000年发表以后,引起了国内外学术界对《律学集议渊海》一书的重视。当时河南省驻马店市公安局法制处处长、对中国法制史抱有浓厚兴趣的徐晓庄先生,正研究明代刑法上的自首制度,对拙文所描述的《律学集议渊海》中关于自首问题的阐释非常有兴趣。他就托诸赴日访学师友帮忙查找该书。功夫不负有心人,经十余年努力,终于2016年4月在山东大学何朝晖教授的帮助下,拿到了《律学集议渊海》(署:获渔隐者撰)一书的电子版。徐晓庄先生遂与已获得博士学位的女儿徐嘉露一起,对此书进行断句、标点及对书中所引用明代律学注疏内容进行校勘,并对全书律条、概念、术语等内容进行校注,于2022年9月完成此项艰巨的工作,由宁夏人民出版社出版。《律学集议渊海》校注本的出版,对学术界研究中国古代尤其是明代律学提供了一个很好的范本,贡献委实不小。参见(明)荻渔隐者:《律学集议渊海校注》,徐嘉露、徐晓庄校注,宁夏人民出版社2022年版。

《读律佩觽》：
明清流传最广的律学著作[*]

《读律佩觽》一书，是清朝前期著名法学家王明德所撰的一部重要律学作品。与明清时期的其他律学作品，如王肯堂的《律例笺释》、雷梦麟的《读律琐言》、沈之奇的《大清律辑注》和吴坛的《大清律例通考》等相比较，该书无论在内容还是在理论阐述上，都有许多新的特点。

一

《读律佩觽》一书，是明清律学著作中流传最广的一部。在中国内地，各大图书馆几乎都有该书的藏本。笔者依据的是日本东京大学法学部图书室所藏的刻本，系高沙王氏刊，冷然阁藏版，刊刻时间约在康熙十五年以后（上面有康熙十五年的跋）。①

王明德，《清史稿》《清碑传》等史书均无传。臧励龢等编《中国人名

---

* 本部分内容曾发表于《法商研究》2000 年第 1 期，原题为《〈读律佩觽〉评析》，收入本书时略有改动。

① 齐鲁书社 1995 年影印出版的《四库全书存目丛书》（子部·法家类·子·37）收录的《读律佩觽》也是此刻本，原刻本现藏于中国人民大学图书馆、中国科学院图书馆。

大辞典》（商务印书馆 1921 年版）也只有简短的 20 个字："王明德，（清）高邮人，字金樵，官刑部郎中，有《读律佩觿》。"对王明德的事迹记载比较详细的是《高邮州志》卷十和《重修扬州府志》卷四十九，两者的记载大体为：

> 王明德，字亮士，少保（王）永吉长子。侃侃（意为刚直）不可挠折。由荫生历任刑部郎中，以律例关系民命，著《读律佩觿》，书传于世。转湖广汉阳府知府。会提督谭洪反，明德督粮入川，陷逆境，胁授伪职不从，以死自誓，投水求尽不得。后又削发为僧。清军进剿，谭逆殄灭。明德奔归本土。至夔州府万县，夜黑觅路，跌深崖间。两手足皆重伤，随仆刘振玉背负抵寓，未几卒。

从王明德《读律佩觿》的本序和跋分别写于康熙十三年（1674 年）和十五年（1676 年）的情况来看，王明德的学术活动时间当在康熙朝前半期。另从参加编写《读律佩觿》的人数很多（有詹惟圣、陈丹赤、张为仁、龚荣遇等 38 人），以及该书系由王明德次子王心湛校勘等情况也可以得知，王明德在生前不仅是一名刚直不阿的行政和司法官员，也是一名很有影响的律学家，而且律学已经成为其家学。《读律佩觿》一书共分八卷：

卷一载有翰林院侍读王豫嘉等人的四个序，[①]王明德自己的本序，读律总目，参订（人员）姓氏，凡例，八字（以、准、皆、各、其、及、即、若，王明德称其为"律母"）广义，"读律八法"等。

卷二载有例，二死三流各同为一减，杂、但、并、依、从等字义，从重论、累减、递减、听减、得减、罪同、同罪等词（王明德称其为"律眼"）的律义，并赃论罪、折半科罪、坐赃致罪、坐赃论等用词的区别，六赃图等。

卷三内容为缘坐，谋杀人因而得财，斗殴及故杀人，剩罪余罪，免罪勿论，照与比照，贼盗盗贼，窝主窝藏，因公科敛，各尽本法，充军等十六项内容的解释。

卷四（上）载有金科一诚赋，玉律原情解，金科慎诚解，夫奸妻解，子杀父解，流罪入徒解，出杖从徒解，伤贱从良解，决狱定详解等十五项内容

---

① 《四库全书存目丛书》收录的《读律佩觿》中无此四个序。

的解释。

卷四(下)载有五刑正目,笞刑五,杖刑五,徒刑五,流刑三,死刑二,凌迟,枭首,戮尸,迁徙边外为民等十七项内容的解释。

卷五,共有以准总类,以监守自盗论,以常人盗论,以窃盗论,以凡盗论,以枉法论,以不枉法论,以诈假官论,以奏事不实论,以增减官文书论,以私役论,以亲属相奸论,以奸论,以隐漏丁口论,以故入人罪论,以私茶论,以私有论,以故杀伤论,以大不敬论,以雇工人论等六十四项律文内容的解释。

卷六内容为罪止杖一百流三千里,罪止杖一百流二千五百里,罪止杖一百流二千里,罪止杖一百,罪止笞五十等十项处罚的解释。

卷七载有不准折赎总目,满流不准折赎类,二等流不准折赎类,一等流不准折赎类,五等徒不准折赎类,五等杖不准折赎类,笞杖徒流不准折赎类等二十项内容的解释。

卷八(上)载有洗冤集录原文(附说),洗冤录补,辨周身骨脉,辨检滴骨亲法,辨检验骨伤法,辨勒伤,辨溺水伤,辨烧伤等十三项内容的解释。

卷八(下)载有辨受毒伤,辨火炙伤,辨受杖伤,辨跌压伤,辨闷死伤,辨蛇咬伤,辨醉饱伤,辨阴脱伤等十二项内容的解释。

与明清时期其他律学著作不同,《读律佩觿》不是在序之后列出各种图表(如丧服图、六赃图等),而后从卷之一名例律开始讲起,一直讲到卷末之工律,而是将律文的次序全部打乱,放在各章之中,按照专题的性质分类,并与图表、注解、刑罚、罪条、法医检验等内容糅合在一起。因此,在结构体系上,给人以耳目一新的感觉。

二

《读律佩觿》在主体内容的解释上,不是以法典的结构顺序为纲目,而是以专题形式,即以一项罪名或一项刑法原则为轴心,而后将法典各个

部分中有关的律文附上,展开论述。比如,它在阐述"以枉法论"这一条目时,是这么展开的:

以 枉 法 论

吏(律)

职制律:官员袭荫条内:庶出子、孙,及弟、侄,不依次序,僭越袭荫,及将异姓外人,乞养为子,诈冒承袭。当该官司知其僭越、诈冒,受财扶同保勘、听行者。

职制律:前条例:各处保送卫所袭替军职、掌印官及首先出给之人,受财将曾经管运、参提、追赃,或挂欠京通仓库,各项钱粮,及犯充军,降级,未曾完结,朦胧保送者。

职制律:前条例:军职将乞养异姓与抱养族属疏远之人冒袭,及受财,将官职卖与同姓,或异姓人冒袭,并保勘官卫所,并都司金书连名保结者。

职制律:滥设官吏条内:凡内外各衙门官,有额定员数,当该官、吏,受赃多添设者。

职制律:选用军职条内:选用总旗,须于戮过铁枪之人内委用,当该官、吏受赃违者。

职制律:贡举非其人条内:凡贡举非其人,及主司,考试艺业技能受赃不以实者。

职制律:前条例:应试举监生儒,及官、吏人等,但有怀挟文字、银两越舍与人换写文字,官、吏受财纵容者。

职制律:举用有过官吏条内:凡诸衙门受赃,朦胧保举,曾经断罪,罢职不叙官员者。

公式律:磨勘卷宗条内:各衙门提调官、吏,受财,将迟错钱粮,不行追征足备,及刑名、造作,可完而不完,应改正而不改正,受财者。

户(律)

户役律:脱漏户口条内:凡户长、里长受财,隐蔽在户,冒相合户、脱户及本县提调正官、首领官吏,知情受财,致有脱户者。

户役律:赋役不均条内:有司科征税粮,及杂泛差役,若放富差贫,挪移作弊,许被害赴该上司,自下而上陈告。若上司受财,不为受理者。

户役律:隐蔽差役条内:豪民,令子孙弟侄,跟随官员,隐蔽差役,官员受财容隐者。

户役律:逃避差役条内:提调官吏受财,故纵丁夫、杂匠、在役及工、乐、杂户逃者。

田宅律:检踏灾伤田粮条内:凡踏看水旱灾伤,里长、甲首受财,朦胧供报,以熟作荒,以荒作熟,增减分数,通同作弊、害民及官吏受财,致枉有征、免者。

婚姻律:娶部民妇女为妻妾条内:凡府州县亲民官,若娶为事人妇、女,而于事有所枉者。

仓库律:收粮违限条内:提调部粮官吏典,分催里长,受欠粮人户财,收粮违限者。

仓库律:隐匿费用税粮课物条内:部运官吏受财,故纵应纳运送人户,隐匿费用,诈欺亏欠物数者。

仓库律:虚出通关朱钞条内:委官盘点钱粮,数本不足,受财符同申报足备者。

仓库律:隐瞒入官财产条内:凡隐瞒抄没人口、财产,里长及当该官吏,知情受财者。

课程律:盐法条五条例:巡获私盐,有司官吏受财,通同脱放者。

课程律:盐法第六条内:守御官司及有司,巡检司及所委巡盐人员受财,知情故纵,及容令军兵随同贩卖者。

市廛律:①市司评物价条内:牙行②受财,为罪人估赃不实,致罪有轻重者。

礼(律):无

---

① 廛(chán)。顺治初年律内"市廛"二字下有注:"贸易之处曰市,市中空地曰廛。"见吴坛:《大清律例通考》卷十五:"户律·市廛"条。
② 牙行,旧时经官方许可私人设立的一种商行。

兵(律)

军政律:纵放军人歇役条内:凡管军百户等,受财纵放军人歇役者。

关津律:冒诈给路引条内:凡不应给路引之人,而给引,及官豪势要,嘱托军民衙门,擅给批贴影射出入,当该官吏受财听从,知情给与,巡检司越分给引,并应给衙门,不立文案,空押路引,私真与人受财者。

关津律:递送逃军妻女出城条内:各处守御城池及屯田地方递送逃军妻女出城,民犯受财者。

关津律:私出外境及违禁下海条内:直(值)日守把之人,受财纵令出境、下海,把守海防武职官员,听受番人金银货物,值银百两以上,买港,许令货船私入交易者。

邮驿律:多支禀给条内:凡出使人员,多支禀给,强取者。

刑(律)

贼盗律:恐吓取财条内:监临官,知人犯罪不虚,而恐吓取财者。

人命律:尊长为人杀私和条内:常人私和人命,受财者。

诉讼律:告状不受理条内:告恶逆杀人,及强盗、斗殴、婚姻、田宅等事,受财不受理者。

诉讼律:教唆词讼条内:凡为人作词状,增减情罪,诬告人,并受雇告人,因而受财者。

受赃律:因公科敛条内:凡因公科敛,入己者。

诈伪律:诈传诏旨条内:诈传各衙门言语,于各属,分付公事,若得财,因而动事曲法者。

杂犯律:嘱托公事条内:当该官吏,监临势要,为人嘱托曲法,受赃者。

捕囚律:应捕人追捕罪人条内:凡应捕人,承差追捕罪人,受财故纵者。

捕囚律:徒流人逃条内:配所主守及途中押解人,提调官及作业中长押官,受财故纵者。

捕囚律:稽留囚徒条内:若发遣之时,提调官吏受财,不行如法枷杻,以致囚徒途中解脱,自带枷杻在逃者。

捕囚律:主守不觉失囚条内:狱卒受财故纵者。

捕囚律:前条内。押解罪囚,中途受财故纵者。

断狱律:囚应禁而不禁条内:若鞫狱官司狱提牢官典狱卒受财,将囚不应禁而禁,及不应枷锁杻而枷锁杻者。

断狱律:与囚金刃解脱条内:若狱卒,常人及提牢司狱官典受财者。

断狱律:主守教囚反异条内:若司狱官典、狱卒,受财教令罪囚反异,变乱事情,及与通传言语,并容纵外人入狱,走泄事情者。

断狱律:检验尸伤不以实条内:若官吏、仵作受财,故检不以实,赃重者。

断狱律:决罚不如法条内:凡官司及行杖之人,受财决人不如法者。

断狱律:徒囚不应役条内:若徒囚,年限未满,监守之人受财,故纵逃回,及容令雇人代替者。

工(律),无。

从上述内容解释可以看出,作者是以一项罪名为中心,而后广引各条律文、条例,而不局限在法典本身的篇章结构上,这可以说是《读律佩觿》的另一个重要特点。

三

《读律佩觿》的第三个特点是本序比较长,共有17面(34页)之多,这在明清律学著作中是非常少见的。在本序中,王明德首先对刑律的起源及其发展演变,从舜典一直叙述到清王朝,而后又对数千年刑律的发展谈了自己的感想:

清入定中原,首申律令,一本明律为增损,源而溯之,则实归宗乎有汉,孰谓萧曹刀笔吏所学非同儒术,可尽薄而莫可宗也哉?孔子曰:殷因于夏礼,所损益可知也,虽百世可知也。礼法殊分,实相长而并峙,则律之为律,固百世不刊之典,古圣王不易之匦度也。

读法者,生乎千百世而下,仰读千百世以上之书,务当论其世,友其人⋯⋯

《书》曰:刑罚世轻世重,非以数至则,然彼乘天而出,治者亦何容心于其间耶?孔子曰:听讼吾犹人,必也使无讼?郑侨(郑国子产)铸刑书,孔子诵为惠人,岂无说欤?惜乎世也。鄙之为刀笔之传,薄之为残忍之习,抑之为俗吏之司,泥之为拘牵之具,甚或身膺民牧,职隶司刑,终其职,终其身,终莫别其科条之为鲁鱼亥豕者,是岂学富五车,识攻金石,反目迷乎此而不悟?

⋯⋯律学之不明久矣,时也,亦数也,小人幸,而君子之大不幸也。君子不幸,人心何繇大正,世道何繇大淳,道德仁义何繇大著于天下?是非紊,强弱形,诛赏失,僭乱兴,得毋兵将起而继之欤?兵起则刑暴,刑暴则律亡,是更律之大不幸也。律且不幸,而况乎人乎,而况天下乎,天将奈之何哉?谓非自然之数,自然之气耶。

明(德)生千百世以下,犹幸得读千百世以上之书,而更司其职,因为此惧,昧不自揣,妄以千百世以下之人,仰师千百世以上之心,管窥其义,以辑斯编,抑以旅进贻讥,素餐滋愧。聊不失夫孝子制弹之心,以勿极乎其敝而已,敢云于律实有得乎哉?故序。

在这一写于康熙十三年的长序中,作者事实上对刑法的沿革以及世人轻视律典的原因等作了较为充分的阐述,对普及法律知识以及帮助人们加深对法律的了解起到了积极的作用。

在明清的律学著作中,如高举等刊《明律集解附例》、王肯堂撰《律例笺释》等都载有"例分八字之义",但解释几乎都是一模一样,十分简略。只有《读律佩觿》一书对其作了进一步的阐述,极为详细,也甚为深刻,成为中国古代律学的精华之一。由于原文很长,本文限于篇幅仅录其对八字之义沿革的说明以及比较典型的"以、各"两个字的释文,以明其面貌。

八字广义:

律有以、准、皆、各、其、及、即、若八字,各为分注,冠于律首。标曰:八字之义,相传谓之律母。宋儒苏子瞻(苏轼)曰:读书不读律,致君尧舜终无术。若先贤指示读律之法,又云,必于八字之义,先为会通融贯,而后可与言读法。心窃志之,未敢学也。职以纳言散秩,循俸填补,仰承曹务,愤然如盲,急取八字之义读之,率多言简而意未悉,师心推广,志存乎心,卒未敢逞臆以属笔墨,盖恐有干圣训,贻讥贤士大夫也。

……窃议八字者,五刑之权衡,非五刑之正律也。五刑各有正目,而五刑所属,殆逾三千,中古已然,况末季乎?汉唐而下,世风日薄,人情变态,一如其面。若为上下比罪,条析分隶,虽汗牛充栋,亦不足概舆情之幻变,故于正律之外,复立八字,收属而连贯之。要皆于本条中,合上下以比其罪,庶不致僭乱差忒,惑于师听矣。此前贤制律明义之大旨也。

然即刑书而详别之,正律为体,八字为用,而即八字细味之,则以、准、皆、各四字又为用中之体。其、及、即、若四字更为用中之用。盖引律者,摘取以、准、皆、各四字,固无事乎取用于其、及、即、若;而摘取其、及、即、若四字时,则舍以、准、皆、各,别无所为引断以奏爰书矣。此读律者,断断不容于八字之义,不敬为详审也。

或为八字之用,律载甚备,无容更为拟议,但比类旷观,轻重悬殊,乃并以一字为权衡,得毋非所以明等威示有别欤?曰好恶不嫌同词,春秋之义也。春秋者,无象之刑书也。律也者,威用之麟经也,故其命义同也。

……大清律本注,并故明旧注,备载于前,谬参鄙见,各为截取律例数条,以广其义。凡各律原注所已载者,概不再述以眩观览。一得管窥,未知当否。

以

大清律本注:以者,与真犯同,谓如监守贸易官物,无异真盗,故以枉法论,以盗论,并除名刺字,罪至斩、绞,并全科。

明律旧注:以字有二义,其曰以盗论,以监守自盗论,以枉法论,以常人盗仓库钱粮论,以谋叛论者,恶其迹而深治之也。如厩马律曰:如马拴系不如法,因而伤人者,以过失论,斗殴律曰:因公务急速,而驰骤伤人者,以过失论,则矜其失而轻贷之也。

王肯堂笺释注,同前。

明德谨按:以者,非真犯也。非真犯,而情与真犯同,一如真犯之罪罪之,故曰"以"。乃律中命意,备极斟酌。有由重而轻,先为宽假而用以者。如谋叛条内所附,逃避山泽,不服追唤,此等之人,未叛于君,先叛于所本管之主矣。与叛何异?而律则以谋叛未行论。若拒敌官兵,实有类于反,而律则以谋叛已行论。按其迹,似用以之意极严,而详其实,则实仁爱之至也。有由轻而重,示人以不可犯,而用以者,如私借钱粮条内,凡监临、主守,将官钱粮等物私自借用,或转借与人,虽立有文字,并计赃以监守自盗论。夫立有文字借用,及转借于人,非盗也,乃私自为之,则渐不可长矣。盖监守之人,易于专擅,非重其法,无以示警,故罪非其罪,而以其罪罪之。若以过失杀诸条,则又充类致义之尽,以行其权之妙也。

总之,大义所解,即同真犯四字最妙,以则无所不以矣。然所以者不过律而已。若律外条例,则又不得而概以之。盖律例有后先之分,而"以"为正律中之文,非条例中之文也。读律者,又不可不重为留意。

各

大清律本注:各者,彼此同科此罪。谓如诸色人匠,拨赴内府工作,若不亲自应役,雇人冒名,私自代替及代替之人,各杖一百之类。

故明旧注:各字为义不一。有以人对人为各者,如漏使印信条:当该吏典,对同首领,并承发,各杖八十;有以物对物为各者,如盗卖田宅条:盗卖过田价,并花利,各还官、给主;有以事对事为各者,如厩牧律:放犬、杀伤他人畜产者,各笞四十之类。又如各杖一百从重论,各递减等,各加凡人罪一等,亦俱以人对人为各者也。

王肯堂笺释注,同前。

明德谨按:各者,各从其类,义取乎别也。万类不齐,流品各别,比类而观,实同一致,故用各字以别之。

各字用义多端。有因所犯之事同,其情同,而其人有不同者,则以各字别之。如"选用军职"条内,凡守御处所,千户、百户、镇抚,有阙奏闻选用,若先委人权管,希望实授者,当该官、吏,各杖一百,罢职役充军。……有因所犯之事异,其人异,而其情实同者,则以各字别之。如"无故不朝参公座"条内,凡大小官员,无故在内不朝参,在外不公座,及官吏假满,无故不还职役者,一日笞一十,每三日,加一等,各罪止杖八十,并附过,还职。……亦有所犯之情同事异,情异事同,法无分别、人非齐等、条难共贯,而义实同辜者,则亦以各字别之。如"亲属相奸"条内,奸内外缌麻以上亲,及缌麻以上亲之妻,若妻前夫之女,同母异父姊妹者,各杖一百,徒三年。……更有所犯之事,与人大小攸分,科条不一,而情则无分。或法应累加,而律难该载,或罪无死律,而法应齐等。又或各有科条,而文难复述者,则亦以各字别之(如"谋杀祖父母父母"条内所述各种处刑即属此类)。

四

在《读律佩觿》中,还有对所谓"律眼"的阐述,也是与其他律学著作不同的特色部分。王明德所说的"律眼",实际上是他认为在整个法律体系中比较重要的一些关键词,如例、杂、但、并、依、从、从重论、累减、递减、听减、得减、罪同、同罪、并赃论罪、折半科罪、坐赃致罪、坐赃论、六赃图、收赎等。下面引录作者对其中几个主要关键词的解释。

但

但者,淡也。不必深入其中,只微有沾涉便是。如色之染物,不必煎染浸渍深厚而明切,只微着其所异之濡,则本来面目已失,不复成其本色矣,故曰但。

律义于最大最重处,每用但字以严之。此与文字内所用虚文,作为转语之义者迥别。如"谋反大逆"条内云:凡谋反、谋大逆,但共谋者不分首从,皆凌迟处死。此一条用"但"字之义,是对已行、未行言。盖凡律,皆以已行、未行分轻重。此则不问已行、未行,但系共谋时在场即坐矣,盖所以重阴谋严反逆也。

若"强盗"条内云:凡强盗,而但得财者,不分首从皆斩。此条用"但"字之义,又是对计赃言。盖凡盗皆计赃物等,此则不问同行各盗曾否分赃,及所分之赃各计若干,只于各盗所起赃物中,审明实系事主所失之财为彼等所得者,即极微物件,但系事主之财,是事主之失财有凭,则各盗之行强已实,财为真财,则盗为真盗,强为真强矣。凶念已逞,凶志已遂,则不复再问同行各盗所分赃物之有无。即据此所得失主之一草一木,并赃以定各盗之斩案,故曰"但'。若云彼虽同行,而实未分赃、无赃,何以遂定其罪。今乃以一人所得些须之微物,即以合定多人之重案,得毋过刻而未洽乎情欤? 曰:彼之上盗也,抑曾同行否耶? 如果同行矣,事主失财又真矣,所重在强,固不在赃之多寡及曾否分赃也。夫立斩者,立斩以强,非立斩以赃也。窃盗尚且并赃致罪焉,况强盗乎? 但得即坐,盖所以重民财、严(强律)也。若常人盗等项,各盗条内所云之但得财云云,又系不以过轻而贷之。若其所以亦用"但"字之义,则又对计两加等言。盖即数分数钱,亦各照律以科之,是又所以重仓库,以杜盗萌也。

依

依者,衣也。如人之有衣,大小长短,各依其体。律有条,罪实真犯,一本乎律文以定罪,故曰"依"。

然依字用法有三：如名例内"工乐户及妇人犯罪"条内云：在京工部各色作头,该杂犯死罪无力做工,与侵盗诓骗受财枉法,徒罪以上依律拘役,满日俱革去作头,止当本等匠役。盖作头之艺难以猝成,徒配不过用其力耳。故依拘役之律,而不得依乎正律罪以配发革后之条,其所云依者,舍正律以依例律也。此一义也。又名例内称：凡本条别有罪名,与名例罪不同者,依本条科断。其所云依者,略例律以依本律也。此一义也。又名例内称：本应重罪而犯时不知者,依凡人论之类,其所云依者,原情定律。此经所谓轻重诸罚有权也。此又一义也。

累　　减

累减者,层累而减之,指一人说。盖于犯罪之人,查律例中,凡有应减之条,皆为查明,一一层累而减之,故曰累减。如赵甲、钱乙,同犯窃盗,律分首从,钱乙系为从,应减一等矣。乃知人欲告而自首,又应听减二等。复遇热审,又应减一等。共减四等。又如,官吏犯公罪,失于入者,吏典,减罪人三等,若未决,放,又减一等,若遇热审,又应减一等,共减五等之类。

递　　减

递减者,分等而减之,统众人论。盖因同犯此一事之人,其中名分,实有大小攸分,尊卑各异,以及职掌、统摄、亲疏、贵贱不同,各就名分所在,为之分别轻重而递减之。有自下递减而上者,如名例"同僚犯公罪"条内,凡同僚犯公罪,失于入,吏典,减罪人三等；首领官,减四等；佐贰官,减五等；长官,减六等。又如,刑律"发冢"条内,尊长发卑幼坟冢,开棺见尸首,缌麻,杖一百,徒三年；小功以上卑幼,照服制,各递减一等之类。有自上递减而下者,如名例"同僚犯公罪"条内,上司行事有差误,而下所属依错施行者,各递减上司官吏罪三等之类。有合上下四旁而递减者,如"亲属相盗"律内,凡各居家属,相盗财物,期亲,减凡人五等；大功,减四等；小功,减三等；缌麻,减二等;无服之亲,减一等,并免刺之类。盖照服制以为减,则上下四旁,无所不有矣。

听　　减

听减者,孽非本犯所自作,而减,又非本罪所即减。然犯罪之人,虽无应减之法实有可减之时,故不得以正减加之,特曰听减。听者,待时而动,审听而减之也。如名例律"犯罪共逃"条内,因人连累致罪,而罪人自死者,听减本罪二等之类。此条"因人连累"四字所包广,注中聊举大义曰:如藏匿,引送,资给罪人,及保勘供证不实,或失觉察,关防听使之类。若所云自死,乃非被官刑而死者是。盖罪人已服天刑,则因之连累者,夫亦可以稍宽矣。然自死之事,岂可即遇,故下一听字。听者,听候之听,不可必得之谓。而听,又师听之听,必为详审密查,参合众论,务得罪人自死之情、自死之实,庶乎因之连累者,始可从而减之。故不止命其文曰减本罪二等,而特别之曰听减本罪二等。观于所隶,在"犯罪共逃"条内,则凡罪人在逃,其因之连累者,又未可先为发落,似乎仍当或监候,或保候,以听之矣。否则罪人自死时,又将何法以为之减耶? 谳狱者,其以为然乎? 否乎?

得　　减

得减者,法无可减,为之推情度理,可得而减之。得者,因其不得减而特减之,故曰得减。如嫁娶违律,"主婚媒人罪"条内,期亲以下,余亲主婚者事由主婚,主婚为首,男女为从,得减一等。事由男女,男女为首,主婚为从,得减一等之类。

查婚姻律,嫁娶违律(主婚媒人罪)条内首曰:凡嫁娶违律,若由祖父母、父母、伯叔父母、姑、兄姊、外祖父母并妻之舅主婚者,违律之罪,独坐主婚,男女不坐。次方曰:余亲主婚者,事由主婚,主婚为首,男女为从,得减一等;事由男女,男女为首,主婚为从,得减一等。细为详味,所严全在"余亲"二字。盖祖父母父母等亲,乃礼应主婚之人,男女迫于事尊,不敢违抗,致犯教令,故男女不坐。若余亲,则非必应主婚之人矣，男女可得以礼义陈从违定，故重以首从之分。然毕竟仍系明婚正娶，而非私干礼义，故得减一等。

最后，作者总结道："总之，以上各条收赎之则例虽殊，而要之出乎常法之外者，实准乎情理之中，此径所谓轻重诸法有权也。然各具精义于其中，则又权而不离乎径，而非故为冗错，以眩人心目为也。推此，可以得定例之道矣。愿读律者细为详考焉。毋忽。"

五

与明清时期其他律学著作相比，《读律佩觿》还有一个可贵的方面，就是作者在书中阐述了其读律（律学研究）的方法。这一方法，作者自己将其称为"读律八法"，即"一曰扼要、一曰提纲、一曰寻源、一曰互参、一曰知别、一曰衡心、一曰集义、一曰无我"。下面，就将其中的"互参"和"无我"引录，供读者思考、借鉴。

一曰互参

律义精严，难容冗集复著，故其义意所在，每为互见于各律各条中，即如窝藏强盗，坐家分赃，不系主谋造意、共谋为盗者，止发边卫充军，而不同强盗以立斩，迹而视之，似觉太纵，若其定律之义，则已先著于盗贼窝主正条内之主谋造意，及谋反叛逆条内之隐匿反叛各条矣。又如斗殴律，殴大功以下尊长条内，止及殴杀同堂弟妹、堂侄、侄孙，乃绝不言及从堂伯叔母，及各兄弟妻妾，并各侄与各侄妇、妾，而侄与侄孙，则见于殴期亲尊长条内，从堂伯叔母及各兄弟妻妾，并各卑幼妇、妾，则又见于殴夫亲属条内。若非互参而互证之，将何以致其论断欤？

一曰无我

我之为害，千古一辙，无论庸愚鄙陋，赋性凶残，惟私是营。如赵禹、张汤之属，卒归戮灭。否亦痛遭天谴，自不必言。即秉质温良，慈祥和易,立心于布泽伸恩,一以全活为主脑,亦不免蹈有我之癖。若夫迷惑于浮屠邪教,不问理之是非,惟曰做好事,活得一个是一个,日为记功自负,意为其后必昌者,是又我中寓我,贪鄙迷谬之流。其所谓功德,实乃孽德,非功德也。

功德可自做乎?独不思法乃天下之公,即天子亦不容私所亲。夫贵为天子,尚不敢私其法,况其下焉者乎?慕慈仁之虚誉,轶不易之大公,生者幸矣,彼被其害者,将如之何?何见牛未见羊,而好仁不好学之至耶?屈法市恩,翼强长恶,得谓之慈耶?仁耶?孽不随之并至耶?

若云特普全活,实居盛事,则汤之为汤,当并四面而尽解之矣,何为仍留一面曰:不用命者,始入吾网。律之为律,同于一面空悬,以待不用命之徒,一如上天悬象,风雨露雷,因时而降,栽者培而倾者覆,何有于私,彼自投于法之中,我何容宽于法之外,执而断之,以警乎众。

如曰功德,未必非命世大功德也,于公(西汉廷尉于定国之父)后嗣昌,高大门闾,乃自信其断狱无冤民,岂止自信乎?全活多,不准,夫情法之平,一以功德为主念耶?倘谓活得一个是一个,其言最为至善,是四凶可不罪,防风可不戮,管蔡少正可不诛,而典刑象魏,可并为不设矣。夫何以四凶罪,而天下服;后至戮,而四海同;罪人得,两观诛,而周室安,鲁国其大治耶?信如浮屠功德之言,一以曲活为好事,将四裔之投为大残,涂山之戮为大刻,东山之斧为不弟,两亲之诛为不仁,何残忍刻薄,不弟不仁,皆尽出于古圣先贤,反瞠焉于彼为不若欤?

宣尼之哀矜勿喜,即释氏之大慈大悲,如佛果尽为救济,则并无所谓地狱矣。彼习浮屠者,何为复设地狱邪说以惑人,岂佛氏于此,亦将有心择取,或为有救有不救耶?未知惑其教者,又将何以为解也。

殊不知圣贤立教,惟有一中。中,则洞洞空空,不偏不倚,何有于功德。倘意见微有执着,虽公亦私,难免乎有我矣。有我之念横眩于胸,将未见刑书,即目为俗吏之司,残忍之习,未及展卷,先已柄凿其不相入。一旦身膺民寄,位列台辅,其何以定大狱而决大理,辅圣治而熙万姓哉? 愚恐其寄权左右,授柄积胥,冤集祸从,积久发暴,身且为累,况望后嗣其昌乎。故曰:读法必先于无我。

从《读律佩觿》上述特点,我们可以得知其在我国古代法学史上之地位,即该书既是一部对律文条例的注释书,又是一部论说性质的专著。它是明清律学(理论研究)发展过程中的一个高潮,突破以往仅仅对律文、条例进行注释的框框,变革了以往律例注释书的结构和体系,具有鲜明的创新特色。该书开启了以后薛允升、沈家本的集大成式的律学研究著作的体例,为我国封建社会后期律学的发展作出了突出的贡献。

《大清律辑注》：
清代律学的权威之作*

在清代早期的律学著作中，为清中叶以后学者引用最多且最具权威者，是清初著名律学家沈之奇所撰《大清律辑注》一书。

一

关于《大清律辑注》一书的作者，我们所知甚少，只知道他是"秀水沈之奇"。而沈之奇的事迹，在《清史稿》《清碑传》以及《中国人名大辞典》（臧励龢等编，商务印书馆1921年版）等中均无记载。秀水在明清时期属嘉兴府管辖，笔者查阅了若干《嘉兴府志》，当中也没有沈之奇的记录。所以，关于沈之奇的事迹，只能在今后继续考察了。

《大清律辑注》一书现已极为少见。《清史稿·艺文志》、孙祖基撰《中国历代法家著述考》中，均未提及此书，说明在编《清史稿》和《中国历代法家著述考》（民国初年）时，编著者未见到此书。张伟仁的《中国法制史书目》也未提到此书，说明其在我国台湾地区也无藏本。

---

　　* 本部分内容曾发表于《中国法学》1999年第6期，原题为《清代律学的权威之作——沈之奇撰〈大清律辑注〉评析》，收入本书时略有改动。

在国外,日本东京大学东洋文化研究所图书馆所藏大木干一收集的"大木文库"中,也没有《大清律辑注》一书,但收有沈之奇作注的《大清律集解附例》(三十卷,首一卷)二套,一套系康熙五十四年所刊,另一套则为乾隆二十年所刊(由洪弘绪增订)。① 这两套是否就是《大清律辑注》的另一种名称或版本,因笔者当时(1994 年 8 月)查阅时没有将其翻拍复制下来而无法肯定。但有两个证据显示,这两套书应是《大清律辑注》的另一种名称。一是康熙五十四年刊的《大清律集解附例》中沈之奇的序写于该年,而《大清律辑注》的序也是写于康熙五十四年,当时的学者不太可能一年出两大部三十卷的律学著作。二是在《大清律辑注》的每一页书眉上,虽写的是"大清律辑注",但在正文中,每卷首页,标的都是"大清律集解附例卷之一,卷之二……"。

在大陆,《中国古籍善本书目》对《大清律辑注》一书并无记载,国家图书馆和上海图书馆等处也没有找到此书。笔者最后是在曾任中国政法大学图书馆馆长的曾尔恕教授的帮助下,在该校图书馆见到了此书。中国政法大学图书馆现存《大清律辑注》在国内可能系一孤本,且是足本。每页面幅为 22.8×14cm,共九行,每行十八字(正文中因分上下栏,故字数有所出入)。② 其结构体系如下:

御制大清律序(顺治三年五月　日)

内翰林国史院掌院事大学士刚林等的进大清律奏文(未署日期)

太子太保文华殿大学士管刑部尚书事对哈纳等人的翻译校正奏文(康熙九年十二月十二日)

巡抚山东等处地方都察院右副都御史虞山蒋陈锡的叙(康熙岁次乙未)

沈之奇所作的凡例(康熙五十四年春二月)

大清律总目(四百五十八条)

---

① 参见田涛编译:《日本国大木干一所藏·中国法学古籍书目》,法律出版社 1991 年版,第 137 页。

② 据中国政法大学法律古籍整理研究所刘广安教授告知,北京大学出版社曾影印出版过《大清律辑注》一书,另据"中国传统律学丛书"主编怀效锋教授告知,《大清律辑注》已被收入该丛书之中,后该点校本于 2000 年由法律出版社出版。

例分八字之义

五刑之图

狱具之图

丧服总图

本宗九族五服正服之图(附文字说明)

妻为夫族服图(附文字说明)

妾为家长族服之图(附文字说明)

出嫁女为本宗降服之图(附文字说明)

外亲服图(附文字说明)

妻亲服图(附文字说明)

三父八母服图(附文字说明)

大清律集解名例·服制

附六赃图(附文字说明)

附纳赎例图(在京者。附文字说明)

附在外纳赎诸例图(附文字说明)

附限内老疾收赎图(附文字说明)

附诬轻为重收赎图(附文字说明)

(正文)大清律集解附例卷之一　秀水太学生臣沈之奇辑注

……

在正文中,《大清律辑注》共对 458 条律文、448 条条例作了融理论与实务为一体的详尽的诠释。

《大清律辑注》对大清律例的阐述,主要是通过下栏(主体部门)对律文的逐字逐句注解并附以相关的条例来实现的。比如,对"户律·田宅·欺隐田粮"条,下栏是这么叙述的:

　　(律文)凡欺隐田粮(小字注〈以下凡圆括号内文字,均为小字注;小括号内文字系笔者所加〉:全不报户入册)脱漏版籍者(一应钱粮俱被埋没矣。计所隐之田),一亩至五亩,笞四十,每五亩加一等,罪止杖一百。其(脱漏之)田入官,所隐税粮依(亩数、额数、年数总约其)数征纳。

若将(版籍上自己)田土移丘(方圆成丘)换段(丘中所分区段)挪移(起科)等则,以高作下,减瞒粮额及诡寄田粮①(诡寄,谓诡寄于役过年分并应免入户册籍),影射②(脱免自己之)差役,并受寄者,罪亦如之(如欺隐田粮之类)。其(减额诡寄之)田改正(丘段)收归本户起科当差。

里长知而不举,与犯人同罪。其还乡复业人民丁力少而旧田多者,听从尽力耕种,报官入籍,计田纳粮当差。若多余占田而荒芜者,三亩至十亩,笞三十,每十亩加一等,罪止杖八十,其田入官。若丁力多而旧田少者,告官,于附近荒田内验力拨付耕种。

(辑注)欲作隐瞒之弊,必有奸欺之情。故曰欺隐。欺隐田粮,脱漏版籍,二句是一事,当串讲。田粮之额,载于版籍,必脱漏而后得欺瞒,脱漏即欺瞒之事也。计隐漏之多寡论罪,一亩至五亩,笞四十,至三十五亩之上,罪止杖一百。其田入官,所隐税粮,自隐漏之年起,算至发觉之年止,计若干年,依所隐亩数,应征额数,按年总科,追征完纳。

夫有田则必有粮,有粮则必有差役。因田起科者,不止一项,故注曰:一应钱粮也。然追征隐粮者,止征税粮,不及别顶差役。

方圆一区曰丘,丘中分界曰段。移换,谓改易原定之册,非田可移换也。等则者,田粮之额有高有下也。移丘换段四句是一事,亦串讲。移换丘段,而等则亦便挪移。盖田之等则,高者粮重,下者粮轻,以高作下,避重就轻,粮额为所隐瞒而减去矣。

将自己田粮暗挂于他人名下,曰诡寄。诡寄田粮隐(疑"影"字之误)射差役二句是一事,亦串讲。惟欲影射,始行诡寄也。差役皆出于田粮,若将田粮诡寄于应免差役之人,与当过差役之户,则差役为所影射。而脱免矣。凡减瞒及诡寄,并受寄者,亦论如欺隐之罪。然欺隐则全不纳粮当差者也。减瞒者犹纳粮当差,而不及数额者也。诡寄者犹纳粮而不当差者也。故欺隐之田入官,而减瞒诡寄,虽与同

---

① 诡寄田粮:将自己的田地暗挂在他人名下,以逃漏赋税。
② 影射:蒙混、弄虚作假。

罪,其田则不入官,但为改正收科当差而已。其减瞒过粮额,影射过差役,律不言应免追征,解者谓仍当尽法征收入官,非也。此二项田不入官,原轻于欺隐,重则俱重,轻者俱轻,律之体例也。况欺隐者,止征税粮,不及差役,亦有免征之例也。

里长知而不举,与犯人同罪,总承上二节言,谓明知欺隐、减瞒、诡寄等情也。

复业者,原系本人之业,先因逃移荒弃,今复还乡,理其旧业,故其田曰旧田也。丁力少而旧田多,则尽其耕种。若因旧田多余,不自量力,妄有占护,以致不能耕种而荒芜者,二亩以下免罪,三亩以上,按亩论罪,起于笞三十,至六十亩之上,罪止杖八十。其田入官,另招耕种,不使有荒弃之地也。若丁力多而旧田少,则拨给附近荒田,不使有旷业之人也。

条例:

一、凡宗室置买田产,恃强不纳差粮者,有司查实,将管庄人等问罪,仍计算应纳差粮多寡抵扣禄米。若有司阿纵不举者,听抚按官参奏重治。

二、将自己田地移丘换段诡寄他人,及洒派(分散摊派)等项事发到官,全家抄没。若不如此,靠损小民。

三、官田起科,每亩五升三合五勺,民田每亩三升三合五勺。重租田每亩八升五合五勺。芦地每亩五合三勺四抄。草塌地每亩三合一勺。没官田每亩一斗二升。

四、各处奸顽之徒,将田地诡寄他人名下者,许受寄之家首告,就赏为业。

三

除了下栏之外,《大清律辑注》还专设上栏,对下栏的律文、注解和条例等作进一步阐述。这种阐述,主要分为六个方面。

第一,对下栏内律文、条例中名词的解释。

比如,下栏在对"户律·课程·盐法"条作注解时,引律文:"凡管理盐务,及有巡缉私盐之责文武各衙门,巡获私盐,即发有司归勘。(原获)各衙门不许擅问。若有司官吏通同(原获各衙门)脱放者,与犯人同罪。受财者,计赃,以枉法从(其罪之)重论"后,注解道:"守御官司,谓各衙所守御地方之军官也。守御官及盐运巡检各衙门,皆有巡捕之责,而非勘问之司,若有巡获私盐,即将人盐发所在府州县有司官归并勘问,守御等各衙门不许擅自推问。若已发勘之后,有司官吏通同守御等各衙门脱放盐犯者,并与犯人同罪。若因受财而脱放者,各计入己之赃,以枉法从重论,赃罪重从枉法,轻则仍科同罪"。然后,在上栏中,进一步对下栏律文和注解中的"归勘"这一名词作出解释:

> 归勘者,谓有司有地方之责,私盐虽由守御等衙门巡获,而所在有司与有责焉,故曰"归勘"。原获衙门不许擅问者,恐其贪捕获之功,而滥及无辜也。若各衙门不发有司而擅问者,依违制同罪,同首节私盐杖一百,徒三年。

又如,在"兵律·宫卫·太庙门擅入"条中,作者先引律文:"凡(无故)擅入太庙门及山陵兆域门者,杖一百。太社门,杖九十。(但至阈外)未过门限者,各减一等。守卫官故纵者,各与犯人同罪。失觉察者,减三等"。而后进行注解:"太庙山陵,皆尊严禁地,太社次之,设有守卫,无故不得入者也。若擅入而越过门限者,太庙及山陵兆域门,杖一百;太社门,杖九十。若虽至门而未过门限者,各减一等,陵庙杖九十,太社杖八十。守卫故纵,各与已、未过门限犯人同罪。失于觉察者,减故纵罪三等。"随后,在上栏中,作者对上述内容中的"太庙""山陵""太社"等概念作出了说明:

> 太,大也;庙,貌也。宗庙之制,三昭三穆,太祖居中,故曰太庙。山陵,谓如山如陵也。兆,即山陵之地,周围于兆为茔;域,茔界也。茔界之前有殿。兆域门,即殿门也。太社,天子之社也。在太庙右,即社稷坛。天子为百神之主,故左宗庙而右社庙。各减一等"各"

字,指陵庙与太社二项言;各与同罪"各"字,指已、未过门限言。如失察入陵庙,减三等,杖七十;未过门限,通减四等,杖六十。失察入太社,通减四等,杖六十;未过门限,通减五等,笞五十,所谓得累减也。名例擅入皇城宫殿者,罪无首从,既同擅入,何首从之有,此擅入者亦同。

第二,对下栏律文和注解中的文化背景和历史典故作出解释。

如在卷之二"吏律·职制"篇前,下栏引了律文和注解,而在上栏则对"职制"篇的来历作了说明:"晋有违制律,隋改为职制,谓职司法制,备载于内也。唐、宋、元、明相沿,仍以职制名篇。国朝以其前后体例不伦,易官员袭荫一条为首,又移入公式内信牌一条。"

又如,在卷之十八"刑律·贼盗"篇之前,在下栏引律文和注解的同时,在上栏也对贼盗篇的沿革作了说明:"按:李悝《法经》有盗法、贼法之篇,汉魏皆分贼律盗律,后周有劫盗律、贼叛律,隋合为贼盗律。唐、宋、元、明至今,虽有损益,而篇名不改。"

再如,在卷之八"户律·课程·监临势要中盐"条中,作者先引律文:"凡监临(盐法)官吏诡(立伪)名,及(内外)权势之人,中纳钱粮(于各仓库)请买盐引勘合(支领官盐货卖)侵夺民利者,杖一百,徒三年,盐货入官(盐引勘合追缴)"。而后,在上栏重点对"中纳"的来历作出说明:"按:宋朝以用兵乏馈饷,初令商人输刍粟子塞下,继听输粟京师,皆优其直而给以盐,谓之折中,此'中纳'之名所由始也。今惟办课纳引,而犹仍中盐之名。监临专管盐法,必不自己出名中盐,故须诡作姓名,而权势非管盐之人,故不言诡也。"

第三,对下栏律文中的律意作出进一步的说明。

如在"户律·课程·盐法"条释文中,作者先引律文:"凡妇人有犯私盐,若夫在家,或子知情,罪坐夫男。其虽有夫而远出,或有子幼弱,罪坐本妇(决杖一百,余罪收赎)"后,注解道:"凡妇人有犯私盐者,若本夫在家,则罪坐其夫。若无夫,或夫不在家,而子知情,则罪坐其子。夫曰在家,则虽不知情亦坐矣。子曰知情,则不知者不坐矣。夫远出,则妇人得以专制,子幼弱,则知犹不知也。故罪坐本妇,决杖一百,收赎所余徒罪。"然后，在上栏中，进一步对这一段律文和注解作出解释："妇人之义，夫在从夫，夫死从子，故罪坐夫男。夫得专制其妻，既在家，则不应有不知情者，故不分知不知皆坐也。子虽不得专制其母，然知情而不谏阻，犹身自犯之矣。故知情则坐，不知不坐也。"

又如，在对"户律·田宅·检踏灾伤"条作解释时，作者也是按照下栏引律文、作注解、上栏作补充说明的模式展开长篇论述的：

（下栏）

（律文）凡部内有水旱霜雹及（飞者曰）蝗（走者曰）蝻为害，一应灾伤，（应减免之）田粮，有司官吏应准告，而不即受理申报（上司亲行）检踏，及本管上司不与委官复踏者，各杖八十。若初复检踏（有司承委）官吏，不行亲诣田历及虽诣田所不为用心从实检踏，止凭里长、甲首朦胧供报，中间以熟作荒，以荒作熟，增减分数，通同作弊，瞒官害民者，各杖一百，罢职役不叙。若致（有灾伤当免而征，曰枉征；无灾伤当征而免，曰枉免）枉有所征免，粮数计赃，重者坐赃论（枉有所征免粮数，自奏准后发觉，谓之赃，故罪重于杖一百，并坐赃论）。里长、甲首各与同罪。受财（官吏、里长受财检踏开报不实，以致枉有征免）者，并计赃以枉法从重论。

其检踏官吏及里长、甲首（原未受财，止）失于关防，致（使荒熟分数）有不实者，计（不实之）田十亩以下免罪，十亩以上至二十亩，笞二十，每二十亩加一等，罪止杖八十（官吏系公罪，俱纳赎还职役）。

若人户将成熟田地移丘换段，冒告灾伤者，（计所冒之田）一亩至五亩，笞四十，每五亩加一等，罪止杖一百。（其冒免之田）合纳税粮依（额）数追征入官。

（注解）灾伤，民害之至大者，被灾田粮，例应减免。所部之民，陈告有司官吏，即当一面准受申报，一面亲诣检踏。上司闻报，即与委官复踏，所以急民事也。若有司将所告应准灾伤，不即受理申报检踏，则罪在有司。已申而上司不与委踏，则罪在上司，各杖八十。

若有司初踏，委官复踏，不亲诣及不用心，止凭里甲朦胧供报，中间无灾之熟田，反报为荒；被灾之荒田，反报为熟，与增减其成灾分数通同作弊、瞒蔽上司之官，致害灾伤之民者，有司及承委官吏，各杖一百，罢职役不叙。因检踏荒熟不实，增减分数，若致荒者应免而反枉征，熟者应征而反枉免，增者有枉免分数，减者有枉征分数，将枉征枉免之粮数，照坐赃计之。重于杖一百者，坐赃论，里甲亦同杖一百及坐赃之罪，受财者并计赃，以枉法与杖一百坐赃罪从重论。

其初复检踏官吏、里甲，非系有心瞒官害民通同作弊，止因失于关防觉察，误凭人户捏报，而致所勘荒熟有不实者，十亩以下免罪，十亩以上至二十亩笞二十，加等至一百四十亩之上，罪止杖八十。

若人户将无灾伤熟田，移换作灾伤丘段，诈冒陈告者，一亩至五亩笞四十，加等至三十五亩之上，罪止杖一百，合纳税粮，依数追征入官。

条例：天上有司，凡遇岁饥，先发仓廪赈贷，然后具奏请。

（上栏说明）

报灾限期、勘灾蠲免等皆有新例。

夏灾不过五月，秋灾不过九月，被灾四分以下不免，五六分灾免一分，七八分灾免二分，九十分灾免三分，此今之定例。

此条也勘灾之通例。

曰水旱霜雹蝗蝻为害，则灾伤尽矣。一应字连下灾伤田粮读，谓凡被灾伤，不论何等田粮也。诸解将"一应字"亦指灾伤言，谓六伤之外，如大风非时雨雪之类，可笑！有司不准报检踏，上司不委踏，是迟慢之罪；初复检踏不实，是欺瞒之罪。皆无恤民之心。而欺瞒情重，故加罪二等，并罢职役。增减分数，如被灾五分，而增为十分，则枉免五分田粮矣。如被灾十分而减为五分，则枉征五分田粮矣。

官吏虽与里甲通同，然枉者在官，枉免者在民，未有入己之赃也。坐赃者，本无受赃而以赃坐之，故引以科枉征免之罪。征者免者，皆虚赃也。受财而瞒官害民故坐枉法，坐赃则通算征免之数，受财则各论入己之赃也。

后冒告灾伤者，仍追税粮，以原系合纳者也。此枉征免者律无文,里甲供报不实,官吏通同作弊,与民无与也,岂得枉免者不追,枉征者不还乎。如受财者,必有以财行求之人,始以熟作荒而为之枉免;又必有索财不遂之人,始以荒作熟而加以枉征。若不追不还,则奸民受枉免之利,贫民受枉征之害矣。盖此止论官吏、里甲之罪,而以财行求,自有本法,枉免者当追征,枉征者当给还,不待言也。失于关防,是知虑不及,无心之过,故轻之。

第四,对各家律学著作的观点作出分析,提出自己的观点。

如在理解"户律·婚姻·居丧嫁娶"条关于"凡(男女)居父母及(妻妾居)夫丧而身自(主婚)嫁娶者,杖一百……若居父母舅姑及夫丧而与应嫁娶人主婚者,杖八十"的内容时,沈之奇在上栏指出:

> 首节言身自嫁娶之罪,次节言为人主婚之罪。身自云者,谓嫁夫娶妻,即居丧男女之本身,所以别于为人主婚者,非谓不由主婚之人,男女身自主婚也。《笺释》云:"非奉主婚之命,故罪之。"其解甚谬。按末后嫁娶违律条开载独坐主婚,及主婚男女首从法甚明,各条皆以为例,不复分出主婚男女者,以有此例也。何于居丧嫁娶之事,独言男女之罪,而不及主婚者耶?如居母丧,而父主婚,居父母、夫丧,祖父母等主婚,又如男女被主婚人威逼,事不由己,若男年二十以下,及在室之女,且应独坐主婚矣。

> 《琐言》曰:"此不言妇居舅姑丧恐有夫已先亡,舅姑并殁,无所依归,势不能存立者,听其改嫁,故律无禁。若居夫丧,自与舅姑不同,夫为妻纲,虽穷饿而死,犹当终丧,闻为夫死节矣。未闻为舅姑死也。"此说亦未尽是。妇人义当从夫,夫之父母,即其父母也。观下节为人主婚者,父母舅姑夫丧并言,居舅姑之丧,且不得为主婚人,况身自改嫁乎?以此推之,当照父母丧同科。或有如《琐言》所云,势不能自立者,当原其情。然不可执以为法也。

这里,《大清律辑注》上栏在阐述作者自己对律文的理解的同时,对明代两部著名的律学著作即王肯堂《律例笺释》和雷梦麟的《读律琐言》的观点提出了不同的看法,并作了分析和批判。

第五,对下栏律文中的注,作出进一步的说明。

如"户律·钱债·违禁取利"条中,在律文"若准折人妻妾子女者,杖一百"后,有注曰:"奸占即从和奸论"。但读者光看到这一句尚不能对律文有理解,故作者在上栏中进一步对该注作出说明:"注曰:奸占即从和奸论。谓准折非同强夺,有奸亦系和同也。但本律准折即杖一百,而和奸止杖八十,俟考。"

第六,对下栏中的律文和条例的关系作出说明。

如在"户律·田宅·欺隐田粮"条中,作者在上栏中首先指出:"隐匿地亩有新例",告诉读者在适用这条律文时,可以参考新的条例。在阐述了对该条律文的内容的理解,并引条例说明如果"宗室置买田产恃强不纳差粮者"应问罪后,作者在上栏对该条例加注:"此问罪,应比照后功臣田土律"。这样,就使读者对该条的律、条例的关系有了比较清楚的认识。

四

除了注解详尽,对条例本身也作出解释说明(明清律学著作中,对条例本身进行注解的极为罕见),内容博大精深之外,《大清律辑注》还具有如下三个特点。

首先,在法学世界观方面,《大清律辑注》具有朴素的唯物主义思想。比如,在解释"礼律·仪制·丧葬"条关于"凡有丧之家,必须依礼安葬,若惑于风水及托故停柩在家,经年暴露不葬者,杖八十"时,作者阐述道:"风水之说起自后代,本谬妄不足信。乃将所亲已朽之骨,博儿孙未来之福,以致等候年久,暴露不葬,最是不孝之大者。"

这里,作者既强调儒家的孝道,更指出了风水之说的荒谬,以及以尊亲属的"朽骨"来寄托儿孙的"未来之福"的愚蠢,表现了其强烈的唯物主义的倾向。

其次,《大清律辑注》不仅仅是一部一般的律例注释书,或司法实务的指南,同时也是一部探讨法律基础理论的法理学作品,作者对许多法学基本理论问题,都发表了自己的见解。比如,在"刑律·杂犯·嘱托公事"条中,作者解释"官吏以故出入人罪论,若为他人及亲属嘱托者,减官吏罪三等"时,对什么是法作了阐述:"法,本直也,而欲求其偏曲,故为嘱托。嘱托者,私言也,若不求曲法,何用私言?倘因官吏见之不明,处之不当,或以朋友之谊,从中匡正;或以亲戚之枉,为之关白。虽曰非分,实为公言,不得谓之嘱托矣。于嘱托上加曲法二字,则不曲法者勿论可知矣。"

这里,作者一方面阐述了法的本意是公平、正直,另一方面也阐述了执法必须公正,不得以私情曲法,以及嘱托曲法与为纠正朋友、亲戚之冤枉所作辩白的区别。

再次,《大清律辑注》一书最为可贵的是,在博采各家注释时,不是一味的盲从,而是全面分析、深入比较,最后提出自己的见解(这在其他明清律学著作中是很少能见到的)。比如,在解释"名例律·徒流人在道会赦"条时,作者先引《笺释》的注解:"逃所身死之家口,本不在听还之例,以遇赦故愿还者听。"然后针锋相对地提出:"非也。按流囚家属,流徒人身死,家口虽经附籍,愿还者听,夫徒犯不佥妻室,流犯止妻妾从之,从行之家口,皆无罪之人也。正犯在则从之,死者听还,不待赦也。今正犯在逃,遇赦不放,则家口自当从之,已死亦当听还。家口之还不还,在正犯之死不死,逃虽不赦,死应弗论。死于逃所,与死于配所一也。若如《笺释》所云,则正犯但多一逃,虽已身死,而家口若不遇赦,即终不得还矣,岂律意哉?本律盖谓在逃者遇赦不放而身死,则其家口自依流囚家属本法,愿还者听,虽蒙在道会赦而言,实指流囚家属之律。不可以词害意也。"

又如,在解释"户律·田宅·盗卖田宅"条律文"凡盗卖换易及冒认,若虚钱实契典卖及侵占他人田宅者,田一亩、屋一间以下,笞五十,每田五亩、屋三间加一等,罪止杖八十,徒二年,系官者各加二等"时,对在这条律文注释中的其他律学著作的观点作了评述:

> 按:《琐言》曰:田宅言侵占而不言强占,设有用强霸占显迹者,当依强占山场等项律。《笺释》亦云。《管见》曰:山场言强而不言侵

占，设有侵占者，亦当比侵占田宅律。读法谓两节之义互见，有犯当互比。

夫田宅不言强占，山场等类不言盗卖诸项，诚为未备，若互比科断，亦当斟酌。盖山场等类，地利广博，在官在民，原有管业之主，非大势力者，不能占而据之，故独著强占之罪。要知律虽不言多寡之数，而所指山场等类，必非些少之处，微薄之利也。若强占田宅者，情事虽同，仍当因其轻重权衡断之。后附条例，用强占种屯田五十亩以上，不纳子粒者，军发边卫，民发边外。若不满数，照常发落。屯田即官田也，必至五十亩以上不纳子粒者，方发边外。例定在后，大概皆重于律，尚犹如此，而强占田宅者，犹纳粮当差者也，岂可不分多寡，一概比照？假如强占人地一亩、屋一间以下，即坐以杖一百，流三千里重罪乎？至于盗卖换易冒认侵占山场等类者，亦难概照田宅之律，盖天地自然之利，虽有官民管业，终与田宅不同，且不能计亩科断也。《据会》云，其无强者，不过盗取其利，当依盗论。《笺释》云，当随事酌处。诸解亦俱有见，但不可泥定耳。

这里，作者提出了山场与田宅的不同，指出《律例笺释》《读律琐言》和《据会》（即《刑书据会》，明代彭时弼撰）等诸法律注释书的解释所存在的问题，并提出了自己的看法。

五

《大清律辑注》一书出版后，受到了清代律学家的好评。在薛允升的《唐明律合编》和《读例存疑》中，对其引用率是相当高的。另外，无论从形式还是内容来看，在明清律学著作中，该书都是比较完善的，解释律文比较全面、详细，所附条例比较丰富，对各家律例注释书的分析比较也非常深入。因此，在总结中国古代法学成果时，对该书作一较为充分的介绍和评述，是完全应当的。

《提牢备考》：
中国第一部监狱学著作[*]

　　赵舒翘所撰《提牢备考》一书,系收集整理清王朝建政以后有关监狱管理的条例、章程以及重要狱务的处理方法等编纂而成的一部著作,是中国历史上第一部关于监狱学的专著,也是明清律学的重要作品之一。

　　现存《提牢备考》一书,是光绪年间刻本。据作者自序得知,此书刊刻于光绪十一年乙酉(1885年)。从扉页上刻有"提牢备考板寄存律例馆"字样推测,刊刻此书者应是当时的律例馆,或由律例馆主持。笔者所据《提牢备考》即系此刻本,现存上海社会科学院图书馆。① 在修改时,笔者还参考了张秀夫主编的《提牢备考译注》(法律出版社1997年版)一书。②

　　关于《提牢备考》一书作者赵舒翘的生平,《清史稿·赵舒翘传》有记载,即:"赵舒翘字展如,陕西长安人。同治十三年(1874年)进士,授刑部主事,迁员外郎……居刑曹十年,多所纂定,其议服制及妇女离异诸条,能

---

　　* 本部分内容曾发表于《法学》1999年第7期,原题为《中国第一部监狱学著作:赵舒翘撰〈提牢备考〉评析》,收入本书时略有改动。

　　① 虽然《清史稿·艺文志》刊载了《提牢备考》一书,但起先笔者并未意识到它的学术价值,后因华东政法大学法律古籍整理研究所洪丕谟教授的一再推荐,笔者才加以重视。借发表之际,谨向洪教授表示诚挚的谢意。

　　② 笔者本已与洪丕谟教授商量好,准备点校《提牢备考》一书。后从怀效锋教授处得知此书已出译注本,遂与法律出版社联系,蒙杨克主任惠赠一册,得以在修改本文时作为参考。

傅古义,为时所诵……(后迁浙江布政使、江苏巡抚。光绪二十一年)改订《日本条约》,牒请总署重民生,所言皆切中。是时朝廷矜慎庶狱,以舒翘谙律令,如为刑部左侍郎。二十四年,晋尚书,督办矿务、铁路,明年,命入总理各国事务衙门,充军机大臣。"八国联军攻入北京之后,受义和团攻打外国使馆之事牵连,被赐死。

《提牢备考》一书的主要内容,包括狱政管理的三个方面,一是对监狱管理人员的管理,二是对囚犯的管理,三是对监狱设施以及监狱监管安全方面的管理。其结构体系大体为:作者自叙;提牢备考目录;卷一,囚粮考,主要涉及囚粮的领取和发放,老米、细米、粟米等的比例,饭和粥的搭配,煮饭用煤的使用等;卷二,条例考,涉及内监、外监和女监,狱卒的职业道德、纪律以及违法乱纪的处罚,女、老、幼、病囚的管理,监狱设施的维修以及狱具的管理,各类囚犯的待遇等;卷三,章程考,有领米事宜单,提牢厅各项事宜,本部南北两监酌定防范事宜,计开稽查南北两监事宜十条,两监外围弁兵条规,立秋后待质各犯名章程等;卷四,杂事考,收录了"合肥李玉泉先生(文案)贯垣(书斋名)纪事诗"(主要内容是记叙出任提牢一年中的感触,以"记名拟正""报满题补""贯署轮班""月稿呈看"等五十三题为纲,作七绝诗五十三首①),司狱王樊堂所作"咏李玉泉先生为提牢诗"(共六首)②,溧水濮公青士提牢琐记,《祥刑古鉴》数则,杨忠愍公狱中手植榆树记,阿公祠碑,阳明(王守仁)先生提牢厅壁题名记,重修提牢厅司狱司记,赵舒翘所作的跋等。③

关于《提牢备考》一书的编写目的,赵舒翘的自叙讲得很清楚,即:

---

① 其中,有些诗前有一两句说明词,如"冰块销炎"一首全文为:"(说明)夏间,备监例给冰一块。(七绝诗)炎炎长日如火,况复圜扉不透风,但得清凉冰一片,拯他涸辙鲋鱼穷。"有些就是一首七绝诗,无说明词。如"释囚发落"为:"但得无干蒙省释,已如困鸟出樊笼,况教送府送兵部,肃肃长征咏泽鸿。"

② 王樊堂的诗和说明也很感人,现录一首:"一汤一饭浅深量,是否堪餐每自尝,甘苦可推军十万,狱中留得姓名香——每囚日给米八合,工部颁发铜勺,每饭一勺。先生(即李玉泉)散饭必期勺满,生熟亲尝之,囚徒感焉(赵舒翘按:囚米例给一升,今日给一斤,此云八合,俟考)。"

③ 前引张秀夫主编《提牢备考译注》一书的体系与此略有不同,即赵舒翘的"跋"插在"杨忠愍公狱中手植榆树记"之前。

刑部提牢一职,管理南北两监,事繁责重,称难治焉。己卯年八月间,堂宪派翘提牢拟陪自念以孤寒杂厕曹末,忽蒙上官谬加赏识,惧弗胜任,贻阽越差。自此益懔懔。

或曰:"提牢处分綦重,汝无加级,一有磋跌,即失官矣。盍损一级,以备意外。"

翘又念今得此任,本属意想不到,若应失官,则是天为之也! 即有一级何益? 况欲捐级,必须借鉴贷,失官后岂不更增一累。似不如就职分当尽者,黾诚臻慎。以结天知,或可无事也。

尔进居心如是,行险徼幸之讥固不能免。然一年之内,考校此中情弊,亦微有得焉。谨就浅见所及,胪著于册。非敢云旧政必告也。聊以备后任君子采择云尔。

从现在的目光来看,《提牢备考》一书当然是很粗浅的,只包括有关监狱管理的过程、内容、作者的体会,以及有关监狱管理的条例和章程。关于监狱生活的各种杂记汇总在一起,在理论体系和原则、概念等的阐述上,都未能深入展开。但作为中国历史上第一本专门探讨监狱法的作品,《提牢备考》一书仍然具有重要的理论和实践价值。

第一,阐述了一系列狱政管理的基本思想。比如,将监狱管理工作视为司法实务工作的重要环节之一的思想;严禁克扣囚犯的衣服、口粮、蔬菜、药品,确保其基本生活的思想;严禁杀伤、拷讯、虐待囚犯,强调体恤囚犯的思想;严禁狱卒受贿、与囚犯相勾结,营私舞弊,危害国家利益和侵害其他囚犯的治吏思想;强调对老、幼、女囚以及病囚应加关怀体贴的人道主义思想;强调保证已结案犯人之家属每月两次探监的基本权利的思想,等等。这些思想,即使是现在也仍然具有积极的参考价值。

第二,提出一系列实践性很强并极具操作性的经验和做法。比如,除将余米换成白面、绿豆、小米等既改善囚犯的伙食又不增加国家的经济负担的做法之外,作者还提出一系列好的经验和做法。如在解决放过饭以后又关进来的新囚犯的吃饭问题上,作者指出:

步军统领衙门及五城送部人犯,先在司务厅打到,归当月司验收。迨交到(提牢)厅,每在放晚饭以后。各犯于未送部之先,多已羁饿数日,今又过时不获领饭,情殊堪悯。道光年间,李玉泉先生任提牢时,曾捐粥以待饭后人犯。仁人用心,实为周到。后因定立章程,日以余米数斤煮饭,散给饭后(新送来之)人犯,此法日久不行。推原其故,无非因饭后所收人犯,数目不能预知,或连日无一收者,或一日收一二名,或一日收十余名。所煮饭,非有余,即不足。甚至饭头将溲败之余饭,潜搅于次日大锅饭内,诸多未便,故止不行。然虑小而失大,因噎而废食,究属未妥。翘思得一简便良法,每日饬买馒首数斤,遇有收到人犯,于在堂抽签时,每名给与半斤,令其即食,不必另筹煤与水,犯已实惠均沾。即使是日无一收者,亦不至如饭之易败也。行之终年,计用银二十五两有奇,所费者少,所全者多。人之好善,谁不如我?想后任君子,必永远行之也(卷一,第四、五页)。

在《提牢备考》一书中,类似于这种既为囚犯着想,又力图节省开支的颇具操作性的做法,比比皆是,该书对后世加强狱政的管理,确实贡献不小。

第三,《提牢备考》一书,收集了关于狱政管理的各种法律、法规、章程,使许多分散无序的文献,或者即将散失的文献,得以汇集在一起,保存下来,从而为后世了解、研究清代的监狱管理和监狱生活提供了珍贵的资料。这大概是该书作者赵舒翘的又一个重大贡献吧。①

---

① 从赵舒翘所写的跋中得知,在作者任提牢时,清代关于狱政管理的章程已经"事多散佚,初任每一切茫然,遇事罔知所措"。因此,作者将这些章程汇集在一起,使其得以留存后世,其功委实不小。

《唐明律合编》：
中国历史上第一部比较法著作*

    《唐明律合编》是清末著名律学家薛允升（1819—1901年）出任刑部官员后，积四十余年律学研究成果和司法实务经验编撰而成，是明清时期律学的重要文献，也是中国历史上第一部比较系统的比较法作品，对近现代中国法学的发展也有巨大影响。

    《唐明律合编》现流传比较广的是徐世昌刻本。① 本书依据的是华东政法大学藏本，上面没有署刊印的年月，但从徐世昌的《唐明律合编·序》中得知，该书刻于"壬戌孟秋"。徐世昌生于1855年，死于1939年。查近三个壬戌年，分别为1862年、1922、1982年，因此，可以确定该书刊刻于（至少该序写于）1922年。本书依据的就是该刻本，同时参考了由台湾商务印书馆于1977年重印的断句本（王云五主编"人人文库"本，分上、中、下三册）。

    《唐明律合编》一书的编排次序大体为：首先是徐世昌的《唐明律合编·序》，接着是薛允升自己的序，没有署年月日，后面分别是柳赟的《唐律疏议序》、"例言"、唐律目录、刘惟谦等人的进明律表、《明史·刑法志》摘录、陈省的"恭书律例附解后"、明律总目、薛允升自己所撰的唐明律卷

---

    * 本部分内容曾发表于《法学评论》1999年第4期，原题为《中国历史上第一部比较法著作——〈唐明律合编〉评析》，收入本书时略有改动。
    ① 仅上海图书馆就有《唐明律合编》七函，华东政法大学也有两函。

首,尔后是《唐明律合编》一书的正文,从卷一至卷三十。

一、《唐明律合编》的内容

从《唐明律合编》的内容来看,主要是对唐律和明律的条文规定作出比较、分析、阐释,附以其他各家律学的观点,最后提出自己的意见。

比如,在阐述"五刑"问题时,薛允升先将唐律对五刑的规定全文录出,然后指出,关于这些内容,明律的规定大略相同,接着,将明律关于五刑的规定全文录出。做完这些工作以后,作者开始了旁征博引并附以自己见解的阐述:

《周礼·司刺》:以此三法者,求民情,断民中,而施上服下服之罪,然后刑杀。注:上服杀与墨、劓,下服宫、刖也。

《司约职》曰:其不信者服墨刑。疏:古者虽有要斩、领斩,以领为正,故杀人上服也。注:必先规识所行之处乃后行之。疏:规识在体,若衣服在身,故名规识为服也。

愚按:贾(公彦)疏所云甚是。然《汉书》所载要斩之处,不一而足,此则后世之刑,轻于往古,杖笞徒流之法行,则轻而更轻矣。

唐律无凌迟及刺字之法,故不载于五刑律中。明律内言凌迟、刺字者指不胜屈,而名例律并未言及,未知其故。刺字之法,即肉刑内之墨刑,《尚书》之所谓黥刑也。肉刑不用而独用此,且有用枷号者,亦未知其故。今则又有阉割之法矣。是皆在名例五刑之外者。

五刑见于《尚书》,周则有九刑,郑注《尧典》曰:正刑五,加之以流、宥、鞭、扑、赎刑,此之谓九刑(原文如此)。[1] 古之五刑,皆肉刑也,自汉文帝改为笞三百,历代各有损益。至隋、唐乃以笞、杖、徒、

---

[1] 韦昭在解释《汉书·刑法志》中"周有乱政而作九刑"时,指出:九刑"谓正刑五,及流、赎、鞭、扑"。

流、死定为五刑,迄今不改。笞、杖即所谓扑作教刑,鞭作官刑者也。流也仿自《虞书》五流有宅,五宅三居之义。其徒刑则始于周,《周礼·大司寇》:以圜土聚教罢民。(小字注:狱城也,聚罢民其中,困苦以教之为善也)凡害人者,置之圜土而施职事焉,以明刑耻之。其能改者,反于中国,不齿三年。其有罪过而未丽于法者,则桎梏坐诸嘉石,①役诸司空、司圜掌收教罢民。(小字注:拘之圜土而役之,所以收之也。困之苦之,使其善心自生,所以教之也)凡害人者,弗使冠饰,而加明刑焉。任之以事而收教之,能改者,上罪三年而舍,中罪二年而舍,下罪一年而舍。其不能改而出圜土者杀。虽出,三年不齿。(小字注:杜氏《通典》注曰:害人,为百姓害者,弗使冠饰者,著黑幪,若古之象刑。明刑者,画其罪于大方版,著其背,任之以事,若今罚作也。舍,释也。反于中国者,舍之还乡里也。出,谓逃亡也。)《地官·司救》:凡民之有邪恶者,三让而罚,三罚而士加明刑,耻诸嘉石,役诸司空。其有过失者,三让而罚,三罚而归于圜土。后世之徒刑,其昉于此乎?《周礼·司刑》:司刑掌五刑之法,以丽万民之罪。墨罪五百,劓罪五百,宫罪五百,刖罪五百,杀罪五百。注曰:墨,黥也,先刻其面,以墨窒之。劓,截其鼻也,今东西夷或以墨、劓为俗。古刑人亡逃者之世类与。宫者,丈夫则割其势,女子闭于宫中,若今宦男女也。刖,断足也,周改膑作刖。杀,死刑也。《书》传曰:决关梁逾城郭而略盗者,其刑膑;男女不以义交者,其刑宫;触易君命,革舆服制度,奸宄盗攘伤人者,其刑劓;非事而事之,出入不以道义,而诵不祥之辞者,其刑墨;降叛寇贼劫略夺攘挢虔者,其刑死。此二千五百罪之目略也。其刑书则亡。夏刑,大辟二百,膑辟三百,宫辟五百,劓、墨各千。周则变焉。所谓刑罚世轻世重者也。郑司农云:汉孝文帝十三年除肉刑。疏曰:文帝所赦肉刑,惟墨、劓与刖三者,其宫刑至隋乃赦。

---

① 嘉石,有纹理的石头,古代于外朝门左立嘉石,命罪人坐在石上示众,根据罪行的轻重,有坐三日、五日、七日、九日之别。

朱子(朱熹)曰：刑非先王所恃以为治，然明刑弼教，禁民为非，则所谓伤肌肤以惩恶者，亦既竭心思而断之，亦不忍人之政之一端也。今徒、流之法，既不足以惩穿窬(yú，门边小洞)淫犯之奸，而其过于重者，则又有不当死而死，如强暴赃满之类者，苟采陈群之议，一以宫刑之辟当之，则虽残其肢体，而实全其躯命，且绝其为乱之本，而使后无以肆焉。岂不仰合先王之义，而下适当世之宜哉？

班孟坚(班固)之著《刑法志》也，意在轻刑，而肉刑则以为不可径废。后来议肉刑之得失者，均不能出其范围。虽大儒如朱子，亦祖其说。后世因其残人肢体，且恶其名之不美，相戒不用。唐以后遂无人议及于此者。(小字注：宋时曾有言之者，亦复不行。)不知刑法与教化，相辅而行，教化明而人自不犯法，岂但肉刑不用已哉。不讲教化而仅废肉刑，不过徒博宽厚之名而已，何益之有。请以律文言之。强盗但得财，不分首从皆斩，亲属相奸，分别斩绞立决，以肉刑相较，孰宽孰严，必有能辨之者。知肉刑之不可用，而不知重辟之不可行，独无为也。

唐律只有斩、绞二刑，此外无文。

《周礼·掌戮》云：凡杀其亲者，焚之；杀王之亲者，辜之。(小字注：亲，缌麻以内也；焚，烧也。辜之，言枯也，谓磔之。)亦不止斩、绞已也。后来又有辕裂、枭首之法。隋文帝时除之，明时复有枭示者，幸辕裂尚未施行耳。至凌迟之法，未知起于何时。

钱氏大昕云：今法有凌迟之刑，盖始于元、明，而不知其名之所自。考《宋史·刑法志》，载真宗时，内官杨守珍使陕西，督捕盗贼。请擒获强盗至死者，付臣凌迟，用戒凶恶，招捕贼送所属依法论决，无用凌迟。然则宋初已有凌迟之名，而当时未尝用也。后读陆放翁(陆游)奏状有云：伏读律文，罪虽甚重，不过处斩。五季多故，以常法为不足，于是始于法外特置凌迟一条，肌肉已尽，而气息未绝，肝心联络，而视听犹存，感伤至和，亏损仁政，实非盛世所宜遵也。议者谓如支解人者，非凌迟无以报之。臣谓不然，若支解人者，必报以凌迟，则盗贼有灭人之族，掘人之冢墓者，亦将灭其族、掘其冢墓以报之乎？

若谓斩首不足禁奸,则臣亦有以折之。昔三代用肉刑,而隋、唐之法杖背,当时必谓非肉刑杖背不足禁奸矣。及汉文帝、唐太宗一日除之,而犯法者乃益稀。仁之为效,如此其昭昭也。欲望圣慈,特命有司除凌迟之刑,以增国家太平之福。乃知此刑昉于五代,而南渡时固已用之矣。

《后汉书》肃宗章帝纪:元和元年七月,诏曰:律云掠者,惟得榜笞立。《苍颉篇》曰:掠,问也。《广雅》曰:榜,击也,音彭。《说文》曰:笞,击也。立,谓立而拷讯之。梁、陈有上测立之法,载在《刑法志》,似即立拷之意。唐以后无此刑矣。又令丙:箠长短有数。注:景帝纪:京师定箠令,箠长五尺,本大一寸,其竹也,末薄半寸,皆平其节,故云长短有数也。又,自往者大狱以来,掠拷多酷,钻鑽之属,惨苦无极,念其痛毒,怵然动心。《书》曰:鞭作官刑,岂宜若此,宜及秋冬理狱,明为其禁。章帝纳陈宠奏,每事务于宽厚,遂除钻鑽①诸惨酷之科,皆宽典也。

又,景帝中元二年,改磔曰弃市。应昭曰:先此诸死刑皆磔于市,今改曰弃市,自非妖逆,不复磔也。师古曰:磔,谓张其尸也;弃市,杀之于市也。改磔曰弃市,则但杀之而已。唐、宋无凌迟之法,亦此意也。明时又复枭首凌迟之刑,虽曰惩恶,独不虑其涉于残刻乎?死刑过严,而生刑过宽,已属失平,又用一百二十斤枷枷人,此何为者也,其与肉刑相去能有几何耶?

《明会典》宏(弘)治十四年奏准刑部都察院问完例难的决人犯并妇人有力者,每杖一百,该钞二千二百五十贯,折银一两。每十以二百贯递减,至杖六十为银六钱。笞五十,该钞七百五十贯,折银五钱。每十以一百五十贯递减,至笞二十为银二钱,笞一十该钞二百

---

① 此句源自《后汉书·陈宠传》。"钻鑽",照《现代汉语词典》《辞海·语词分册》的解释,"鑽"为"钻"的繁体字,故"钻鑽"连用似有误。在中国古代,"钻"(鑽)为膑刑,即"钻去其膑骨"。和其连用的一般为"凿","凿"有时也写作"筌",如《国语·鲁语上》:"中刑用刀锯,其次用钻筌"。注:"筌,黥刑也。"《汉书·刑法志》:"其次用钻凿。"因此,此句原文应为"钻筌"或"钻凿"。此笔者之推测也。

贯，折银一钱。如收铜钱，每银一两折七百文，其依律赎钞。除过失杀人外，其余亦照此数折收，按季类送户部，明立文案，照数支给。

《管见》：赎罪钞有律有例，律钞稍轻，例钞稍重，复有钱钞兼收，各折算不同，不得混收。近时惟京师钱钞便，乃兼收。在外钱钞不便，故奏定折银。至如过失杀人者，又有定例，兼追钱钞，不可执一论也。

愚按：赎罪之法，唐以铜斤计。自一斤以至百二十斤。明以铜钱计，自六百文以至四十二贯，已不相同。唐律凡应赎罪者，均以此数为准。明则赎罪之外，又有收赎、纳赎，数目亦各不同。后又以钞以银，且有钱钞兼收者，例又有有力无力之分，及运米运炭等项名色，其京外办法，并不画一。如《管见》所云，纷烦极矣，似不如唐律之简便。

又按，赎罚之法，见于《尚书·舜典》，《吕刑》言之更详。《周礼》职金掌受士之金罚货罚，入于司兵。注：给治兵及工直也。货，泉贝也；罚，罚赎也。《书》曰：金作赎刑。疏谓断狱讼者，有疑即使出赎，既言金罚，又曰货罚者，出罚之家，时或无金，即出货以当金直，故两言之。"

又如，对"强盗"条，薛允升在比较了唐律和明律的规定之后，指出：

晋《刑法志》：不和谓之强，取非其物谓之盗。又云：加威势下手取财，为强盗。即唐律所谓以威若力也。又云：盗贼赃五匹以上，弃市。唐律强盗持杖者五匹以上绞，似本于此。

《大金国志》：强盗不论得财与不得财，并处死。

《元律》：诸强盗持杖但伤人者，虽不得财，皆死；不曾伤人不得财，徒二年半；但得财，徒三年。至二十贯，为首者死，余人远流。不持杖伤人者，惟造意及下手者死；不曾伤人不得财，徒一年半；十贯以下徒二年，每十贯加一等；至四十贯为首者死，余人各徒三年。若因盗而奸，同伤人之坐，其同行人止依本法。强夺人财以强盗论。（小字注：案：此与唐律大同小异，明之抢夺律，盖本于此。而无但伤人虽不得财皆死、不持杖惟造意及下手者死等语，遂致轻重诸多参差。）

《笺释》:强盗首赃不尽者,旧皆以不尽之罪罪之,至死者减一等。后改止拟不应从重。盖强盗以得财坐罪,与计赃定罪不同。如劫银十两,止将一两出首,即一两亦合坐死,不谓之自首不尽云云。律末所添小注,似即指此。

《集解》:助力者,谓因众人拒捕及奸之时,或在外瞭望,与之把风;或在旁喊叫,助其威势,皆是也。

愚按:唐律既分别赃数多寡,又分别是否持械,再又分别伤人杀人,即不持械而赃至十四者,亦拟绞罪,立法最为平允。盖公取窃取,其意总在得财,强盗虽重于窃盗,而计赃无几,事主亦未被伤,则受害甚轻,不分首从,概拟骈诛,未免过严。隋时盗一钱以上者皆死,曾有议其非者;明律但得财者皆斩,何以迄今仍遵行耶? 窃盗临时拒捕杀伤人者皆斩,系照唐律共盗临时有杀伤人者以强盗论之文,谓伤人者绞,杀人者斩也。明律一概拟斩,亦觉过严。且与抢夺伤人一条,轻重互异。

《示掌》以罪人拒捕律加罪二等,似仅指不服拘唤而未伤人言,若已逞凶殴伤,仅加二等,似与未伤人者无所区别,且与拒殴追摄人杖八十之律未符。盖彼系无罪之人,一经抗拒不服,及殴所差人,即杖八十。若贼匪拒伤事主,岂有反轻于无罪人杖八十之理。况折伤本律,罪起满杖,因系罪人拒捕折伤,即拟绞候。今既逞凶拒殴伤人,自未便与拒捕而未伤人一律同科云云,议论最为确当。吴中丞(吴坛)《律例通考》与此大略相同。观此可知律内所添小注,未尽允协,弃财逃走条例更不待言矣。原律并无此注,不知何时添入。

临时拒捕伤人,虽窃盗亦谓之强,即唐律先强后盗、先盗后强等之谓也。共盗之人,元谋行窃,不谋行强,故不知杀伤之情者,止依窃盗论。后来例文,非金刃及折伤,均不问死罪,与律意大相悬殊矣。唐律拒州县使者,杖六十,殴者加二等。明律杖八十,与唐律同。窃盗他物拒伤事主,止杖六十,较此条反轻,其不平允,夫何待言。殊不知唐律他物伤人,即杖八十,加二等则杖一百矣。明律斗殴门折伤以下均改从轻,遂致诸多参差,不独此一条为然,可见古律之不可轻改也。

再唐律不言因盗而奸，而因窃盗过失杀伤人者至死，加役流。明律言奸罪而不言过失杀罪，彼此亦不相同。

昔汉祖约法三章，首重杀人、伤人及盗，只云抵罪。可知强盗若不杀伤人，即不得一概论死。曹褒谓皋陶不为盗制死刑，不信然乎？唐律犹得古意，明律则任意为之矣。

再此律只言盗罪，其盗赃及妻子，并未言及。唐律无文，故明律亦不载也。

《周礼·司厉》：掌盗贼之任器货贿，辨其物，皆有数量，贾而楬之，入于司兵。注：郑司农云：任器货贿，谓盗贼所用伤人兵器及所盗财物也。入于司兵者，若今时杀伤人所用兵器贼赃加责，没入县官。疏：加责者，即今时倍赃者也。其奴男子入于罪隶，女子入于舂稿。注：郑司农云：谓坐为盗贼而为奴者，输于罪隶、舂人、稿人之官也。由是观之，今之为奴婢，古之罪人也。故《书》曰：予则奴戮汝，罪隶之奴也。故《春秋传》曰：斐豹隶也，著于丹书，请焚丹书，我杀督戎，耻为奴，欲焚其籍也。元谓奴从坐而没入县官者，男女同名。

凡有爵者与七十者与未龀（小孩换牙）者，皆不为奴。注：有爵，谓命士以上也；龀，毁齿也。男八岁，女七岁而毁齿。观此可以见古来治盗之法，亦可以知奴婢之所由来矣。

二、《唐明律合编》的特点

从上述《唐明律合编》对"五刑"和"强盗"两个条目的阐述来看，该书内容确实非常丰富，而就其整体的特征而言，大体可以举出如下几个方面。

第一，在分析、比较和阐述唐明律的内容时，能够旁征博引、充分利用一切历史上的和现存的文献以及法律规定，为自己的论题服务。据笔者的粗略统计,薛允升在《唐明律合编》中引用的历代经典文献有:《史记》《汉书》《后汉书》《三国志》《晋书》《梁书》《陈书》《隋书》《唐书》《唐会要》《宋史》《元史》《金史》《明史》《明会典》《周礼》《尚书》《左传》《仪礼》《说文解字》《日知录》《读礼通考》《五礼通考》《通典》《北札记》《大学衍义补》《九经古义》《礼经问答》《齐东野语》《康辅纪行》《尚书大全》《刑书会据》《升庵外集》等三十余种。同时,还引用了沈约、刘挚、王夫之、孙星衍、段玉裁、徐干、郑玄、翟方进、陈榕门("陈榕门先生云")、王应电("王氏应电曰")等人对法律的见解。而在《唐明律合编》中引用得最多的则是明清时期律学家的作品。如王肯堂的《律例笺释》(共引用120次)、沈之奇的《律例辑注》(102次)、雷梦麟的《读律琐言》(63次)、夏敬一的《读律示掌》(52次)、杨简的《律例集解》(51次)、陆東之的《读律管见》(13次),以及王明德的《读律佩觿》《读法须知》等。

第二,在比较解释唐律和明律时,不时穿插明代条例,以加深人们对律文的理解。如在解释唐明律关于男女亲属尊卑相犯时,薛允升引条例说:

男女亲属尊卑相犯重情,或干有律应离异之人,俱照亲属已定名分,各从本律科断,不得妄生异议,致罪有出入,其间情犯稍有可疑,揆于法制,似为太重,或于名分不甚有碍者,听各该原问衙门临时斟酌拟奏。

(小字:系嘉靖十七年大理寺卿屠　　等题,该四川道监察御史开详犯人张裴招称:有男张月德,年方八岁,裴娶监故张氏与张月德为妻。张氏年一十六岁,裴与张氏通奸。嘉靖十年三月内,张氏奸生一子。事发,四川按察使问拟裴奸子妇斩罪,张氏在监病故,转详到院,该四川道参审,张裴仍依原议斩罪决不待时,开详到寺。查得律禁同姓为婚,在张氏应该离异,张裴合死,难以凡奸科断。盖本犯与张氏,翁妇之名分已定,渎乱之情迹久彰,人伦大变相应依议处决,但近来内外问刑衙门,遇有男女尊卑相犯,律应离异者,不论其情犯深重,俱以凡人科断,致使尊卑罪犯,轻重失伦。臣等会同刑部都察院,谨按律内所载亲属相犯之刑非一,而殴骂为重,子孙于祖父母父母,妻妾于夫之祖父母父母骂者绞、殴者斩、杀者凌迟处死,此万世不易之法,一旦有犯,乃追论其被殴被骂之名。或有律应离异者,而辄以凡人论,子孙妻妾之罪,则骂与殴者律本科绞斩,而止得笞杖者,律本该凌迟处死,而止得绞者,是本应重罪,而反出之从轻。又祖父母父母非理殴杀子孙者,律止杖一百,子孙之妇者杖一百,徒三年;故杀子孙者,杖六十,徒一年,子孙之妇者,杖一百,流二千里。中间或祖父母犯者,及被殴杀故杀之妇,查得律应离异之情,因而概以凡人论断,则殴杀律止杖徒,而反应坐绞,故杀者律止徒流,而反应坐斩,是本应罪轻,而反入之以重。其余各条所称,如妻妾于本夫,卑幼于尊长,殴骂者类非一端,其有犯该绞斩等罪,俱有定例,皆不可使有毫发错乱,若尽拘泥法应凡拟之说,而不审其关系之大,议拟之间,轻重倒置,使天下祖父母父母子孙夫妻兄弟伯叔父母,尊卑名分,荡然乖紊。是刑以弼教,而反以害教;法以惩奸,而反以纵奸,不惟大失定律之意。而施之于事,甚有不通者,合无通行内外。问刑衙门,今后凡遇有男女亲属尊卑相犯重情,或干有律应离异之人,悉遵成宪,俱照亲属已定名分,各从本律科断,不得妄生异议,致罪有出入。其间情犯或稍有不同,而于法制似为重大,事变所遭或异,而于名分不甚有碍者,听各该原问衙门临时斟酌议拟,奏请定夺,奉旨是。)

　　愚按:此于定律之中,略为权变,亦律设大法,礼顺人情之意也。

　　第三,广引各代律及刑法志,以总结历史上法制建设的经验教训,帮助司法官吏加深对现行律例的理解。薛允升除了大量引用《汉书·刑法志》《晋书·刑法志》《隋书·刑法志》《旧唐书·刑法志》《新唐书·刑法志》《宋史·刑法志》和《唐律疏议》之外,还引用了不少汉律、晋律、元律以及汉、晋、唐、宋、元时代的诏令等历代法律文献。尤其是对我们了解不多的元律,全书引用得最多,共有24处。不仅增加了阐述问题的说服力,而且保存了不少清以前法制建设的资料。

　　第四,通过"愚按",薛允升充分阐述了自己对唐律和明律之规定的见解,并提出立法改革的建议。比如,在解释明律关于"公差人员欺凌长官"条:"凡公差人员在外不循礼法,欺凌守御官及知府知州者,杖六十;

附过还役,历过俸月不准。若校尉有犯,杖七十,只候禁子有犯,杖八十"时,薛允升先引各家注释:

《集解》:言人员不言官员,言还役不言还职,则人员者,监生吏典承差之类也。

言知州不言知县,未知何故。《琐言》谓知县府佐,任偏职下,所差之人,终有公事钤督,虽犯不为过也。所以律无其文,然州亦有自理之事,与知县亦无甚异,岂无公事钤督乎?所议亦未甚允。

《辑注》:曰人员不曰官员,曰还役不曰还职,故注曰:历事监生办事官之类也。若吏典承差等,亦是校尉,是次等之役,只候禁子,乃最下之役,故加等不同也。

又曰:欺凌长官曰知府知州,则知县及佐贰皆不得同论矣,以其任偏职下,所差之人,终有公事,在其地方,而所犯欺凌,犹是小过,故略之耳。然有犯者亦难勿论,似当酌拟不应,较《集解》为长。

愚按:唐律无文,亦系临时特定之律,今则并无此等名目矣。似应删除。

又如,在对明律特有的"讲读律令"条作出全面解释后,薛允升最后提出了自己的见解:

愚按:律令专为断狱而设,重律令实所以重刑狱也。不晓律意者,官吏拟以罚俸笞责;熟读通晓者,诸色人等准其免罪一次,其视通晓律意之人,与习业之天文生相等。总以见此事之最难,而能讲解者之实不易得也。擅为更改,变乱成法者,固属事所必无,而挟诈欺公,妄生异议,奏请改定律令者,窃恐不免,拟斩未免太重。

内外大小官员,但有本衙门不便事件,许令明白条陈合题奏之本管官,实封进呈,取自上裁,见上书陈言门,即唐《职制律》亦云:不申尚书省议,而辄奏改行者,罪止拟徒。可见律令未尝不可更改,而擅改即拟斩罪,古无是法。

今日之大小官员,能讲读律令者,有几人哉?平情而论,古律惟唐律为善,明代则颇多更改,律已繁多,条例更甚,千头万绪,彼此抵牾之处,尤不一而足,无怪讲解者之日少一日也。欲矫其弊,惟在从简之法乎。

……鄙意谓律存十分之六七,例存十分之二三,足敷引用。其余
不合天理人情,及苛刻显著,彼此舛异者,俱行删除。或亦简便之一
道欤。

第五,开创了对大的法典进行正式比较的传统,应该说,这是《唐明
律合编》的最大特点,也是它的最大贡献。薛允升以中国古代留存下来
的两大著名法典唐律和明律作为研究的基础,先列出相类数条唐律的规
定,而后举出相类明律的条文,并指明,哪几条已为明律所继承,哪几条为
明律所修改,哪几条为明律中所没有,尔后对其进行了充分的比较分析,
并触类旁通,对中国古代各项法律制度、原则乃至概念术语,作了立体性
的研究。众所周知,至清代,中国古代现存的大的法典,实际上就是四部:
唐律、宋刑统、明律和清律。而在这四部法典中,宋刑统仿自唐律,清律承
袭明律,所以,薛允升对唐明律的比较,实际上是对唐宋明清四朝法律制
度的比较,更广而言之,在某种意义上也是对整个中国古代法律的比较研
究。而这一点,不管是在内容上还是在方法上,对我们都是一笔不可多得
的法律文化财富。

第六,褒唐律贬明律,这也是《唐明律合编》的一个重要特色。在
"序"中,薛允升明确指出:在法律上,轻重得平"莫不以唐律为最善"。而
明律改变了唐律的体例和内容,"大非唐律之本来面目矣","且有删改失
当者。他不具论,即大辟罪名,已增多至二十余条。虽历代典章,不相沿
袭,而律为民命攸关,必当详慎周密,方可垂诸永久。(明律)事不师古,
而私心自用,非良法也"。在"例言"中,薛允升指出:"唐律集众律之大
成,又经诸名流裁酌损益,审慎周详,而后成书,绝无偏倚驳之弊……明律
虽因于唐,而删改过多,意欲求胜于唐律,而不知其相去远甚也。"在"唐
明律卷首"中,薛允升进一步指出:"明代则取唐律而点窜之,涂改之,不
特大辟之科,任意增添,不惬于人心者颇多。即下至笞杖轻罪,亦复多所
更改,揆其意总在求胜于唐律,而不屑轻为沿袭,名为遵用唐律,而唐律名
存而实亡也。"薛允升的观点正确与否,自可讨论,但其对唐律的推崇和
对明律的批评已跃然纸上。

三、《唐明律合编》的法学观

除上述基本内容及特点之外,《唐明律合编》还表达了薛允升关于法的一系列观念,即他的法学世界观,这一世界观也是我们阅读《唐明律合编》一书时所应注意的。这一世界观综合起来,大体有如下两个方面。

首先,强调了法律在治理国家中的重要性。"律之为义大矣哉。古人多以经术断狱,后世一准以律,律之为言,整齐画一之谓,亦轻重得平之谓也"(《唐明律合编·序》)。在"讲读律令"条中,薛允升借汉代郑昌的上疏指出:"立法明刑者,非以为治,救衰乱之起也。今明主躬垂明德,虽不置廷平,狱将自正;若开后嗣,不若删定律令。律令一定,愚民知所避,奸吏无所弄矣。今不正其本,而置廷平,以理其末也。"这里,薛允升虽然也认为法律并非治理国家的最好手段,但至少也是治理好国家的根本之一。

其次,坚持封建正统的以三纳五常等为核心的法学世界观。"古律之为书,原根极于君臣父子夫妇之经,而使事事物物之各得其宜也……《易·系辞》曰:有夫妇然后有父子,有父子然后有君臣,有君臣然后有上下,有上下然后礼义有所错。《记》曰:凡听五刑之讼,必原父子之情,立君臣之义以权之。律书之义,此数语尽之矣"(《唐明律合编·后序》)。

四、《唐明律合编》的理论价值

《唐明律合编》虽然是中国历史上第一部比较法学作品,但其仍属于中国传统律学研究的产物,是中国律学的一个组成部分,与现代的比较法学著作有巨大的差异。

　　首先，现代比较法学，一定意义上是法系比较的产物，至少是不同国家间的法律体系的比较研究。如法国学者达维德（Rene David）的代表作《当代主要法律体系》、德国学者茨威格特（Zweigert）和克茨（Kotz）合著的《比较法总论》以及英国学者格特里奇（H.C.Gutteridge）的《比较法》，而《唐明律合编》则是一部国内不同朝代法典之间的比较。因此，如果说现代比较法学是一国法律体系与其外部国家法律体系的比较的话，那么，《唐明律合编》则是一部一国法律体系内部的比较的作品。

　　其次，现代比较法学，虽然也有历史上法律制度和近现代法律制度之间的"纵向"比较，但总体上是一种近代以后法律体系之间的"横向"比较。而《唐明律合编》则是唐代法律和明代法律之间的比较，主要是一种纵向比较。

　　最后，现代比较法学的诞生，虽然有多种原因，但其中最为重要的是与法的统一化和国际化趋势互相联系。其目标，近的是要尽可能妥善地处理好法的国际和区际冲突问题，远的是要实现数国乃至数十国之间法律的一体化（欧盟法的出现，是这方面一个突出的例证）。而《唐明律合编》则是要消除一国法律体系内部的矛盾，阐述当时法律（清代律例）的含义，帮助司法人员更好地理解律意。更加具体地说，由于清律是承袭明律而来，所以薛允升试图通过唐明律之间的比较，以唐律来纠正明律（清律）的一些不尽如人意的规定和做法。

　　当然，在法的精神、内涵、结构体系以及本质等各个方面，《唐明律合编》与现代比较法学也是有着重大的不同，不能简单类比。

　　尽管如此，《唐明律合编》一书对中国古代法和法学发展所作出的贡献仍是巨大的，这一点从其出版以后被不断地再版一事中即可以看出。该书不仅在清代、民国时期被多次重印，新中国成立以来，也一直为学术界所重视。1959年，中华书局据民国时期天津徐氏退耕堂刻本出了影印本。1990年，中国书店出了新的影印本，编入"海王邨古籍丛刊"之中。1998年，法律出版社又将其作为"中国传统律学"的第一批书目，再次重版发行。这些都表明，《唐明律合编》是中国古代律学的基础性作品之一，也是中国法律史研究者的必读书。

第 四 编

律家、律学与中华法系

中华法系是人类文明史上重要的法律体系之一,它能够在东亚这块土地上生存发展 1300 余年,不仅有《唐律疏议》等一批著名法典,以及长孙无忌、大和长冈等一批著名律学家,而且有《令集解》《律例笺释》等一批作品构成的法律学术即律学,它们支撑着中华法系的发展、繁荣和延续。

——何勤华:《中华法系之法律学术考》,
《中外法学》2018 年第 1 期。

中华法系之律家考[*]

——以古代中国与日本为中心

中华法系之所以能够形成,并传播于整个东亚,屹立于世界法律文明之林,不仅是因为有一批著名的法典,如《唐律》《大宝律令》①《养老律令》②《宋刑统》《大明律》《公事方御定书》③《大清律例》《经国大典》④《国朝刑律》⑤等,还因为有一大批著名的律家⑥(在日本中世也称明法博士)。正是由于他们的辛勤劳动,才使中华法系的法律文明从中国向周边国家扩散,中华法系的精神得以发扬光大。这些律家著书立说,参与国家的立法与司法活动,还任法律顾问,带教学生,从事法律教育,传授法律知识,从而在其活跃时期,将律学事业越做越大,最终为中华法系奠定了扎实的学术和制度基础。

---

* 本部分内容曾发表于《中国法学》2017 年第 5 期,原题为《以古代中国与日本为中心的中华法系之律家考》,收入本书时略有改动。

① 日本,701 年颁布实施。

② 日本,718 年颁布,757 年实施。

③ 日本,1472 年施行。

④ 朝鲜,1461 年颁布,1485 年修订后施行。

⑤ 越南,又称《洪德法典》《黎朝刑律》,是黎朝时代(1428—1789 年)制定颁布的法典。

⑥ 历史学家钱剑夫先生说:"中国古代社会只有律家、律学、律治,而没有法家、法学和法治。"钱剑夫:《中国封建社会只有律家律学律治而无法家法学法治说》,《学术月刊》1979 年第 2 期。笔者比较赞同他的观点,因此使用了"律家"这一名称,来指代中华法系的法律工作者(实际上,称法律学家、法家、法学家或律学家也是可以的)。

一、律家的兴起与发展

律家，就是指中国古代从秦汉至清末社会发展中主持和参与制定律令（有的朝代还包括科、格、式和例等），并解释、研究、运用和实施律（令）文的法律工作者，它是一个包括专职或兼职从事法律事务的政治家、行政与司法官吏以及士大夫阶层的群体。本节的研究主题是中华法系，因此所说的律家，在中国是指隋唐（中华法系诞生）以后的律、令、格、式、例等的制定、阐释与实施者，在日本是指公元645年"大化革新"以后从事律、令（包括格、式）编纂、解释、执行、实施的法律工作者（明法博士等）。

与现代时期法学家基本上都是从事法学教育与法学研究者不同，中华法系之律家群体的构成比较复杂，既有政治家，如魏徵、王安石等；行政官员，如藤原不比等、刘文静等；司法官员，如狄仁杰、包拯等；在法律研究领域著书立说的律学家，如额田今足、沈之奇等；还有经学家，如孔颖达、颜师古、荻生徂徕，等等。但有一个要素是相通的，只有那些在履行本职工作的同时，发表了关于法律的看法（观点和学说），或者参与了律的注释、研究的，才可以被称为律家。本节所指的律家，就是这个意义上的。

从古代中日两国的情况来看，一方面，立法、行政和司法三个部门尚没有明确分开，除日本的一些法律世家之外，独立的职业化的法学家阶层还没有形成。另一方面，古代中日两国的高层官员，在其履历中文章道德都是必修的课目。此外，由于许多官吏岗位（如日本的明法博士、检非违使①等）的袭荫制度，律家中的许多人以研习律令为其世代相传的专门职

---

① 检非违使厅长官，负责维持京都的治安，于弘仁七年（816年）设立。参见［日］安藤达朗：《日本史：古代·中世·近世》，东洋经济新报社2016年版，第102页。

业。因此,从上述这些特定含义上讲,古代中日两国的律家不是单纯的法家或法理学家,也不是单纯的行政、司法官吏。他们当中绝大多数人都是兼取儒、法、墨、道,既通经术,又擅长律法,有些还是文学家或诗人(如白居易、苏轼等)。虽然,中华法系形成于隋唐,但律家活动的思想准备和学术积累,早在两汉时期就已经开始了。

首先,两汉是律家辈出、研究律学之风盛行的时代。作为西汉开国元勋之一的萧何(公元前257—前193年),就出身于"刀笔吏"(法律官吏),对法律的爱好和极高的法律素养,使得其在刘邦(公元前256—前195年)领兵打下秦朝首都咸阳时,其他人都关注金银财宝,唯有萧何专心致志地收集秦的法律文献。仅此,称萧何为中国古代"律家"的鼻祖应是当之无愧的。继萧何之后,两汉著名律家还有杜氏父子(杜周、杜延年),郭氏家族(郭弘、郭躬、郭晊、郭镇、郭贺、郭桢、郭禧等),陈氏家族(陈咸、陈躬、陈宠、陈忠等),①以及经学大师马融和郑玄等。到了魏晋时期,又有张斐、杜预、刘颂、钟繇、刘邵等一批律学名家涌现。此时律学地位和经学同等重要,成为并立的学府。而从魏开始在官府设立的"律博士",专门传授律学,开创了律学专门学府的先例。

其次,隋唐是中华法系之形成时期,也是我国古代律学发展到极盛的时期。经过之前近七百多年的学术积累,律学发展到唐代已经完全成熟,从而支撑起了中华法系之学术大厦。虽然,由于年代久远,关于唐代律家的事迹我们知悉不多。就官方注律而言,我们主要是从《唐律疏议》中获得唐代律家的一些情况,如编纂《唐律疏议》的,就是唐代一批对法律有研究的社会精英,如长孙无忌、李勣、于志宁、褚遂良、柳奭、唐临、段宝玄、韩瑗、来济、辛茂将、刘燕客、裴弘献、贾敏行、王怀恪、董雄、路立、石士逵、曹惠果、司马锐等,这些人是有官员背景的律家。② 此外,唐代民间的律家,根据孙祖基等学者的考证,也有李文博、邯郸绰、李敬玄、刘仁轨、崔知悌、赵仁本、裴光庭、宋璟、刘琭、张鷟、李崇、王行先、元泳、卢纾、李保殷、

---

① 参见《后汉书》卷四十六,中华书局1965年版,第1543—1547页。
② 参见(唐)长孙无忌等:《唐律疏议》,刘俊文点校,中华书局1983年版,第578—579页。在"进律疏表"所列举的这些律家中,实际上以"律学博士"职位参与的只有司马锐一人。

王朴、卢质等。①

在隋唐时期,日本积极向中国学习法律制度,包括律学,在当时有许多遣隋使和遣唐使曾不断购买隋唐时期的律学著作运回日本,这些中国的律学著作为日本学者所广泛引用,从而在日本保留至今的法律文献《律集解》《令义解》和《令集解》等中,可以看到一些唐代民间律家的活动印记。根据日本庆应大学教授利光三津夫的梳理和研究,日本法律注释书中引用的唐代私家法律注释作品共有 15 种,其中可以确认的律家为张氏、宋氏、简氏、杨氏、曹氏、栗氏等十余家,数十人。② 虽然这些线索还都比较模糊,但我们已经可以大体做出这样的判断:唐代中国的律家人数已经不少,而且非常活跃。不仅有官方的,也有民间的。正是在他们的辛勤努力下,才能推出如《唐律疏议》这样伟大的律学作品。

再次,宋以后,统治者更加重视经过朱熹(1130—1200 年)等理学家改造后的儒家经学,并将其作为科举考试的官方学问。律学之地位虽然不再如前,但宋王朝的各代皇帝,不仅精通法律,重视法律,宋代的士大夫阶层,也都是具有极高法律素养之人。加上唐代传下来的良好的律学基础,所以,宋代中国律学的发展仍然在持续,并涌现出了一批杰出的对法律有研究的律家,如和凝、和嶋、范质、窦仪、剧可久、刘筠、李觏、宋绶、宋敏求、孙奭、桂万荣、宋慈、蔡杭、刘克庄、范应铃、傅霖等。

最后,到了明清时期,统治权力进一步集中,法律作为统治工具的属性,重新受到关注。统治者不仅要求对国家法典《大明律》和《大清律例》进行全民讲读,也对私家注律更加重视,律学著作的种类达到了中国历史之最。在这种社会大背景之下,明清时期,中国律家的人数与创造力也达到了历史上的最高水平。就律家而言,著名者就有宋濂、李善长、刘惟谦、况钟、丘濬、李贽、王樵、王肯堂、雷梦麟、舒化、李清、刚林、朱栻、沈之奇、蓝鼎元、万维翰、吴坛、全士潮、刘衡、许梿、祝庆祺、鲍书芸、薛允升、刚毅等。至清末,当中华法系在西法东渐的浪潮冲击之下解体时,律家群体通

---

① 参见孙祖基:《中国历代法家著述考》,上海,1934 年刊印。刘仁轨、宋璟等本身也是朝廷重臣,但其从事律学研究则是个人行为,故也可以列入民间律家的行列。

② 参见[日]利光三津夫:《律令及其令制的研究》,明治书院 1959 年版,第 71 页。

过持续努力,最终把律学与西方法学结合起来,律学中的成果融入了近代法学之中,律家也蜕变转化成为中国近代法学家,如沈家本、董康、夏同龢、程树德等。

在日本,自藤原不比等(659—720年,《大宝律令》和《养老律令》的编纂者和解释者)开创了律令制建设与注释传授并行的律学(8世纪后改为明法道)传统之后,也是律家(8世纪后称明法博士①)人才辈出,绵延不绝。从参与《大宝律令》《养老律令》编纂、解释之奈良时代(710—794年)的大和长冈、盐屋吉麻吕等,到平安时代(794—1192年)的山田白金、穴太内人、讃岐永直、惟宗直本、坂上明兼、中原明基等,②到15世纪以后,在吸收中国《大明律》《大清律例》之基础上形成的近世日本律家群体,如榊原篁洲、荻生徂徕、高濑喜朴、荷田在满等,律学之所以能在日本中世以及近世,一直延绵不绝、持续发展,就是因为有了律家群体的辛勤劳动,日本古代的律学(明法道)也因此走向成熟。

二、律家的地位和社会作用

律家在古代立法和司法中负有重要使命。他们除了研究律文,传授律学,还要直接参与修订法律、从事司法实践。具体而言有以下几个方面。

---

① 日本接受中国的"律学",之后改名"明法道",起先的"律学博士"后来改名"明法博士"一事,从《令集解》关于令的注释中可以看得非常清楚。该书作者惟宗直本在注释718年制定的《养老律令》中的"职员令第二之二·式部省"条规定"大学寮"时,就明确指出:"释云:天平二年三月二十七日奏:……律学博士二人……明法生十人,文章生二十人。简取杂任及白丁聪慧,不须限年多少也。"参见黑板勝美国史大系编修会:《新订增补国史大系23·令集解前篇》,吉川弘文馆1966年版,第80页。天平二年,为公元730年。可见,至少在730年之前,在日本"律学博士"还是一个式部省之下大学寮中的正式官职(学官),虽然学生已经称为明法生,但学官还没有称"明法博士"。至于从何时开始称律学博士为明法博士,由于到目前为止所保留的所有日本古籍文献中,称律学博士的一个都没有发现,我们所能看到的从8世纪开始出现的律家(传记和作品),无一例外地都称明法博士,所以现在已经无法确定律学博士改称明法博士的具体时间了。参见[日]布施弥平治:《明法道の研究》,新生社1966年版,第168页。

② 参[日]布施弥平治:《明法道の研究》,新生社1966年版,第168—301页。

1. 参与立法活动,起草修订律令

如中华法系形成时期的隋唐两朝,频繁地进行法律修订,以求实现最佳的统治效能。而在此过程中,律家就发挥了重要作用。特别是隋朝的《开皇律》和唐朝的《武德律》《贞观律》《永徽律》等律典的修订对后世影响和贡献很大。隋初高颍、苏威、牛弘等人,在总结南北朝"用法深重""诛杀无度"的基础上,制定了《开皇律》,"尽除苛惨之法",在一定程度上克服了前朝刑罚的野蛮性。而唐初的房玄龄、李勣等人,又在《开皇律》和《武德律》的基础上,制定了《贞观律》和《永徽律》,对之前的法典作了重大修改,更加简约,如减少大辟罪 92 条,减流入徒者 71 条,以"削烦去蠹、变重为轻"①。

在日本,701 年的《大宝律令》和 718 年的《养老律令》也都是在律家的鼎力参与之下推出的。虽然,这两部大的法典大范围地学习、参考和借鉴了中国隋唐的法律,但还是具有许多日本的特色。比如,将中国的"十恶"改为"八虐""八议"改为"六议",就是日本律家的创造。一方面,在中国,谋反、谋大逆、谋叛、恶逆、不道、大不敬、不孝、不睦、不义和内乱是十恶不赦之重罪,而日本未采纳不睦和内乱两个罪,是因为日本统治者认为危害没有那么严重,所以就被日本律家在立法时删除了。另一方面,中国的议亲、议故、议贤、议能、议功、议贵、议勤、议宾之八议,由于最后两个议勤、议宾,在日本也不是非常重要,所以在立法时被日本的律家去掉了。此后,782 年至 923 年在制定《延历交替式》《弘仁格式》《贞观格式》《延喜格式》等立法的活动中,律家讚岐千继、藤原时平、藤原忠平、物部敏久、藤原道明、惟宗善经等,也都是主要的编纂者,发挥了积极作用。②

---

① 《旧唐书·刑法志》,中华书局 1975 年版,第 2138 页。
② 关于《延历交替式》《弘仁格式》《贞观格式》《延喜格式》的编纂情况以及详细内容,可参见黑板勝美国史大系编修会:《新订增补国史大系 26·交替式弘仁式延喜式》,吉川弘文馆 1965 年版;黑板勝美国史大系编修会:《新订增补国史大系·类聚三代格前篇后篇》,吉川弘文馆 1972 年版。

2. 注释阐述律令,解答法律疑难

如长孙无忌等人编纂的《唐律疏议》、窦仪等人编撰的《宋刑统》,就是对唐《永徽律》和宋代法律所作的官方注释,它们对律文进行逐句解释,阐明文义,剖析内涵,并设置问答,通过互相辩论,解释、回答法律疑义,以补充律文之不足。这种解释作为官方的解释,与律、令等具有同等效力。《宋刑统》还附上了相应的敕(通过"准"和"臣等参详"的方式)。而明代雷梦麟的《读律琐言》、陆東云的《读律管见》和清代沈之奇的《大清律辑注》、夏敬一的《读律示掌》等,虽然只是学理解释,但在司法实务中,也同样起着重要的指导意义。

在日本,注释阐述律令,解答法律疑难是明法博士的主要职责。《大宝律令》和《养老律令》制定颁布后,兴原敏久、讃岐永直等一批明法博士就受朝廷委任,经过多年努力,于834年编纂完成了《令义解》一书,作为日本令的官方注释书。过了30余年,法律世家惟宗氏的杰出代表,惟宗直本于868年编纂完成了《律集解》《令集解》二书,对大宝和养老律令进行了系统完整的注释和阐述,引领日本的律令注释和研究达到了一个新的高度。与此同时,日本又先后推出了大和长冈的《古答》,贞江连继的《贞记》,物部敏久的《物私记》,春日户足的《春记》,额田国造今足的《额记》,阿刀氏的《跻记》,穴太内人的《穴记》,惟宗允亮的《政事要略》,讃岐永直的《讃记》,以及已经无法考证作者的《律书残篇》《新令私记》《律释》《令释》《五记》《新删定明法述义》等一大批律令注释书,有力地推动了律令的贯彻实施,促进了律令制国家的建设。

3. 传授律令知识,培养法律专门人才

在中华法系的律家中,大凡有名望者都有各自不同数量的门生。这一传统,兴起于两汉及魏晋南北朝,兴盛发达于隋唐之间,如魏明帝时

代的刘劭(著有《法论》等),晋时的嵇康(224—263 年)、傅玄(217—278 年)、杜预(222—284 年)、张斐(著有《律注表》等),南朝的孔稚珪(447—501 年)、蔡法度(《梁律》的编纂者),北朝封述(《北齐律》的编纂者),以及隋唐之际的王通(584—617 年)、杨汪、孔颖达(574—648 年)、颜师古(581—645 年)等。至宋以后,有宋代的孙奭(1019—1079 年)和傅霖(北宋初人),元代的沈仲纬(元末活跃之人)等,明代的唐枢(1497—1574 年)和李贽(1527—1602 年)虽然也曾是司法官员阶层之中坚,但在得罪权贵、遭贬免职之后,两人就长期从事讲学、传授学生的工作。应该说,我国古代之所以有律学教育的悠久传统,同律家是分不开的。

在日本,自公元 649 年开始,确立了日本中央政府的机构式部省,下面设置了专门从事教育的大学寮。之后,在大学寮中开始了律学教育,而日本的律家即明法博士,绝大多数是大学寮出身,也从事着明法教育的工作。他们中最著名者就是讃岐永直和惟宗直本。讃岐永直,是平安时代初期著名明法学家。延历二年(783 年)出生,入大学寮学习律令,成绩优秀。天长七年(830 年)获得明法博士职位。天长十年(833 年)开始编纂《令义解》。齐衡三年(856 年),永直以自己年事已高为由,请求辞官。上谕同意了其他事项,但否定了明法博士的辞呈。天安二年(858 年),获敕令同意,在自己家中讲授律令。① 惟宗直本,生卒年月不详,平安前期的著名律家。元庆元年(877 年)时就出任检非违使右卫门尉、勘解由次官等司法官职。与此同时,在大学寮任明法博士。延喜元年(901 年)以后,作为德高望重之律家而被恩赐在自己家中讲授律令。这一做法,被称为"延喜讲书",和上述讃岐永直的"贞观讲书"并列,开创了日本明法博士(在大学寮之外)私家讲学的先例,对中世纪日本律学的发展具有重要意义。②

---

① 日本贞观四年(862 年)八月十七日,讃岐永直以 80 岁高龄去世。
② 参见日本国史大辞典编集委员会:《国史大辞典》第 14 卷,吉川弘文馆 1993 年版,第 651 页。

三、律家的主要学说与思想观点

从史书记载来看,律家的著述可谓汗牛充栋。如在唐代,有官撰《唐律疏议》,以及律家崔知悌等撰《法例》、裴光庭撰《唐开元格令科要》、宋璟撰《旁通开元格》、刘瑑等撰《大中刑法总要格后敕》六十卷、张戣撰《大中刑律统类》十二卷、李崇撰《法鉴》八卷等,在中国本土没有保存下来,但在日本有传播的《张氏注》《宋氏注》《简氏注》《曹氏注》《唐问答》《唐律释》《律疏骨梗录》等。在宋代,有官撰《宋刑统》,以及律家孙奭著《律附音义》、黄懋撰《刑法要例》八卷、王行先撰《令律守鉴》二卷、曾旼撰《刑名断例》三卷、王键撰《刑书释名》、刘筠撰《刑法叙略》等。但在这些律学作品中,除了《唐律疏议》《宋刑统》《律附音义》《刑书释名》等少数之外,基本上都已经佚失。

至明清时期,史籍记载的律家的作品就更加丰富了。仅在明代就有100 余部,清代有160 余部,两者相加有260 余部。[①] 与唐宋时期不同,明清时期的律学作品大部分得以保存下来,可以为我们所见。因此,中华法系形成后,中国古代律家的主要理论观点和研究方法,通过官方和私人撰写的律学作品中的论述,可以大体把握,并从中分析他们思想的基本倾向。比如,律家在立法原理、司法原则和罪名刑种等方面提出了一些有价值的见解,在比较法上也有新建树。进一步挖掘、整理这些思想成果,乃是中华法系研究的重要课题。

1. 提倡法律之平等与司法之公正

这成为律家的奏疏和律典解释中的重要内容。如唐代思想家陆贽

---

① 参见何勤华:《中国法学史》第二卷,法律出版社2006 年版,第235—241 页。

(754—805 年)认为,"信赏必罚,霸王之资也",①"奖善惩违,固不可废"。②宋代律家李觏(1009—1059 年)主张法律必须平等:"法者,天子所与天下共也,如使同族犯之而不刑杀,是为君者私其亲也;有爵者犯之而不刑杀,是为臣者私其身也……故王者不辨亲疏,不异贵贱,一致于法。"③大文豪苏轼(1036—1101 年)也提出了"厉法禁,自大臣始"的司法公正思想:"昔者圣人制为刑赏,知天下之乐乎赏而畏乎刑也。是故施其所乐者,自下而上,民有一介之善,不终朝而赏随之,是以天下之为善者,足以知其无有不赏也。施其所畏者,自上而下,公卿大臣有毫发之罪,不终朝而罚随之,是以上之为不善者,亦足以知其无有不罚也……商鞅、韩非,峻刑酷法,以督责天下,然其所以为得者,用法始于贵戚大臣,而后及于疏贱,故能以其国霸……厉法禁,自大臣始,则小臣不犯矣。"④

2. 阐释罪名、刑种及定罪量刑的具体含义,做"律义之较名"

如关于法律体系,《唐律疏议》就做出了律、令、格、式等四种法律形式的划分,并对此进行了比较充分的阐述。日本继承了中国"律义之较名"的传统,《弘仁格式》的序中记载:"律以惩肃为宗,令以劝戒为本,格则量时立制,式则补缺拾遗。四者相须,足以垂范。"⑤在《令集解》"官位

---

① (宋)欧阳修、宋祁:《新唐书》卷一百五十七,中华书局 1975 年版,第 4921 页。

② (唐)陆贽:《陆宣公集》卷五,刘泽民校点,浙江古籍出版社 1988 年版,第 46 页。

③ (宋)李觏:《盱江集·刑禁第四》,载《四库全书》第 1095 册,上海古籍出版社影印本,第 90 页。

④ 《苏东坡全集》下,应诏集卷二,中国书店 1986 年版,第 734—735 页。此外,明以后,律家对司法公正也都有所论述。如明代律家唐枢(1497—1574 年)就强调"处以公心""务得本真"等司法立场;王肯堂、雷梦麟以及清代律家沈之奇、王明德等在其律学作品中也表达了相当的思想。参见何勤华:《中国法学史》第二卷,法律出版社 2006 年版,第 479—500 页。

⑤ 黑板胜美国史大系编修会:《新订增补国史大系 23·令集解前篇》,吉川弘文馆 1966 年版,正文第 1 页。

令第一"中,日本的律家还对什么是令,进行了重点阐述。① 关于法典结构,《唐律疏议》对"名例"等十二篇的结构、体例进行了理论概括和说明;关于刑罚体系,疏议对死刑、流刑、徒刑、杖刑和笞刑做了比较和解读;关于刑法原则,疏议论述了"十恶"加重、宗法伦理、德主刑辅、老幼废疾减免刑、比附和类推、本律优于名例、诬告反坐等各项,以帮助司法人员理解法典的含义;关于对重要法律制度的阐述,疏议涉及的就有故意和过失、共同犯罪、数罪并罚、累犯加重、自首减免等诸项;对于律文的解释,则更加精细,有限制解释、扩张解释、类推解释、举例解释、律意解释、逐句解释、辨析解释、答疑解释、创新解释;而对法典中专用名词的解释,则罗列了 7 大类 190 余个。② 可以说,对律义之较名,《唐律疏议》达到了极致,并奠定了中华法系对律义解释的传统,其影响至今还在。

3. 强调立法之简约、便民利民

如高颎等更定《开皇律》中"刑名",只保留死、流、徒、杖、笞五刑,以"蠲除前代鞭刑及枭首裂之法。其流徒之罪皆减从轻"。③ 在唐初《武德律》已经"尽削大业所用烦峻之法,又制五十三条格,务在宽简"之后,贞观年间修订律典时,仍认为旧律令刑罚太重,因而作了重大的修改。其结果,修订的《贞观律》"凡削烦去蠹、变重为轻者,不可胜纪"。④

至宋元以后,强调立法简约、便民利民的主张又与法律的公平、公正,尊重生命、强调民本、谨慎用刑等思想结合在了一起。如明代律家丘濬(1420—1495 年)在其《大学衍义补》"慎刑宪"中,就强调立法时必须把

---

① "令,谓教令也。教以法制,令其不相违越。""或云,问:令字若为训何? 答:令者无疏,语其是非,教其法则。""又或云:令者,法也,诰也,教也。"黑板勝美国史大系编修会:《新订增补国史大系 23·令集解前篇》,吉川弘文馆 1966 年版,第 3—5 页。

② 参见何勤华:《中国法学史》第一卷,法律出版社 2006 年版,第 451 页。

③ (唐)房玄龄等:《隋书》卷二十五,中华书局 1973 年版,第 711 页。

④ (后晋)刘昫等:《旧唐书》卷五十,中华书局 1975 年版,第 2134、2138 页。

握住几项原则,如法须公正、法胜君言①;尊重生命、强调民本②等。明代的另一位律家王肯堂(1549—1613年)也强调,充分理解便民、利民、爱民之立法本意,精通律意,谨慎用刑,才是一位法律工作者的基本职责。"夫律意必讲而后明者,非独词旨简严奥博不易讨究,而刑期无刑,用主不用,上帝好生之心,虞庭钦恤之意,(在法典)三十卷中时隐时见,非俗吏桎梏章句者所知,是不可以不细讲也,则又安敢徇乐简恶繁之人情,而省约其文乎?世之司民命者,倘因余言而有感焉,体圣祖之心,遵圣祖之训,则刑为祥刑。"③

在日本,律学继受自中国,所以许多关于立法、司法的见解,都照搬、照抄了中国律家的观点,但他们还是表达了一些自己的想法。如日本明法学家清原夏野、菅原清公、藤原雄敏、藤原卫、兴原敏久、讚岐永直等在《令义解》序中,就明确宣称:"春生秋收,刑名与天地俱兴;阴惨阳舒,法令共风霜并用……昔寝绳以往,不严之教易从,画服而来,有耻之心难格。隆周三典,渐增其流。大汉九章,愈分其派。虽复盈车溢阁,半市之奸不胜。铸鼎铭钟,满山之弊已甚;降及浇季,烦滥益彰。上任喜怒,下用爱憎,朝成夕毁,章条费刀笔之辞;富轻贫重,宪法归贿赂之家……故令出不行,不如无法。教之不明,是为乐刑。伏惟皇帝陛下,道高五让,勤剧三握。类金玉而垂法,布甲乙而施令。芟春竹于齐刑,销秋荼于秦律……犹虑法令制作,文约旨广。"④这里的主旨思想很明确,同样也是批判了法律的烦琐,强调了立法的简约。

---

① 丘濬指出:"帝王之道,莫大于中。中也者,在心则不偏不倚,在事则无过不及……其刑上下,不惟无太过,且无不及焉,夫是之谓中,夫是之谓祥刑。"参见《大学衍义补·慎刑宪·总论制刑之义下》。

② 在《慎刑宪》中,已经包含了若干可贵的人道主义、民本主义、每个人的生命都必须得到尊重、人的自由平等不可剥夺等思想。比如,丘濬指出:"'好生之德洽于民心',此帝舜所以为舜也。盖天地生人而人得以为生,是人之生也,莫不皆欲其生。然彼知己之欲生,而不知人之亦莫不欲其生也。是以相争相夺,以至于相杀,以失其生生之理。"参见《大学衍义补·慎刑宪·总论制刑之义上》。

③ 何勤华:《中国法学史》第二卷,法律出版社2006年版,第290页。

④ 黑板胜美国史大系编修会:《新订增补国史大系22·律令义解》,吉川弘文馆1966年版,"令义解序"第1页。

4. 律学研究中比较法的运用

中国古代的比较法研究,是由律家创立和发展起来的。其经典就是清末刑部大臣、律家薛允升(1819—1901 年)的《唐明律合编》一书。该书积 40 余年律学研究成果和司法实务经验编撰而成,以中国古代留存下来的两大著名法典《唐律》和《大明律》作为研究的基础,先列出《唐律》的相类规定,而后举出《大明律》的相类条文,并指明,哪几条已为《大明律》所继承,哪几条为《大明律》所修改,哪几条为《大明律》中所没有,尔后对其进行了充分的比较分析,并触类旁通,对中国古代各项法律制度、原则乃至概念术语,作了立体性的研究。这对我们是一笔不可多得的法律文化财富。

由于日本的律学来自中国,在移植时本身就经历了一个比较、选择的过程。因此,日本的律家更加擅长比较。最为经典的就是《令集解》一书,它就像一本比较法学的百科全书。一方面,由于该书主要解释《养老律令》,而《养老律令》又继承自《大宝律令》,因此该书在阐述《养老令》条文的内涵时,常常会引用对《大宝令》的注释成果《古记》。如《令集解》卷八“僧尼令”的解释中,有一规定是对“冒名相代”的处理,作者在解释时,除了阐述自己的观点:“冒,覆也。言甲冒承乙名,而官司不觉……”,马上就引《古记》云:“冒名相代,谓上条移名为僧是也”①。另一方面,由于对《养老令》的注释作品很多,作者为了增强注释的说服力,也会经常比较各家学说,采取最为可取的观点。如《令集解》卷十三“赋役令”在解释“凡田有水旱虫霜,不熟之处。国司检实,具录申官”条时,就引用了“释云”(《大宝律》和《养老律》的注释书,作者不详)、“讚云”(讚岐永直撰写的关于《养老律令》的注释书)、“跡云”(阿刀氏撰写的《养老律令》的注释书)、“令释云”(《养老令》的注释书,作者不详)等十

---

① 黑板胜美国史大系编修会:《新订增补国史大系 23·令集解前篇》,吉川弘文馆 1966 年版,第 250 页。

余家不同的令注。① 此外,《令集解》在注释令文时,还不时引用中国律家的学说观点,进行日本与中国注释学的比较,以阐明日本令的特殊之处。据《令集解》研究专家泷川政次郎的研究,《令集解》采用中国律令注释成果涉及的就有《宋私记》《张私记》《简记》等数家。②

四、律家活动的特征

中华法系律家的活动,具有群体成分多元化,人数多、持续时间长,法律世家众多,以注释律令为活动中心,重视实务、关注实践和服务社会等特征。把握这些特征,可以更加深刻地认识和理解中华法系为何能达到辉煌的境界,并在世界法律文明史上占据独特的地位。限于篇幅,以及考虑到以注释律令为活动中心与重视实务、关注实践和服务社会这两个方面,学术界已经发表了一些论文,所以本节重点对群体成分多元化,人数多、持续时间长,法律世家众多这三个特征作些论述。

1. 群体成分的多元化

与英美法系和大陆法系相比,中华法系的律家,来源成分非常多元。他们中有各个王朝的开国元勋,如李德林、长孙无忌、裴寂、房玄龄、杜如晦、范质、赵普、李善长、刚林等,在日本,也有《大宝律令》《养老律令》的编纂者和注释者藤原不比等、大和长冈,《弘仁格式》《贞观格式》等的编纂者藤原时平等;也有宰相、首辅、尚书等国家最高层官吏,如高颎、宋璟、窦仪、耶律楚材、丘濬、薛允升等,在日本,也有吉备真备、惟宗公方、坂上定成等官僚群体;有律学名家,如孙奭、傅霖、沈仲纬、李术鲁翀、吴讷、王

---

① 参见黑板胜美国史大系编修会:《新订增补国史大系23·令集解前篇》,吉川弘文馆1966年版,第396—402页。

② 参见[日]三浦周行、泷川政次郎:《令集解释义》,国书刊行会1982年,第7页。

肯堂、雷梦麟、舒化、王明德、沈之奇、王又槐、许裢、祝庆祺等,在日本,有讚岐永直、惟宗直本、兴原敏久等律学大家;也有资深的司法官员,如苏威、狄仁杰、剧可久、况钟、蓝鼎元、全士潮等,在日本,也有讚岐千继、坂上明兼等;有大儒、经学家、史学家,如王通、孔颖达、真德秀等;也有文学家、诗人,如陈子昂、刘禹锡、白居易、柳宗元、欧阳修、苏轼(东坡)、李贽、李渔等,在日本,也有荻生徂徕、荷田在满等。

2. 人数多,持续时间长

在中国,隋唐时期的律家就有房玄龄等 50 余人;在宋元时期有剧可久、字术鲁翀等 60 多人;在明清时期人数就更多了,有何广、吴讷、张楷、陈士矿、刚毅等 80 多人,而这些还都只是有作品存世,或者在史籍中有传的人物。中华法系律家不仅人数多,而且活动持续的时间也特别长。且不算公元前 3 世纪秦汉时期律学的形成至公元 7 世纪初隋唐时期律学的鼎盛这近 1000 年时间,就是从中华法系的形成时期隋唐开始算起,至 20 世纪初清王朝灭亡为止,律学生存的时间也有近 1300 年。日本的情况相同,仅在奈良、平安两个时期(710—1192 年),出名的律家就有大和长冈、山田白金、讚岐广直、樱井田部贞相等 100 余人。日本进入镰仓幕府社会之后,各代仍然有一批明法博士在活动(如 1321 年去世的明法博士中原章任等)。之后,明法道虽然日趋衰落,室町幕府时期即 14 世纪中叶以后,明法博士的称呼也开始慢慢消失,但研究律令的律家仍然存在,如 14 世纪 40 年代的著名律家坂上明成等。至江户时期(17 世纪以后),律学研究又得到复兴,出现了如榊原篁洲(1656—1706 年)、荻生徂徕(1666—1728 年)、高濑喜朴(1668—1749 年)、荷田春满(1669—1736 年)、荻生北溪(1669—1754 年)、芦野德林(1695—1775 年)、薗田守良(1785—1840 年)等一批著名律家。

3. 法律世家众多

法律世家,在汉代和魏晋南北朝就已存在,到了中华法系形成之时的隋唐,获得了进一步的发展。比如,在唐初,就有韩仲良、韩瑗父子,戴胄、戴至德叔侄,苏壤、苏颋父子等。至宋、明以后,中国的法律世家并没有绝迹,继续在律学研究中发挥着积极的作用。比如,五代末宋初的和凝(897—955年)、和嵘(950—995年)父子,就是同心协力,将两代人的心血全部致力于完成律学作品《疑狱集》的写作上,开创了中国古代判例集的编纂模式。又如,明代中叶王樵、王肯堂父子也同样如此。王樵毕其一生,只完成了《读律私笺》的初稿。其子王肯堂继承了父亲的事业,殚精竭虑,辛勤写作,终于完成了律学名著《律例笺释》,该书成为明清律学研究中被引用最多的作品。

在日本,法律世家更是一个中世法文化中的普遍现象,若干家族历代出任明法博士、判事、检非违使等司法职务。如讃岐法律世家,从讃岐千继、讃岐永直,到讃岐永成等,延续数代;惟宗世家有惟宗直本、惟宗允亮、惟宗允正、惟宗道成等①;坂上世家有坂上定成、坂上明兼、坂上明基、坂上兼俊、坂上明政等;从惟宗家因赐姓"中原"而分化出来的中原世家,如中原季直、中原章职、中原明继等;因改姓从中原家族分化出来的势多世家,如势多治房、势多章甫等。其中,中原世家延续数十代,律家(明法博士)上百人,最早的奠基人虽然不甚清楚,但如果从中原资清②算起,到中原世家的最后明法子弟中原季教,③共有300余年,可谓世界少见,蔚为壮观。

五、律家的贡献与中华法系的传承

中华法系能够传承1300多年,离不开律家的贡献。这种贡献,主要

---

① 允亮、允正和道成后来都被御赐改姓"令宗"。

② 活跃时间为永长年间(1096—1097年)。关于中原资清的出身,现有的资料显示是因惟宗氏改姓而来,但为何要改为"中原",不甚清楚。参见[日]布施弥平治:《明法道の研究》,新生社1966年版,第223页。

③ 活跃时间为贞和年间(1345—1350年)。

体现为以下十个方面:建立起了一个庞大完整的法律体系;对律令等进行注释解读,让已经确立起来的这个法律体系能够有效地运作;严格执法,形成一种追求法律平等适用、公平正义的传统;阐述律令等法律体系中的法理与精神,拓宽律学的理论基础;充任国家的法律顾问,为政府的法制建设出谋划策;对判例进行汇编、总结、研究,为司法实务官员提供借鉴;记载法律重大事件,传述法律进步的历史,为后世留下珍贵的文献资料;从事司法检验,发展法医学;探索监狱管理规律,发展起以改造犯人为中心的监狱学;从事律学教育,培养为国家服务的法律人才。正是这些贡献,形成了生生不息的中华法系传统,并为近现代法学家的养育与成长模式提供了丰厚的历史遗产。①

1. 阐述律令等法律体系中的法理与精神,拓宽律学的理论基础

如唐代律家魏徵(580—643 年),就明确提出君主必须公正执法、平等用刑的思想:"夫刑赏之本,在乎劝善而惩恶,帝王之所以与天下为画一,不以亲疏贵贱而轻重者也。"②"赏不遗疏远,罚不阿亲贵,以公平为规矩。"③唐代的另外几位律家如孙伏伽、于志宁也与魏徵持同样的观点。宋代的律家李觏(1009—1059 年)也强调法制的重要性:"有仁义智信,然后有法制,法制者,礼乐刑政也。有法制,然后有其物,无其物,则不得以见法制;无法制,则不得以见仁义智信。"④他主张宽猛相济、两手并用的法律措施,法律必须适时而变,以及法律必须平等的思想:"法者,天子所与天下共也,如使同族犯之而不刑杀,是为君道私其亲也;有爵者犯之而不刑杀,是为臣者私其身也……故王者不辨亲疏,不异贵贱,一致于

① 限于篇幅,本节仅就阐述律令等法律体系中的法理与精神,拓宽律学的理论基础;充任国家的法律顾问,为政府的法制建设出谋划策;从事律学教育,培养为国家服务的法律人才;严格执法,确立一种追求法律平等适用、公平正义的传统四个部分展开分析。

② (唐)吴兢:《贞观政要集校·论刑法》,谢保成集校,中华书局 2003 年版,第 440 页。

③ (唐)吴兢:《贞观政要集校·论择官》,谢保成集校,中华书局 2003 年版,第 168 页。

④ (宋)李觏:《盱江集·礼论第五》,文渊阁四库全书本。

法。"①其他,如明代的丘濬,清代的王明德、蓝鼎元等,在注释研究律令的同时,也都积极阐述法理精神。

2. 充任政府的法律顾问,为政府的法制建设出谋划策

如隋代的郑译、杨汪,唐代的裴寂、孙伏伽,宋代的孙奭,明代的刘基、唐枢,清代的朱栻等,都是积极为政府立法建制提供建议的律家。当然,与中国律家做法律顾问基本上是兼职行为不同,日本的明法博士充任法律顾问、为朝廷提供法律意见,则是一种职务行为。如明法博士惟宗直本、讃岐永直等都是这样的法律顾问。法律顾问提供的法律意见称明法勘文②,内容涉及土地制度、寺庙管理、朝廷礼仪、官制内涵、天皇家事、皇族以及达官贵人之婚丧嫁娶、各类犯罪的定罪量刑等,面比较宽,都是朝廷咨询明法博士而明法博士必须作出回复、制作明法勘文的内容。一方面,做出明法勘文对明法博士是一种荣誉,如果勘文被政府采纳了,就会被吸收进法官的判决书之中,取得可以执行的效力,形成先例;另一方面,做出勘文对明法博士而言压力很大,如果勘文不合朝廷的心意,或者不能妥善解决所面对的难题,做出明法勘文的明法博士就会受到处分。如惟宗公方、菅原有真、坂上范政等,就是因为所提供的明法勘文违背了朝廷的意愿,没有被采纳,而被免职,有的从此退出官场,有的则郁郁不乐而很快去世。③

3. 从事律学教育,培养为国家服务的法律人才

中华法系的律学教育,在中国的隋、唐、宋三代,既有官学,也有私学,

---

① (宋)李觏:《盱江集·礼论第五》,文渊阁四库全书本。

② 勘文又称勘状,是记载回答上级咨询之内容的文书。明法勘文又称法家勘文,是明法家提出的勘文。在古代、中世,日本朝廷与天皇、摄关等最高统治者,在确定刑事案件的罪名、裁定诉讼纠纷中的是非时,原则上会命令两位明法家提出勘文,以作为判决的辅助材料。

③ 如坂上范政就因为在处理寺庙僧人群体纠纷时没有提供合适恰当的勘文,于长治二年(1104年)被免去职务。之后郁郁寡欢,不久就去世了。参见[日]布施弥平治:《明法道の研究》,新生社1986年版,第220页。

但官学占主导地位。元、明、清三代,由于官方取消了正规的律学教育,因此,私家律学教育就成为主要的形态。而在私家律学教育中,元代的沈仲纬、马端临,明代的唐枢,清代的万维翰、汪辉祖等一批律家作出了突出的贡献。其中,江南一代名幕、律学教育名家汪辉祖(1731—1807 年)尤为杰出。汪辉祖的主要作品《佐治药言》,就是数十年从事法律教育的经验结晶,也是他从事律学教育的主要教材。汪辉祖在序中说,该书就是为学法青年而写的。《佐治药言》有 40 篇论说,强调学法用法之人,首先必须"立心要正""人品要好";其次必须读书、读律,以提高刑幕自身的文化素质和专业水平。

4. 严格执法,确立一种追求法律平等适用、公平正义的传统

如隋代律家苏威长期担任大理卿和刑部尚书等高级司法官的职务,其在执法过程中,能坚持秉公执法,甚至阻止隋文帝的法外用刑和任意杀人。《隋书·苏威传》记载:"上尝怒一人,将杀之,威入阁进谏,不纳。上怒甚,将自出斩之,威当(挡)上前不去。上避之(绕开苏威)而出,威又遮止,上拂衣而入。良久,乃召威谢曰:'公能若是,吾无忧矣。'"宋以后,严格执法的律家仍然代有人出,如剧可久、包拯、王与、苏天爵、况钟、吴讷、海瑞、蓝鼎元、王又槐等。虽然,在官员队伍中,这样的律家人数并不是很多,但他们的精神足以垂范后世。日本平安时代的惟宗公方,同样不仅是一位杰出的明法学家,也是一位正直的具有人道主义精神的司法官员。如在天历年间(947—957 年)所发生的一个案件中,公方就敢于顶撞天皇,坚持自己的法律主张。虽然公方的主张拂了圣意,被降了官职,但其追求法的公平的精神,获得了律家的尊重。①

律家的上述贡献②,为中华法系的传承奠定了基础。

---

① 参见[日]布施弥平治:《明法道の研究》,新生社 1986 年版,第 196—198 页。
② 此外,探索监狱管理规律,发展以改造犯人为中心的监狱学,如清末刑部官员赵舒翘(？—1901 年)创作了中国历史上第一部监狱学著作《提牢备考》,也是中华法系律家作出的重要贡献。

一方面,他们为中华法系的法律学术塑造了一个灵魂,这就是儒家的思想以及由其演化出来的一系列律学的基本原则。当然,儒家关于法律的思想发展至中华法系奠基时期的隋唐,已经不仅仅是单纯的孔孟学说了,它已经包含了法家、道家、墨家和其他一些学派关于法律的见解,从而演化成为中华法系的法学世界观,其内容也已经相当丰富了,其演绎出来的各项基本原则,有些具有相当的历史进步性,如以民为本,教化为先,德主刑辅,宽猛相济,约法省禁,慎刑轻罚,刑赏公平,依法治吏,以及法因时而变等。这些原则,虽然在近代因中华法系的解体而与其法律躯体相分离,失去了生存的基础。但经过适当改造、提炼和升华,作为一种传统法学世界观中的优秀遗产,完全可以附着于新的近现代法律体系和法律制度之上,继续发挥作用。

另一方面,律家为中华法系锻造了一个法律躯体,建筑了一座法律大厦,中国的《唐律》《宋刑统》《大明律》《大清律例》,日本的《大宝律令》《养老律令》《弘仁格式》等就是这躯体的基本部分。而且为了使这一法律躯体强有力地活动起来,律家对法律体系进行了详尽、周密和实用化的注释和阐述,这些努力构建了从法律文本到司法实务活动之桥梁。如中日官方的《唐律疏议》《令义解》,民间的《律集解》《令集解》《读律琐言》《律例笺释》《大清律辑注》《读律佩觿》等,就是这方面的代表。

此外,律家对完美人格、法的公平和司法正义的追求,以及为此前赴后继的传统,也使中华法系中一些要素的传承得以实现。秉承儒家"修身齐家治国平天下"的宗旨(使命感),律家作为士大夫阶层之一部分,期望法律人拥有一个完美人格,李德林、孔颖达、王明德等就是这方面的典范;无论是主持参与立法,还是注释律令(格式)条文、阐述法律精义,律家的主体在其能力所及的限度内,都把法的平等作为至高的准则,房玄龄、长孙无忌、戴胄、王肯堂等人,就是这方面的代表;在高度集权、行政司法不分、皇帝拥有最高司法权的既有社会框架之内,以自身一己之努力,竭力追求司法正义,在每一个案件的审理中做到精益求精,追求最大限度的公平正义,这是律家的又一个理想和追求,赵绰、魏徵、包拯等人就是其中的代表。正是律家的上述理想和追求,不但使中华法系发展、延续达

1300余年,形成了中华法系之学术传统,而且在进入近代社会之后,能使中华法系中的一些精华元素融入近现代法律体系之中,为当代中日两国(也包括韩国和越南等中华法系国家)法和法学的发展提供了丰厚的历史资源。

表4-1　中华法系主要律家简表①

姓名	生活年代	法律业绩	律学作品与学说	文献来源
李德林	531—590年	编纂《开皇律》	为编纂《开皇律》而研究北齐、北周的法律	《隋书》李德林传
苏威	534—621年	参与隋王朝的律令格式的制定和修改,审理重大案件	为立法建制而研究律令格式	《隋书》苏威传、刑法志
郑译	540—591年	参与《开皇律》以及礼乐律令的编纂	对礼乐律令有深入研究	《隋书》郑译传、刑法志
高颎	?—607年	参与编纂《开皇律》,确立五刑、十恶、八议等制度,以及《输籍法》等	对隋的律令有研究,对后世律学有重要影响	《隋书》高颎传、刑法志
牛弘	545—610年	参与制定《开皇律》及礼乐的律令,在此基础上修纂《大业律》	为修订完善律令而深入研究之,收到世人好评	《隋书》牛弘传、刑法志
王通	584—617年②	从事律学教育,培养了房玄龄、杜如晦、魏徵等人	提出德治与教化、约法省禁、信赏必罚的思想	《旧唐书》王勃传
赵绰	生卒不详	作为大理丞、大理少卿、刑部侍郎等参与隋的立法与司法活动	对律令有深入研究,多次纠正杨坚的法外用刑	《隋书》赵绰传、刑法志
杨汪	生卒不详	作为大理卿,参与隋的立法与司法活动,并从事律学教育	对律令有深入研究,与群儒议律令,获称第一	《隋书》杨汪传

---

① 受资料限制,本表主要列举古代中国和日本的律家。

② 王通的出生时间,虽然晚于刘文静、裴寂、孔颖达等人,但他617年去世时,唐王朝还没有建立,故笔者将其列入隋末之律家行列。

姓名	生活年代	法律业绩	律学作品与学说	文献来源
郎茂	生卒不详	作为尚书左丞协助苏威从事立法建制以及司法审判工作	提出轻刑、德治、法律公平等学说	《隋书》郎茂传
刘文静	568—619年	与裴寂等一起,以《开皇律》为范本,制定武德律	力主法律务在宽简,对律令格式有研究	《旧唐书》刘文静传、刑法志
裴寂	570—632年	以《开皇律》为范本,制定《武德律》	在编纂法典时,对律令格式有深入研究	《旧唐书》裴寂传、刑法志
戴胄	?—633年	以大理少卿、宰相等身份参与唐初的修律及司法活动	提出法律平等、法当诚信等学说	《旧唐书》戴胄传,《贞观政要》
孔颖达	574—648年	作为儒学名人,参与当时的立法和司法活动	对律令有众多释义,对法律思想有重要影响	《旧唐书》孔颖达传
房玄龄	579—648年	出身刀笔吏,编修《武德律》《贞观律》,及令、格等	参与编纂《唐律疏议》	《旧唐书》房玄龄传
魏徵	580—643年	参与修订唐初律令,使其不断简约、轻缓	提出法律必须公正、平等的学说	《旧唐书》刑法志,《贞观政要》
颜师古	581—645年	负责皇帝诏敕的撰写,参与编纂《武德律》	参与撰写《五经正义》等,对律令有众多释义	《旧唐书》颜师古传
杜如晦	585—630年	出身刀笔吏,参与编修唐初的律令格等	对律令有研究,受李世民器重	《旧唐书》杜如晦传,《贞观政要》
孙伏伽	?—658年	出身法曹,以大理少卿、刑部侍郎参与立法与司法活动	提出赏罚得中、言必信、法必行的学说	《旧唐书》孙伏伽传,《贞观政要》
长孙无忌	?—659年	编修《武德律》《贞观律》《永徽律》《永徽留司格》等	参与编纂《唐律疏议》	《旧唐书》长孙无忌传,《贞观政要》
于志宁	588—665年	参与编修永徽律令格式等	参与编纂《唐律疏议》,提出司法时令说	《旧唐书》于志宁传,《贞观政要》
韩仲良	7世纪初人	武德年间掌定律令	对律令进行解释,做出评注	《旧唐书》韩仲良传

姓名	生活年代	法律业绩	律学作品与学说	文献来源
韩瑗	7世纪人	参与修订唐初律令	参与编纂《唐律疏议》	进律疏表
贾公彦	生卒不详	在儒学造诣上，与孔颖达、颜师古齐名，参与唐初修律变法活动	撰《周礼义疏》等，阐述八议、五刑等律学精义	《旧唐书》贾公彦传等
狄仁杰	630—700年	以法曹参军、大理丞、侍御史和宰相的身份参与武则天时期的立法与司法活动	在长期的司法实践中，阐述律令的含义和精神，影响巨大	《旧唐书》狄仁杰传、刑法志等
徐有功	641—702年	作为司法参军、司刑少卿的身份参与武则天时期的司法活动	在司法实践中，阐述法的平等、正义等学说	《旧唐书》徐有功传
伊吉子人	7世纪末人	从事法律实务工作，处理过各类民刑事纠纷	以令师身份从事律令的制定和解释	《令集解》等
锻冶大角	7世纪末人	参与制定《大宝律令》	从事《大宝律令》的解释	《怀风藻》等
张鷟	7世纪末人	参与朝廷和地方的判例整理工作	著《龙筋凤髓判》，系史上最早的一部官定判例集	《旧唐书》张鷟传等
宋璟	663—737年	开元年间删定律令格式，编纂《开元后格》	在释律时，阐述法的平等、正义之思想	《旧唐书》宋璟传、刑法志
吴兢	1670—749年	以史家的身份，记录唐初的立法与司法活动	编纂《贞观政要》，留下珍贵法制史料	《旧唐书》吴兢传、《贞观政要》
大和长冈	689—769年	编纂《养老律令》	作为遣唐使回到日本后传授法律	《续日本纪》
杨炎	727—781年	参与唐中期立法建制工作，积极推行《两税法》	常与同事议论律令，提出改革建议	《旧唐书》杨炎传等
陆贽	754—805年	为朝廷起草诸多修律变法的诏令	提出先德后刑、约法省禁、信赏必罚的思想	两唐书的陆贽传，《陆宣公集》

姓名	生活年代	法律业绩	律学作品与学说	文献来源
盐屋吉麻吕	8 世纪人	编纂《养老律令》，作为法官审理各种案件	发表明法勘文	《怀风藻》，《续日本纪》
山田白金	8 世纪人	编纂《养老律令》	对律令进行解释	《续日本纪》
穴太内人	8 世纪末 9 世纪初人	作为明法博士发表明法勘文	对《养老律令》进行解释	《日本续纪》，《日本后纪》
讃岐千继	8 世纪末 9 世纪初人	《延历交替式》的主要编纂者	其明法勘文被收录于《法曹类林》之中	《延历交替式》
越智直广江	生卒不详	发表明法勘文	参与《令集解》的编纂，留有伊说等	《怀风藻》，《续日本纪》
兴原敏久	9 世纪上半叶人	作为明法博士和大判事，参与立法和司法活动，制定《弘仁格式》	参与编纂《令义解》，以及其他律令的解释	《日本后纪》，《法曹类林》，《类聚国史》
额田今足	9 世纪上半叶人	发表众多明法勘文，并促成了官颁《令义解》的制定	《令义解》的附录，收录了他关于令的解状	《三代实录》，《类聚国史》，《政事要略》
惟宗直宗	9 世纪人	作为明法博士和大判事审理案件，留下一些著名判例	传授法律、解释法律，其明法勘文收入《政事要略》	《三代实录》，《政事要略》
讃岐广直	9 世纪前期人	作为明法博士，参与立法和司法活动	其明法勘文被收录于《法曹类林》	《政事要略》
讃岐永直	783—862 年	作为明法博士，参与立法、司法和法律教育活动	编纂《令义解》，在自己家中讲授律令	《续日本后纪》，《大日本史》
伴宗	791—855 年	作为明法博士和大判事，参与立法和司法活动	著有解读律令的《令私记》等	《续日本后纪》，《文德实录》
御辅长道	798—860 年	作为明法博士和大判事，参与立法和司法活动	讲解律令	《三代实录》，《续日本后纪》
实人永继	870 年前后活跃	作为明法博士和大判事，参与立法和司法活动	著律令解释，《二中历》所收入的十大律学家之一	《三代实录》，《二中历》，《政事要略》
樱井田部贞相	9 世纪人	作为明法博士和大判事，参与立法和司法活动	《丧葬令》《令义解》和名例律六议条等的解释者	《三代实录》

姓名	生活年代	法律业绩	律学作品与学说	文献来源
樱井右弼	935 年前后活跃	明法博士,参与朝廷的立法和司法活动	为《二中历》所收入的十大律学家之一	《大日本史》,《三代实录》
善道维则	935 年前后活跃	明法博士,参与立法和司法活动。《大宝律令》编者的后人	有解释律令的片段成果留世	《类聚符宣抄》,《政事要略》
和凝	897—955 年	以刑部员外郎的身份参与法律运行活动	编《疑狱集》,推动中国古代判例与法医研究	《旧五代史》和凝传
惟宗直本	9 世纪末 10 世纪初人	任天皇法律顾问,主持编纂《律集解》《令集解》和《捡非违使私记》	被恩赐在自己家中讲授律令,称为"延喜讲书"	《二中历》,《三代实录》,《政事要略》
惟宗善经	922 年前后去世	参与制定《延喜格式》,作为明法博士和大判事,留下一些著名判例	留有解释律令格式的成果	《政事要略》,《延喜格之序》
惟宗公方	10 世纪人	明法博士,朝廷的法律顾问,参与立法和司法活动	著《本朝月令》六卷,《二中历》所列十大律学家之一	《政事要略》,《法曹类林》,《官职秘抄》
实宪	10 世纪人	明法博士,参与朝廷的立法和司法活动。	发表众多重大刑案的明法勘文	《日本纪略》
惟宗允亮	10 世纪人	明法博士,朝廷的法律顾问,编纂政事要略,类聚判集	参与撰写《类聚律令》《刑官问答私记》	《北山抄》,《鱼鲁愚抄》,《二中历》
令宗允正	1015 年去世	发表众多明法勘文	《二中历》所列十大律学家之一	《政事要略》,《兵范记》
大江保资①	1021 年之前活跃	作为明法博士,发表明法勘文,参与司法活动	时人誉为与惟宗允亮并列的律学家	《西宫记》,《少右记》
令宗道成	1027 年去世	作为明法博士,发表众多明法勘文	其律令学说对后世影响很大	《叶黄记》,《小右记》,《春记》

---

① 原名甘南备保资,宽仁三年改姓"大江保资"。参见[日]布施弥平治:《明法道の研究》,新生社 1986 年版,第 210 页。

姓名	生活年代	法律业绩	律学作品与学说	文献来源
小野文义	1032 年之前活跃	作为明法博士,发表众多明法勘文	对律令有解释	《官职秘抄》,《少右记》
范质	911—964 年	对后周和宋初的立法建制作出贡献,主持编纂《大周刑统》	在修律变法中,阐述律令的内涵与精神	《宋史》范质传
窦仪	914—966 年	参与宋初的立法,主持编纂《宋刑统》,以及四卷编敕	提出法的平等、公平、简约等学说	《宋史》窦仪传、刑法志
苏晓	?—976 年	参与编纂《大周刑统》和《宋刑统》,以及四卷编敕	提出法律平等、信赏必罚等思想	《宋史》苏晓传
剧可久	10 世纪人	参与后周和宋初的立法建制,参与编纂《大周刑统》	在释律中,阐述法的公平正义的内涵	《宋史》剧可久传
和嵘	950—995 年	长期从事折狱、决狱活动	继承父亲和凝的工作,完成了《疑狱集》的撰写	《宋史》和嵘传,《疑狱集》序
刘筠	11 世纪初人	以大理判事、左司谏、知制诰等参与立法与司法活动	参与编纂《册府元龟》,后单出《刑法叙略》一书	《宋史》刘筠传等
包拯	999—1062 年	长期从事法律的运行工作,改善了执法环境	提出用法于民有利、慎法守信、治吏等学说	《宋史》包拯传,《包孝肃奏议集》
李觏	1009—1059 年	从事教育活动,包括法律教育的内容	阐述了法律平等、宽猛相济等思想	《宋史》李觏传,《盱江集》
宋绶	11 世纪初人	参与宋王朝的立法,尤其是有关继承的律令	阐述丧葬律令,并开始编纂《唐大诏令》	《宋史》宋绶传
宋敏求	1019—1079 年	长期担任判官、大理寺丞、参政知事等,参与立法与司法活动	继承父亲宋绶的工作,完成了《唐大诏令》的编纂	《宋史》宋敏求传
孙奭	11 世纪上半叶人	参与国家的立法,确定了祭祀、礼仪的律令;举办律学的教育	撰写《律附音义》一书,保存了唐律	《宋史》孙奭传

姓名	生活年代	法律业绩	律学作品与学说	文献来源
王安石	1021—1086年	在宋神宗的支持下,进行立法变革,推出各种新法	阐述新法的精义,提出立善法治天下的学说	《宋史》王安石传
利业	1030年前后活跃	作为明法博士,发表明法勘文,参与司法活动	熟悉律令,是1030年前后朝廷主要法律顾问	《小右记》,《左经记》
苏轼	1036—1101年	在长年担任判官、知府期间,参与法律的实施等活动	阐述了历法禁自大臣始等思想	《宋史》苏轼传,《东坡全集》
坂上定成	11世纪人	作为明法博士,发表众多明法勘文	坂上律学世家的奠基人	《本朝世纪》,《大日本史》
菅原有真	11世纪末人	作为明法博士,发表众多定罪量刑的明法勘文	《二中历》所列十大律学家之一	《百炼抄》,《法曹类林》
惟宗国任	12世纪初人	作为明法博士,发表众多明法勘文	其解释律令的学说影响很大	《本朝世纪》,《中右记》
坂上范政	12世纪初去世	为朝廷提供定罪量刑的大量明法勘文,参与立法与司法	关于刑法的勘文对后世产生重要影响	《中右记》,《朝野群载》,《平安遗文》
中原资清	1111年去世	作为明法博士,为朝廷提供了大量经典的明法勘文	关于土地纠纷的明法勘文对后世影响很大	《中右记》,《永昌记》,《朝野群载》
三善信贞	12世纪上半叶活跃	作为明法博士、大判事、朝廷的法律顾问,参与立法和司法活动	提出了服丧、祭祀、土地和赎罪的律令解释	《中右记》,《永昌记》,《法曹类林》
坂上明兼	1147年去世	作为明法博士,发表众多明法勘文	著有《三十卷抄》《法曹至要抄》《禁法略抄》	《本朝世纪》,《除目大成抄》
小野有邻	1149年去世	作为明法博士,发表众多明法勘文	作为律学世家的继承人,对律令做出解释	《中右记》,《法曹类林》,《本朝世纪》
坂上兼成①	1113—1162年	作为明法博士,发表众多明法勘文	传承了律学之家学	《续群书类从》,《本朝世纪》

---

① 坂上明兼的儿子。

续表

姓名	生活年代	法律业绩	律学作品与学说	文献来源
郑克	12 世纪人	曾任建康府上元县尉和湖州提刑司,审理过许多案件	著《折狱龟鉴》一书,对后世判例研究影响重大	元人刘壎《隐居通议》
中原章贞①	12 世纪下半叶人	担任明法博士约30 年,参与立法、司法活动	发表许多经典明法勘文	《山槐记》,《玉叶吉记》
坂上兼俊②	1171 年前后去世	作为明法博士,发表众多明法勘文	明法勘文被视为当时权威的法律意见	《本朝世纪》,《平安遗文》
中原业伦	1172 年去世	曾任少判事、大判事和明法博士,参与司法活动	关于幕藩关系之明法勘文对后世影响很大	《本朝世纪》,《平户记》,《群书类从》
中原基广	1175 年前后活跃	担任明法博士,参与立法和司法活动	关于收养的明法勘文影响很大	《山槐记》,《玉叶》,《清獬眼抄》
中原明基③	13 世纪初叶人	作为明法博士,发表众多明法勘文	在前人劳动的基础上,完成《法曹至要抄》	《山槐记》,《续群书类从》
宋慈	1186—1249 年	长期担任通判、提点刑狱,为改善司法、法医检验作出贡献	撰写《洗冤集录》一书,开创了中国古代法医学	《宋经略墓志铭》,《宋史翼》宋慈传
中原章亲	13 世纪初人	作为明法博士,发表众多明法勘文	对户令的解释,为后世亲族法所继承	《山槐记》,《地下家传》
桂万荣	13 世纪初人	长年从事司法实务工作,为改善司法做出贡献	著《棠阴比事》一书,推动了判例和法医研究	《慈溪县志》桂万荣传
刘克庄	1187—1269 年	在担任袁州知州、多地提点刑狱时,审理过许多案件	《名公书判清明集》收录其重要判词 22 篇	《名公书判清明集》,《后村词笺注》
胡颖	13 世纪人	曾担任提点刑狱等工作,审理过一些重要的案件	《名公书判清明集》收入其判词 75 篇	《宋史》胡颖传

---

① 中原章贞是日本律令制时代著名的律学家,日本大学教授布施弥平治介绍其他明法学家时,一般都不超过 1 页,而介绍中原章贞却用了整整 26 页。参见[日]布施弥平治:《明法道の研究》,新生社 1986 年版,第 232—259 页。

② 坂上明兼的儿子。

③ 坂上兼成的儿子。被赐姓"中原",故也称中原明基。

姓名	生活年代	法律业绩	律学作品与学说	文献来源
蔡抗	13 世纪人	曾担任提点刑狱、吏部尚书等工作,审理过一些重要的案件	《名公书判清明集》收入其判词 72 篇	《宋史》蔡抗传等
耶律楚材	1190—1244 年	陈时务十策,定便宜十八事为临时性法律,改革元之前的重刑	体恤民众,强调法律平等、信守赏罚等	《元史》耶律楚材传
吴势卿	13 世纪人	在担任处州知州、浙西转运使期间,审理过许多案件	《名公书判清明集》收录其重要判词 25 篇	《名公书判清明集》
范应铃	13 世纪人	任抚州知州、蕲州通判、广西提点刑狱等职,审理过许多案件	有《对越集》等,《名公书判清明集》收其判词 22 篇	《宋史》范应铃传
吴革	13 世纪人	在任临安府知府、江南西路提点刑狱期间,审理过许多案件	《名公书判清明集》收录其重要判词 22 篇	《名公书判清明集》
傅霖	北宋时人	参与司法审判,举办过律学教育等活动	著《刑统赋解》一书,宣传普及律令知识	《四库全书总目提要》
中原章久	1251 年前后去世	作为明法博士,参与立法和司法活动	其关于神庙冲突的明法勘文引起很大反响	《平户记》,《百炼抄》,《玉叶》
坂上明盛	1217—1295 年	作为明法博士、刑部少辅和大判事,参与立法和习法活动	其众多明法勘文,对后世影响很大	《平户记》,《勘仲记》
王与	1260—1346 年	长期担任司法官员,积累了审理案件和法医检验的丰富经验	撰写《无冤录》一书,发展了宋慈的思想	《温州经籍志》
孛术鲁翀	1279—1338 年	参与国家的立法建制,编纂《大元通制》这一重要法律汇编	在解释法律时,提出明刑弼教等思想	《元史》孛术鲁翀传等
苏天爵	1293—1352 年	参与国家的立法与司法活动,并积极建言建策	撰写《国朝名臣事略》《治事龟鉴》等	《元史》苏天爵传等

姓名	生活年代	法律业绩	律学作品与学说	文献来源
沈仲纬	1368 年之前活跃	作为郡府掾,参与司法审判,举办过律学教育等活动	著《刑统赋疏》一书,宣传普及律令知识	俞淖《刑统赋疏序》
钶荣祖	14 世纪初人	主持编纂《至元新格》,起草制定《大德律令》	提出法律须平等、公正的思想	《元史》何荣祖传
宋濂	1310—1381年	参与制定大明律令	阐述婚姻律,著《宋学士全集》等	《明史》宋濂传、刑法志
中原章任	1311 年去世	参与立法与司法活动,为花园上皇侍讲律令	著《金玉掌中抄》等作品	《职原钞》,《勘仲记》
坂上明成	1338 年前后活跃	作为明法博士和大判事,参与立法和司法活动	对朝廷礼仪和服饰等律令作出解释	《建武记》,《大日本史料》,《匡远记》
李善长	1314—1390年	作为明王朝开国元勋,主持制定大明律令	研习律令,使明律的体裁与唐律大有变化	《明史》李善长传、刑法志
周桢	14 世纪下半叶人	作为明初大理卿、刑部尚书,参与了大明律令的制定	为了解释律令,撰写了《律令直解》一书	《明史》周桢传
刘惟谦	14 世纪下半叶人	作为洪武初年的刑部尚书,参与了大明律令的制定	为助新律实施,修订《唐律疏议》十二卷	《明史》刘惟谦传、刑法志
何广	生卒不详	长年从事司法活动	撰写《律解辨疑》一书,存洪武年间的《大明律》原文	《中国珍稀法律典籍集成》
吴讷	1372—1457年	历任行政、司法、监察官员,对法律实务有丰富经验	著《祥刑要览》,重新编纂《棠阴比事》	《明史》吴讷传
张楷	1398—1460年	长期担任司法监察官员,为司法公正竭尽全力	撰写《律条疏议》三十卷,解释律意	《慈溪县志》
丘濬	1420—1495年	作为礼部尚书、文渊阁大学士,参与国家立法与司法活动	撰《大学衍义补》治国平天下之要、慎刑宪	《明史》丘濬传,《大学衍义补》

姓名	生活年代	法律业绩	律学作品与学说	文献来源
胡琼	16世纪上半叶人	任司法监察官员，为司法公正竭尽全力。后因哭谏，受杖卒	撰写《大明律解附例》三十卷，详解律意	《明史》胡琼传等
唐枢	1497—1574年	作为刑部官员，为司法改革建言建策，并从事律学教育	著《法缀》《政问录》二书，汇集律典与律学著作	《明史》唐枢传，《明儒学案》
王樵	1521—1599年	历任南京、福建等地的地方官员，参与司法审判活动	著《读律私笺》《尚书日记》等，阐述律意	《王仪部先生笺释》
舒化	16世纪下半叶人	历任刑部尚书等职，参与续修《明会典》，制定刑名事例	主编《问刑条例》七卷、《大明律附例》三十卷	《明史》舒化传
余懋学	16世纪下半叶人	作为司法与行政官员，辛勤管理、秉公执法，口碑俱佳	编辑《仁狱类编》三十卷。补充《疑狱集》等的不足	《明史》余懋学传
雷梦麟	生卒不详	作为刑部官员，为司法改革建言建策，并从事律学教育	撰写律学名著《读律琐言》一书	《读律琐言·序》
张居正	1525—1582年	作为首辅（宰相），进行了一系列变法	提出依法治国、加强吏治、礼刑两手等主张	《明史》张居正传
吕坤	1536—1618年	以刑部左右侍郎身份，参与朝廷的立法与司法活动	撰写《风宪约》《实政录》等刑狱和法医的著作	《明史》吕坤传
王肯堂	1549—1613年	历任刑部员外郎、大理卿、刑部右侍郎等职，参与司法活动	补其父王樵的《读律私笺》，完成《律例笺释》一书	《明史》王樵传
萧近高	17世纪初人	在履行司法职务时，秉公执法、追求社会正义	编撰刑台法律，为律学的繁荣作出贡献	《明史》萧近高传
李清	1602—1683年	在明末动荡的社会中，履行着司法官员的职责，追求法律的平等	撰写《折狱新语》一书，进一步推动了判例的研究	《明史》李清传，《清史稿》李清传

姓名	生活年代	法律业绩	律学作品与学说	文献来源
刚林	17世纪人	作为清初重臣,参与国家各项立法活动	主持编纂《大清律集解附例》三十卷	《清史稿》刚林传
对哈纳	?—1675年	以刑部左侍郎、刑部尚书身份,参与国家的立法与司法活动	主持校解《大清律例朱注广汇全书》,弘扬律学	《清史稿》对哈纳传
陈士矿	1657—1718年	长期担任司法官和地方官员,能够秉公执法,善断疑案	撰写《折狱卮言》一书,推动律学的发展	《清碑传合集》、《嘉兴府志》
朱栻	18世纪初人	长期担任司法官员,能够秉公执法,善断疑案	主持编纂《大清律集解》三十卷,阐述律意	《清史稿》朱栻传
沈之奇	18世纪初人	长期从事司法实务工作,有丰富经验积累	撰写《大清律辑注》,推动了清代律学进步	《嘉兴府志》
蒋廷锡	1669—1732年	参与主持《大清会典》的编纂	编校一百八十卷巨著《祥刑典》	《清史稿》蒋廷锡传
蓝鼎元	1675—1733年	作为地方行政司法官员,秉公执法,善断疑案	撰写《鹿洲公案》等作品,推动律学进步	《清史稿》蓝鼎元传
万维翰	生卒不详	从事幕职30余年,审理案件,传授法律	撰写《幕学举要》《律年例图说辨伪》等律学作品	《幕学举要序》
吴坛	?—1780年	以刑部官员和地方要员身份,参与立法与司法活动	编纂《大清律例通考》一书,阐述律例精神	《清史稿》吴坛传
王又槐	生卒不详	长期从事幕职,审理案件,传授法律	撰写《办案要略》《洗冤录集证》等律学作品	《办案要略序》
汪辉祖	1731—1807年	长期从事幕职,审理案件,传授法律,系清代江南一代名幕	著《佐治药言》《续佐治药言》《学治臆说》等	《清史稿》循吏传
全士潮	生卒不详	长期担任司法官员,审理众多疑难案件	主持编纂《驳案新编》,推动律学进步	《驳案新编》等

姓名	生活年代	法律业绩	律学作品与学说	文献来源
刘衡	1776—1847年	历任多地方行政司法官员,秉公执法	著《读律心得》《庸吏庸言》《蜀僚问答》等	《清史稿》循吏传,《吏治三书》
许槤	19世纪人	长期从事司法实务和法医检验工作,执法公正	著《洗冤录详义》《刑部比照加减成案》等	《清碑传合集》
祝庆祺	生卒不详	长期从事司法实务工作,秉公执法,善治疑案	与鲍书芸合编《刑案汇览》八十八卷	《刑案汇览》
榊原篁洲	1656—1706年	参与纪伊藩主德川光贞的修律变法活动	著有《大明律例谚解》等	高盐博《日本律的基础研究》
荻生徂徕	1666—1728年	宝永六年(1709年)在江户日本桥茅场町开设私塾讲学	著有《明律国字解》《太平策》《答问书》等	《明律国字解》
高濑喜朴	1668—1749年	参与江户幕府八代将军德川吉宗的修律变法活动	著有《大明律例译义》《大明律例详解》	高盐博《日本律的基础研究》
荷田春满	1669—1736年	正德三年(1713年)开始招收学生授业(包括法律知识)	著有《类聚三代格考》《令义解剳记》	《国史大辞典》
荻生北溪	1669—1754年	日本近世著名律学家,参与朝廷的司法和律学教育活动	著《明律译》等	高盐博《日本律的基础研究》
荷田在满	1706—1751年	将军德川吉宗的第二个儿子田安宗武的幕僚,参与立法与司法	编写《本朝制度考略》,《令三辨》等作品	《日本国史大辞典》
蔺田守良	1785—1840年	长期担任太神官权弥宜这一职位,参与司法活动	出版《逸令义解》《律义解》和《新释令义解》等作品	见利光三津夫的作品
薛允升	1820—1901年	长期任职刑部,对司法实务贡献甚多,能秉公执法	著《唐明律合编》《读例存疑》等	《清史稿》薛允升传

姓名	生活年代	法律业绩	律学作品与学说	文献来源
势多章甫	1830—1894年	作为律学家和大判事,参与立法、司法活动	著《嘉永年中行事》《御服丧例》《宫殿并调度沿革》	《地下家传》,《掌中职原挈要大成》
赵舒翘	？—1901年	长期任职刑部,对司法实务、监狱管理贡献甚多,能秉公执法	著《提牢备考》一书,开中国监狱学研究之先河	《清史稿》赵舒翘传

中华法系之法律学术考[*]

——以古代中国的律学与日本的明法道为中心

作为世界五大法系之一的中华法系，是人类文明史上一个重要的法律体系。自公元 7 世纪前后诞生之后，延续了近 1300 年，范围波及日本、朝鲜和越南等整个东亚地区。而作为一个历史悠久的法系，其不仅需要一种精神（如儒家学说等），若干大的法典（如《唐律》《养老律令》等）做基础，需要一批职业法律学家的辛勤劳动，也需要一种厚实、高水平和精细化的法律学术的支撑。这一学术，就是古代中国、日本、朝鲜和越南的律令注释学（律学）。本文限于篇幅以及作者的知识背景，仅就古代中日两国的法律学术即中国的律学和日本的明法道的形成、发展、主要内容、基本特征以及其异同与内在规律、对中华法系的贡献做些探索，以求教于学界同仁。

一、律学（明法道）的起源和发展

考虑到本文是在中华法系之格局中对古代中国和日本的法律学术进

---

* 本部分内容曾发表于《中外法学》2018 年第 1 期，收入本书时略有改动。

行探索,因此本文所述古代,在中国是指隋唐(中华法系诞生之时期)至清末,在日本是指公元 645 年"大化革新"全面学习中国的律、令制度到1868 年"明治维新"。本文所述法律学术,是指关于研究法律的系统学问。由于当时中国的法律主要由律、令、格、式等所构成,所以作为系统学问的法律学术也是对律、令、格、式等的研究,这一研究被称为"律学"。可以说,律学是中华法系的学术表现形态,它的形成和发展对于中华法系的确立与发展、对于中国及其周边国家的法制建构都给予了重要的理论支撑。

(一) 律学(明法道)的语源

具体而言,律学是中国古代特有的,是秦汉时期随着成文法典的出现,统治阶级为了贯彻实施法典而对其进行注释诠解而形成的一门系统学问,它是中国古代法学的一个重要组成部分。对律学的外延和内涵的界定,法律史学界的专家学者,如张晋藩、高恒、杨一凡、刘笃才、俞荣根、怀效锋、张中秋、何敏、吕志兴、李俊、尤陈俊等都发表了看法,基本上达成了共识,即律学的外延是关于律、令、格、式、例等的注释(律令注释学),关于判例的汇集和分析研究(判例法研究),关于法医检验的知识与技术(法医学)等。而律令注释学是律学的主体,本文以下关于律学的论述,就是在这个意义上展开的。律学的内涵则涉及对律令性质和功能的看法(法的理念),对历朝法制发展得失的梳理和总结(刑法志),立法体例的推敲,刑法原则的阐述,律令专门术语和概念的界定,法典内容(律条、令文)的注释和解读,律令实施中的问题研讨以及律学研究方法的运用等。

虽然律学诞生于秦汉,成熟于隋唐,[①]在其成长过程中,也受到了儒家经典解释和佛教经典解释的影响,但律学的诞生与成长,有其自身的渊源,其历史可以追溯到先秦时代。早在《尚书》《左传》等文献中,已经有了对一些法律用语如法、刑、罪、宪、盗、讼、墨、劓、宫、大辟等的释义。至

---

① 参见何勤华:《秦汉律学考》,《法学研究》1999 年第 5 期。

魏文侯执政、李悝编纂《法经》时,进行了对各国刑典的比较研究活动。到商鞅变法时,进一步提出了"法官法吏"解释法律的构想,①这一构想至秦王朝建立时变成了现实,秦始皇、李斯等人提出的"以法为教、以吏为师"②之国策,就是商鞅思想的延伸和贯彻。而湖北云梦睡虎地出土的秦简《法律答问》,显示了对成文法典之注释、解读和阐述的律学的诞生。③至汉代,律学这一法律学术形态,又吸收了以郑玄、马融、许慎为代表的儒家经典解释的世界观和方法论,从而变得更丰满、厚重。至魏晋南北朝,律学又吸收了玄学世界观和佛教经典解释学的成果,使自己更为成熟。到中华法系诞生之隋唐时期,终于定型。

当然,律学虽然诞生于秦汉时期,但在当时的文献中,并无关于律学的概念和研究状况的记载。严格意义上的律学,即作为学术形态和学科的律学,是到了魏晋南北朝时期才开始得到官方记录并日益成熟的。④三国魏明帝曹叡(204—239年)时,大臣卫觊上书:"刑法者,国家之所贵重,而私议之所轻贱;狱吏者,百姓之所悬命,而选用者之所卑下。王政之弊,未必不由此也。请置律博士,转相教授。"⑤之后,在《晋书·石勒传》和《南史·孔(稚)珪传》中,又分别出现了"律学"之用语:"太兴二年,

---

① 《商君书》"定分第二十六"对此有说明:"故圣人为法,必使之明白易知。名正,愚知偏能知之;为置法官,置主法之吏,以为天下师,令万民无陷于险危……行法令,明白易知,为置法官吏为之师,以道之知,万民皆知所避就。"虽然高亨先生认为这篇中有"丞相"一词,而丞相是在商鞅去世后30年才设置,因而否认该篇是商鞅所作。参见《商君书注译》,高亨注译,中华书局1974年版,第185、192页。但笔者感觉这篇从思想、内容和叙述口气来看,应该是商鞅或是其弟子据商鞅思想所作。

② "秦始皇本纪":"丞相李斯曰:'……臣请史官非秦记皆烧之……若欲有学法令,以吏为师'。制曰:'可'。"(汉)司马迁:《史记》卷六,中华书局1982年版,第一册,第255页。

③ 如《法律答问》在解释"不直""纵囚"的含义时,指出:"罪当重而端(故意)轻之,当轻而端重之,是谓'不直';当论而端弗论,及伤(减轻)其狱,端令不致,论出之,是谓'纵囚'。"参见睡虎地秦墓竹简整理小组:《睡虎地秦墓竹简》,文物出版社1978年版,第191页。

④ 由于本节的格局限定于中华法系内中日两国的法律学术,而中华法系形成于6世纪末7世纪初,所以在中华法系诞生之前秦汉以及魏晋南北朝时期的律学作品,如1975年出土的湖北睡虎地秦简《法律答问》与《岳麓书院藏秦简(壹)》公布的《为吏治官及黔首》(2010年由上海辞书出版社出版)等,这里就不再展开。

⑤ (晋)陈寿:《三国志》卷二十一"魏书二十一·卫觊",中华书局1982版,第三册,第611页。

（石）勒伪称赵王……（任命）参军续咸、庾景为律学祭酒。""永明中，珪上律文二十卷，录序一卷，又立律学助教，依五经例。诏报从之，事竟不行。"①但此时，人们对释律活动并未冠以"律学"之概念，使用"律学"一词时，主要是指律博士（助教）这一学（官）职。

经过 500 多年的曲折发展与演变，至中华法系形成之时的隋唐时期，律学已经成熟，成为了一门专门的学术。唐高宗永徽三年（652 年）下诏："律学未有定疏，每年所举明法，遂无凭准。宜广召解律人条义疏奏闻，仍使中书、门下监定。"②从这份诏书中可以看出两点，一是永徽律虽然已于永徽二年颁布，律学也已趋成熟，但中央、地方在审判中对法律条文理解不一，每年科举考试中明法科（律学）考试也无统一的权威标准，因此需要做"律条义疏"；③二是当时律学并不只是由中央国子监律学和司法部门兴办主持，政府各个部门④以及民间亦有解律人研究这门学问，因而诏书要求把这些解律人集中起来，由他们逐条义疏律典，然后再由政府颁布实行。⑤ 正是在此背景下，经过律学精英一年多的集体努力，于永徽四年（653 年）十月颁行了著名的《永徽律疏》（元以后改名《唐律疏议》）。

与此同时，在日本，公元 592 年推古天皇（592—628 年）即位，推行政

---

① 而在《南齐书》卷四十八"孔稚珪"中，"律学助教"写为"律助教"。参见（梁）肖子显：《南齐书》卷四十八，中华书局 1972 年版，第三册，第 838 页。

② （后晋）刘昫等：《旧唐书》卷五十"刑法"，中华书局 1975 年版，第六册，第 2141 页。

③ 也有学者认为，这份要求定疏的诏书，也可以理解为是当时佛教律学已经编纂了正式的律疏，所以促使世俗律学接受佛教律学的成果而实现从无定疏到有定疏的转变。参见陈灵海：《通往唐永徽〈律疏〉之路》，《学术月刊》2015 年第 9 期。

④ 这从此诏的以下文字中可以得到印证："于是太尉赵国公无忌、司空英国公勣、尚书左仆射兼太子少师监修国史燕国公志宁、银青光禄大夫刑部尚书唐临、太中大夫守大理卿段宝玄、朝议大夫守尚书右丞刘燕客、朝议大夫守御史中丞贾敏行等，承撰律疏，成三十卷，四年十月奏之，颁于天下。自是断狱者皆引疏分析之"。参见刘昫等：《旧唐书》卷五十"刑法"，中华书局 1975 年版，第六册，第 2141 页。

⑤ 有学者认为，这时的律学不仅不是学在官府，而且可能民间的律学较官府更好，所以才需要广召解律人。参见何莉萍：《传统律学新探》，《湘潭大学学报（哲学社会科学版）》2010 年第 5 期。民间有否解律人，学界尚有争议。但笔者认为从本节下文所引日本学者利光三津夫考证出的唐代中国传入日本的法律文献中，不仅有法典，还有不少私家注律著作一事中，民间有解律人一事可以得到证明。

治与法律改革,派遣隋使、遣唐使学习中国的律令及律学。并于神龟五年(728年)成立了作为法律教育的律学。到了8世纪中叶,又将律学改为明法道。而日本古代使用明法一词,也是借用了中国古籍。在中国,明法一词,早在先秦时期就已经频繁出现了。如《管子》一书中就有"明法篇",其中强调君主有明君与暗君,用法也有明法与恶法,而能够彰显法律、尊崇法律的,就是明法。至韩非(公元前280—前233年),对明法的含义就说得更加清晰了:"人主使人臣,虽有智能,不得背法而专制;虽有贤行,不得踰功而先劳;虽有忠信,不得释法而不禁——此之谓明法"。① 也就是说,臣子即使有智能、贤行、忠信,也必须尊崇法律、遵守法纪,这就是明法。这里的"明"字,是一个动词,含义就是彰示、尊崇。管仲、韩非等法家学派的明法观,为秦始皇、李斯等秦统治者所信奉,成为秦帝国的法学观和指导思想。《史记·李斯列传》明确记叙:"明法度,定律令,皆以始皇起"。②《史记·秦始皇本纪》也记载:"二十八年,始皇东行郡县,上邹峄山。立石……其辞曰:皇帝临位,作制明法"。③ 这里,"作制明法",就是"建立制度、彰示法律"。明法的基本含义是重视、彰显法律,公正、平等、严格地实施法律。

至晋代,明法也开始成为一种官职。如《唐六典》卷第十八记载:"晋置丞、主簿、明法、掾"。④ 这一明法掾的设置,为北齐所继承,还增设了"司直明法"。《隋书》"百官志"记载,后齐"大理寺,掌决正刑狱。正、监、评各一人,律博士四人,明法掾二十四人,槛车督二人,掾十人,狱丞、掾各二人,司直、明法各十人"。⑤ 到了隋,设置明法的做法被延续了下来:高祖受命,置大理寺"卿、少卿各一人","不统署,又有正、监、

---

① 《韩非子·南面第十八》。

② (汉)司马迁:《史记》卷八十七"李斯列传第二十七",中华书局1982年版,第八册,第2546页。

③ (汉)司马迁:《史记》卷六"秦始皇本纪第六",中华书局1982年版,第一册,第243页。

④ 即在晋代,作为廷尉的属官,有丞、主簿和明法掾。参见(唐)李林甫等:《唐六典》卷第十八,陈仲夫点校,中华书局1992年版,第501页。

⑤ (唐)魏徵等:《隋书》卷二十七"百官中",中华书局1973年版,第三册,第756页。

评各一人,司直十人,律博士八人,明法二十人"。① 那么,此时明法掾和明法的职责是什么呢?日本明法道研究专家布施弥平治教授认为应是大理寺的书记官。② 这一推测可以成立,因为晋代律学名著《律注表》的作者张斐(魏末晋初人),其官职就是明法掾。这应该是一个有力的旁证。

至唐代,在大理寺中,不再看到有冠以"明法"的笔帖(书记官),在刑部的属官中,也没有了作为独立官职的明法的设置,明法成为了举荐官员的定额。《唐六典》卷第二记载:"凡诸司置直,皆有定制。(小字)诸司诸色有品直……门下省明法一人……刑部明法一人……中书省明法一人……大理寺明法二人……外官直考者,选同京官。其前官及常选人,每年任选。若散官、三卫、勋官直诸司者,每年与折一番。"③也就是说,在唐代,明法主要不是一种官职,而是科举取士的一门科目,它与秀才、明经、进士、俊士、明字、明算等一起,并列为七门科举取士中的一门。此时,"明"的含义和"明经""明算"等科目中的"明"含义一样,是通晓的意思。《唐六典》卷第二还记载:"其明法试律、令各一部,识达义理,问无疑滞者为通。(小字)粗知纲例、未究指归者为不〔通〕。所试律、令,每部试十帖,策试十条:律七条,令三条,全通者为甲,通八已上为乙,已下为不第。"④

唐代的明法,经过遣唐使(如大和长冈和吉备真备等),传到了日本。但开始时,日本并没有马上把律令解释称为明法,而是经过了一段时间的名称演变。比如,日本著名历史学家井上光贞认为,日本明法科,设置于天平二年(730年)。⑤ 而大多数学者认为,明法科或明法道,是由圣武天

---

① (唐)魏徵等:《隋书》卷二十七"百官中",中华书局1973年版,第三册,第775—776页。

② [日]布施弥平治:《明法道の研究》,新生社1966年版,第42页。

③ (唐)李林甫等:《唐六典》卷第二"尚书吏部",陈仲夫点校,中华书局1992年版,第35页。

④ (唐)李林甫等:《唐六典》卷第二"尚书吏部",陈仲夫点校,中华书局1992年版,第45页。

⑤ 参见[日]井上光贞:《日本律令的注释书》,尹琳译,载何勤华编:《律学考》,商务印书馆2004年版,第245页。

皇神龟五年(728 年)设置的"律学"改名而来,①明法博士也是"由律学博士改名而来"。当然,从称呼"律学博士"到称呼"明法博士",也不是一下子就转过来的,中间经历了一个称"明法师""令师"甚至"律学博士"和"明法博士"两者混用的过渡。② 但利光三津夫根据早在和铜年间(708—714 年)的史籍中,就散见有"明法博士",以及表达"明法博士"的"令师""律师"等用语,主张明法科的设置可以从圣武天皇神龟五年往前上溯至元明天皇和铜年间。③ 笔者认为,利光的研究成果即使能够成立,将日本明法博士的设置提前 20 余年,对明法科或明法道由最早的(从中国隋唐传入的)律学转变而来这一点没有任何影响。④

而明法道的语源,按照日本大学教授布施弥平治的解释,它起源于明法这一职业:"担任明法博士和判事之人,被称为明法家。这些明法家专修的道,即专修的律令格式的道,就称为'明法道'。""明法道与日本当时的明经道、纪传道(文章道)和算道并列,全称为四道。这四道都是当时

---

① 由于这么一个历史背景,因此在日本的古籍中,说到明法博士时,往往会用括号标明:"也称律学博士"。如后普光园摄政良基的《百寮训要抄》中就有"明法博士(律学博士),应该选择有特殊才能的知名法曹儒士。他们专攻律令格式,属于法曹系列。是大判事(司直大理正)判断罪名的职业,现在也是检非违使之一。"参见[日]布施弥平治:《明法道の研究》,新生社 1966 年版,第 61 页。又如,诞生于贞观十年(868 年)由明法博士惟宗直本撰写的《令集解》,在注释 718 年制定的《养老律令》中的"职员令第二之二·式部省"条规定"大学寮"时,也明确指出:"释云:天平二年三月二十七日奏……律学博士二人……明法生十人,文章生二十人。简取杂任及白丁聪慧,不须限年多少也"。参见《新订增补国史大系 23·令集解前篇》,吉川弘文馆 1966 年版,第 80 页。天平二年,为公元 730 年。那就说明,至少在 730 年之前,在日本"律学博士"还是一个式部省之下大学寮中的正式官职(学官),虽然学生已经称为明法生,但学官还没有称"明法博士"。
② [日]布施弥平治:《明法道の研究》,新生社 1966 年版,第 62 页。
③ 参见[日]利光三津夫:《律令制とその周边》,第一章"奈良时代にねける大学寮明法科",庆应通信 1967 年版,第 117 页。
④ 其实,关于"明法博士"的诞生时间,笔者觉得可以再提前几年。《续日本纪》卷第二"天之真宗丰祖父天皇·文武天皇"条记载,在《大宝律令》制定后,朝廷为了更好地贯彻实施,掀起了自上而下的宣传活动,大宝元年(701 年)八月,朝廷派"明法博士"去各地讲解新令,贯彻实施。参见《新订增补国史大系 2·续日本纪》,吉川弘文馆 1966 年版,第 12 页。这一记载比利光三津夫所说的和铜年间(708—714 年)还要早 10 余年。笔者认为,也许在这个时候,以解释和疏通新法律令条文为己任的明法博士已经出现了。或许它没有得到正式化的编制,但跟后面的明法家应该是有承袭关系的。

式部省①下属的〔教育机构〕大学寮中的学官专修的学问的分类,广义上称诸道。其他,还有医道、历道、阴阳道等。即明法道是诸道之一,特别是四道之一。"②因此,日本的明法道实际上就是律学,不仅它是从律学转变名称而来,而且其内涵也是律令格式的解释学问。

(二) 律学(明法道)的成长背景与成熟定型

那么,律学和明法道成长和成熟的历史背景是什么呢? 我认为有六个方面。

第一,立法的进步,对律学的成熟提供了客观基础。在中国,到汉代,法律数量已经很多,并出现许多的单行律和令、科、比等。到汉和帝永元六年(公元94年)时,汉律令中,已经有死刑条文610条,耐罪1698条,赎罪以下2681条。③ 在这种情况下,统治者一方面要让立法更加简约、凝练、方便、实用,魏的新律,晋的泰始律,以及北周、北齐的立法,都在这方面作出了努力,并取得了非常好的效果,从而至隋唐律精简至500余条律文的程度;另一方面,立法的这种进步,也推动了法律学术的进步,对律学的精细、深入发展提出了需求,也提供了发展条件。

第二,司法的发展为律学的成熟提供了实践基础。随着秦帝国的建立,在统一的国家治理模式之下,司法审判也获得了发展。两汉出现的"引经决狱"和决事比,就是试图提升司法审判的正义性(道德性)的努力。至晋代,明法掾张斐在总结历代司法审判之经验的基础上,进一步推动了审判理论的发展。一方面,张斐补充、发展了董仲舒的"原心定罪"的主观主义审判理论,强调司法审判不能置法律于不顾;另一方面,又提出了类似近代审判心理学一样的审判原则:"本其心,审其情,精其事",

---

① 式部省,是日本645年"大化革新"之后改革国家官制的产物。公元649年,日本在中央政府设置了二官八省,式部省是其中之一,主管人事、朝仪和学事(教育)。参见[日]安藤达朗:《日本史:古代·中世·近世》,东洋经济新报社2016年版,第74页。

② [日]布施弥平治:《明法道の研究》,新生社1966年版,第61页。

③ (唐)房玄龄等:《晋书》卷三十"刑法",中华书局1974年版,第三册,第920页。

强调"心感则情动于中,而形于言,畅于四支,发于事业","喜怒忧欢,貌在声色;奸真猛弱,候在视息","是故奸人心愧而面赤,内怖而色夺……仰手似乞,俯手似夺,捧手似谢,拟手似诉,拱臂似自首,攘臂似格斗,矜庄似威,怡悦似福"。① 这些成果无疑促进了隋唐时期对司法审判事务的研究,也催生了中国古代律学中的第一本判例研究作品,即唐代张鷟的《龙筋凤髓判》的面世。

第三,晋代以后律学研究的日益精致,为隋唐律学的成熟积累了学术基础:集秦汉律学研究之精华,魏晋律学研究的精细达到了一个新的高度。《晋书·刑法志》登载了上述张斐《律注表》的片段,这是历史上唯一保存下来的魏晋时期律学家的作品。在这篇作品中,张斐对故、失、谩、诈、不敬、斗、戏、贼、过失、不道、恶逆、戕、造意、谋、率、强、略、群、盗、赃共 20 个重要法律名词作了精密诠释。其水准足以成为后世律学的楷模。如其对"故"的解释为:"知而犯之谓之故",对"失"的解释:"意以为然谓之失",对"过失"的解释:"不意误犯谓之过失",都是从犯罪主体行为时的心理状态入手,来给犯罪行为下定义:"故"是故意,"失"是过于自信的过失,"过失"是疏忽大意的过失,从而使"故""失"和"过失"这几个法律概念有了比较明确的含义。又如对"谋"的解释:"二人对议谓之谋","造意"是"唱首先言谓之造意",也明确了二人或二人以上的互相商议、策划是共同犯罪的要件,最先提出建议(犯罪意图)的,就是共同犯罪中的首犯。张斐的这些阐释,确实让人钦佩。

第四,玄学和佛教律学的兴起,为律学的成熟提供了方法论基础。玄学,最初是指魏晋时期研究"三玄"(即《老子》《庄子》《周易》三书)而得名的专门之学。这里的"玄"字,出自《老子》第二章:"玄之又玄,众妙之门。"后玄学家用老庄道家学说来解释儒家的经典,提倡尚自然,笃名教,极力糅合儒道两家学说,遂形成了一种新的哲学思潮。它是对东汉谶纬经学的一种否定和扬弃,是以一种新的世界观、方法论以及一整套概念体

① (唐)房玄龄等:《晋书》卷三十"刑法",中华书局 1974 年版,第三册,第 930 页。

系,来建构关于宇宙和人的学说,也包括注释、研究律令的学问。一方面,他们用"执一统众""以简御繁"的思维方式,突破了自西汉以后律学研究中的儒学(经学)方法,为律学世界观的转变,即从烦琐到简约、从模糊到明晰、从杂乱到有条理提供了新的方法。另一方面,玄学家郭象系统阐述的另一方法"辨名析理",也对该时期的律学研究产生了重要影响。"辨名析理"就是要对一类事物的规定性,对其内涵进行分析、阐述,以帮助人们对其加深理解,而该时期律学研究成果中对法律名词(如上述张斐对 20 个法律名词)的明确界定和逻辑分析,以及对律条的精密解释,就是这种影响的一项突出成就。① 而玄学世界观的方法论,之后就慢慢融入晋以后南北朝的立法与律学研究之中,直到隋唐开出绚丽的花朵。

公元 5 世纪以后,佛教律学开始崛起。随着 404 年北朝后秦与南朝宋对《十诵律》《四分律》《摩诃僧祇律》《五分律》等一批佛教律典的翻译、研究,慢慢形成了一个由译经者、译律者、解经者、明律者组成的佛教律师阶层,其学问形态佛教律学也开始形成。从《高僧传》和《续高僧传》的记载来看,"明律"位居佛教十科之四,明律僧占比居第六。《宋高僧传》记载,唐代以后的高僧中,明律僧已经达到 68 人,占总数 656 人的约10%。律师要研习和讲解佛教戒律,就自然要撰写律疏。律疏条分缕析,律师也以分析细密见长,如刘宋时的慧询、道俨、僧隐,萧齐时的志道、法颖、法琳、智称等,就是这方面的代表。至刘宋以后,实际上佛教律学已经大行其道,不仅推出了第一部律疏著作,即慧猷著《十诵义疏》,而且表述佛教戒律学术的名称也由开始的律部、律藏、律禁、律品、律苑等称呼,最终定格在"律学"一词上。这样,在《唐律疏议》面世之前,佛教已经完成了三大疏、五大部的佛教戒律律疏,使其律学达到了空前繁荣的程度,②其解释律文规则之成熟精密的研究方法和模式,也为唐代世俗律学的成

---

① 参见刘笃才:《论张斐的法律思想——兼及魏晋律学与玄学的关系》,《法学研究》1996年第 6 期。

② 参见陈灵海:《通往唐永徽〈律疏〉之路》,《学术月刊》2015 年第 9 期。

熟提供了方法论基础。①

第五,学术分科的要求,为律学的成熟提供了内在动力。两汉的引经注律,使律学与政治伦理结合而日兴。但经学的发展,导致其成为专门索隐发微的章句之学,流于烦琐迂腐,日近绝路。至晋,大将军兼儒学、律学大师杜预(222—284 年)和前述担任晋武帝时明法掾的张斐从学术分科这一理论源头解决了这一问题,他们明确提出了法律并非穷理尽性之书的观点。张斐在《律注表》中还对上述"故""失""过失""造意""谋"等20 个专用法律名词进行了解释,从而使律学日益成熟、精致,律学与经学有了区分,也使其与魏晋时期风行的玄学及影响日盛的佛学有了明确的界限,奠定了律学成熟、独立分科的理论基础。② 而这一理论成果又推动了立法和司法实务的发展。正是在两汉魏晋律学发展的基础上,隋唐的律学才得以成熟,并推出如《唐律疏议》这样代表中华法系最高水平的法律学术成果。

第六,士族社会的发展,为律学的成熟提供了人才基础。魏晋南北朝的世家大族是汉以后至隋唐时期一种以血缘家族为基础的特定的社会群体。据统计,有高门、门户、门地、门第、势家、世家、世胄、世族、士族等 28种称谓,其中最为代表的称呼是士族,③"魏晋士族,主要是由儒学世家和官宦世家演变而成,文化人为多,家族的儒学之风是其最大的特色"④。

---

① 《十诵律》现存只有《律》和《戒本》,《疏》已全部失传。慧猷的《十诵义疏》,与其后智称著《十诵义记》八卷、僧祐著《十诵义记》十卷,全部都是隋代以前的著作,均已失传。目前,仅有僧璩撰《十诵羯磨比丘要用》尚存。受本节主题和篇幅所限,下面仅举《十诵羯磨比丘要用》的一段文字,以窥其行文风格:"僧今和集欲作何事。受三归五戒文第一(双行小字:受三归五戒法,白衣初来,欲受三归五戒……合掌忏悔三业,然后受之戒师应答云):'我某甲,从今尽寿,归依佛两足尊,归依法无欲尊,归依僧众中尊'(双行小字:如是三说)……某甲求出家,忆持(双行小字:若有袈裟,应著;若无,和上应与教……)"。页下对小字文中的"师""云""三"和"和上",等词又作了注,即"师"等于"归","云"等于"也","三"等于"云","和上"等于"和尚"。参见高楠顺次郎等编:《大正新修大藏经》第二十三卷,大正一切经刊行会刊行,1922—1934 年,第 496a 页、第 496b 页。这里的叙述和注释虽然都非常简单。但我们还是可以了解当时佛教律学的一些痕迹,并可以比较它和世俗律学的关系。

② 参见何莉萍:《传统律学新探》,《湘潭大学学报(哲学社会科学版)》2010 年第 5 期。

③ 参见毛汉光:《中国中古社会史论》,上海书店出版社 2002 年版,第 141 页。

④ 阎爱民:《汉晋家族研究》,上海人民出版社 2005 年版,第 304 页。

学与仕的结合使士人之族突破纯粹师承流派的学术领域,拓展到社会和政治领域。这种声望不仅是对个人品行学识的认可,也是对其世代相传的家学家风的认可,也为律学的产生准备了人才。"具孝友之行"使他们能够准确把握自汉武帝以来开始的法律儒家化的大趋势,而家学也使对法律的研习不再以吏为师,走上了专门的教与学道路。两汉及三国魏晋南北朝时期的陈咸、陈躬、陈宠及陈忠祖孙四代,崔玄伯、崔浩、崔祖思等家学,以及封氏家族等律学世家,就是这方面的代表。①

在日本,明法道的语源已如上述。由于日本的律学是继受、传承中国隋唐律学而来,所以省却了许多律学形成中的环节。至于律学传入日本的历程以及之后的发展(命运),也同样是 8—12 世纪日本社会变迁的结果。公元 592 年推古天皇即位后,第二年即任用其甥厩户王(圣德太子,574—622 年)为摄政,开始了政治改革,全方位地向中国的法律文化学习,在 603 年制定冠位十二阶、604 年制定宪法十七条的同时,于 600 年向中国派出了第一批遣隋使。之后,607 年、608 年、614 年又派出了由小野妹子、高向玄理、僧旻等著名的留学僧、留学生参加的多批遣隋使。② 618年唐王朝建立以后,日本又从 630 年开始,先后派出了 19 批遣唐使,③这中间,就有前述日本中世第一代法律学者大和长冈(689—769 年)和吉备真备(695—775 年)这样著名的人物。

701 年,日本制定了《大宝律令》,718 年,又推出了《养老律令》,从而进入律令制国家时代。为了让这些律令得到很好实施,从公元 8 世纪上半叶起,解释律令格式的学问明法道就迅速发展起来,不仅由政府出面推动宣传、讲解律令的活动,在日本式部省中设置了大学寮,专门从事明法知识的传授教育,而且明法学生以及毕业之后担任明法博士者,同时被朝廷任命为少判事、大判事以及检非违使④等重要司法官吏,参与到法律运

---

① 参见何莉萍:《传统律学新探》,《湘潭大学学报(哲学社会科学版)》2010 年第 5 期。
② [日]安藤达朗:《日本史:古代·中世·近世》,东洋经济新报社 2016 年版,第 62 页。
③ [日]安藤达朗:《日本史:古代·中世·近世》,东洋经济新报社 2016 年版,第 85 页。
④ 弘仁七年(816 年)日本天皇政府为了维持京都的治安,设置了检非违使厅。该厅长官检非违使负责弹正台、卫府、刑部省等部门的司法与警察权的行使。参见[日]安藤达朗:《日本史:古代·中世·近世》,东洋经济新报社 2016 年版,第 102 页。

行之中。此时,明法博士虽然未能进入国家上层权力核心,但经过奈良朝(710—794年)80多年的历练,进入平安朝(794—1192年)之后,一些优秀的明法博士逐步形成了律学(明法)的家学,即律学世家,如讚岐氏、惟宗氏、坂上氏、中原氏等,从而使日本的律学(明法道)至10世纪前后进入了鼎盛阶段。

(三) 律学(明法道)的发展演变

律学,作为中华法系的法律学术,在中国,经过春秋战国时期的萌芽,秦汉时期的诞生,魏晋南北朝初期的遭受轻视①以及一批法律人的奋起推动,在隋唐时期的成熟之后,到宋代以后进入了一个缓慢发展并曲折演变的历史时期。

一方面,宋王朝的皇帝与高级官僚、士大夫对法律都比较熟悉,因此,在唐王朝达到成熟完善的律学获得了进一步发展;另一方面,自宋以后,皇帝专制和中央集权得到进一步强化,加之朱熹(1130—1200年)理学的兴起,律学开始受到扼制和排挤。进入元代以后,这种情况更甚,律学作品鲜

---

① 关于律学在魏晋南北朝时期是得到发展、达到鼎盛,还是遭受轻视、苟延残喘? 学术界有不同的认识。张晋藩、怀效锋、俞荣根、郭东旭、申慧青、邢义田等都发表了很好的意见。而苏亦工站在判断"律学"等学问盛衰不仅需要看该学科繁荣与否,还必须看其体现的价值观有否包含"仁""仁政"(社会进步)的内核,从而肯定了沈家本在"法学盛衰说"中所说"晋、北齐、隋、唐、宋诸代,皆法学盛世"的观点。参见苏亦工:《法学盛衰之辨》,载《沈家本与中国法律文化国际学术研讨会论文集》(下),中国法制出版社2005年版,第476—480页。而陈灵海则全面否定了魏晋南北朝时期是中国律学盛世的观点,并列举了魏明帝时卫觊说"刑法者,国家之所贵重,而私议之所轻贱";晋初贾充、羊祜向郑冲咨询修律事宜,后者嘲讽律令为琐务,律学为俗学;东晋初熊远批评"处事不用律令,竞作人命,人立异议,曲适物情,亏伤大例……主者不敢任法";东晋中期葛洪说"今在职之人,官无大小,悉不知法令……作官长不知法,为下吏所欺而不知";齐武帝时崔祖思说"今廷尉律生,乃令史门户,族非咸、弘,庭缺于训";同期孔稚珪上奏称:"今之士子,莫肯为业,纵有习者,世议所轻"等六个原因。参见陈灵海:《通往唐永徽〈律疏〉之路》,《学术月刊》2015年第9期。笔者以为,对于律学而言,魏晋南北朝是一个过渡时期(如同欧洲中世纪一样),是秦汉初创发展起来的律学,经过魏晋南北朝300多年时间的沉寂、衰弱、准备到逐步复兴,然后到隋唐达到鼎盛的阶段,这种准备和逐步兴起的标志就是设置了律博士教授律学;律令格式等各种法律形式开始得到明确区分;律典的篇章体例和逻辑结构得到简约优化;律学与经学分离日益独立等。

有问世,律学博士被撤销,官方(科举)的律学教育正式被废止。之后,明清两朝专制集权统治达到顶点,法律成为这种统治的主要工具。在此情况下,统治者对律学十分重视,律学在形式上似乎得到"复兴"进而显得很"昌盛"。有学者认为,《大明律》《大清律例》都明文要求"讲读律令",统治者积极鼓励私家注律研究,一批水平较高的私家律学作品如雨后春笋般涌现。清代私家注律达到鼎盛,从内容上看,出现了许多创新,涉及注释、校勘、文字、音韵等方面知识,有的还涉及现代法理学、刑法学等知识;从种类上看,有以图表注释的,以歌诀成文的,分析案例的,专攻律例考证的,也有比较研究的,极大地丰富了我国的律学宝藏。① 但也有学者认为:"明清之世,思想高压、文化专制愈演愈烈,清代复夹带种族之见,文字之祸,交踵而至,文人学子无不噤若寒蝉。政治之失德,莫此为甚,又何谈学术之昌明。"②律学应该具有的核心价值"仁"和"仁政"被抽空,只剩下一张律令注释之皮囊,明清时期律学进入衰世。笔者以为,对此问题的争论虽然很激烈,但在律令注释的技术层面上,明清律学确实达到了相当高的水平。

在日本,明法道在8世纪上半叶形成以后,也经历了发展、繁荣和逐步衰落、走向消亡等过程。以《令义解》《令集解》《律集解》的编纂面世为标志,日本的明法道在8—10世纪走向了巅峰,涌现出了如锻冶大角、越智直广江、盐屋吉麻吕、山田白金、穴太内人、讃岐千继、讃岐永直、樱井右弼、兴原敏久、额田今足、惟宗直宗、惟宗直本、惟宗公方、惟宗允亮等一大批著名的明法学家。1192年源赖朝(1147—1199年)在镰仓建立幕府以后,国家权力和重心移到了镰仓,幕府开始建立武家法律体制,以解决社会上新出现的各种问题,原来以天皇中央集权统治为中心的律令制度开始走向衰落,明法道的命运也趋于多舛。但即使在此时,在研究《御成败式目》等武家法时,仍出现过一些律学成果,如各种对式目的注释书等。③ 同时,由于

---

① 参见张晋藩:《清代私家注律的解析》,载张晋藩:《清律研究》,法律出版社1992年版,第164—176页。

② 苏亦工:《法学盛衰之辨》,载《沈家本与中国法律文化国际学术研讨会论文集》(下),中国法制出版社2005年版,第479—480页。

③ 参见[日]池内义资编:《中世法制史料集·别卷·御成败式目注释书集要》,岩波书店1978年版。

在镰仓幕府以及后来的室町幕府(1336—1603 年)和德川幕府(1603—1867 年)期间,《养老律令》在形式上仍然是日本社会的基本法典,因此,明法道的研究表面上仍然持续着(虽然地位已大不如前)。

至 17、18 世纪,随着中国《大明律》(以及之后的《大清律例》)对日本的影响,日本又出现了第二波研究律令的高潮。明清时期的律、例、令、会典等法律形式,以及明清律例的注释书,如金祇的《大明律直解》、王肯堂的《律例笺释》、雷梦麟的《读律琐言》、杨简的《律解辨疑》等先后传入日本。日本的学者,如榊原篁洲(1656—1706 年)、荻生徂徕(1666—1728 年)、高濑喜朴(1668—1749 年)、荷田春满(1669—1736 年)、荻生北溪(1669—1754 年)、芦野德林(1695—1775 年)、薗田守良(1785—1840 年)等,也都推出了自己关于律例的作品。① 当然,此时明法道已经不再被提起,律学家也不再被称为明法博士了。② 日本律学(明法道)的这一发展演变形态,和中国有所不同,最根本原因在于中国是律学的原产国,而日本是继受国。因此,它的发展起伏与引进中国律学的范围和力度有很大关系。7 世纪吸收中国隋唐的律令以及注释成果和 16 世纪以后吸收中国明清律例这两波浪潮,也决定了律例注释研究的高潮都紧跟在引进继受中国的法律学术之后。

二、律学(明法道)的主要内容

(一) 对律(令)典、律(令)条、篇目、
概念等的注释、解读和阐述

中日两国法律学术的发展,虽然道路迂回曲折,但历久而存,为后世

---

① 这些学者的作品,详细可参见后文"古代中日法律学术发展简表"。
② 日本明法道研究专家布施弥平治将明法道延续的下限定在 14 世纪中叶,所列举的最后一位明法博士中原季教,其活跃时期就是贞和年间(1345—1350 年)。参见[日]布施弥平治:《明法道の研究》,新生社 1966 年版,第 301 页。

留下了为数可观、内容丰富、体例多样的律学作品,从这些作品中,我们大体可以窥见中华法系之法律学术的基本内容。

第一,梳理律令,解释其中的内容、概念和术语,这是律学也是日本明法道的学术基础。如《唐律疏议》就是对律、令、格、式的性质、内涵、功能以及彼此之间的内在联系,名例、卫禁、职制、户婚等十二篇具体规定,死刑、流刑、徒刑、杖刑、笞刑之五刑的解读、说明,以及"十恶"加重、皇亲官僚减免、宗法伦理、德主刑辅、老幼废疾减免刑、罪刑相当、罪刑法定、比附和类推、本律优于名例、诬告反坐等诸项刑法原则,进行了详尽论证;清朝王明德所著《读律佩觿》,对《大清律例》的实施中至关重要的八个"律母"、三十六个"律眼"作了解释和阐述;日本明法博士额田今足、兴原敏久、讃岐永直等提议编纂的《令义解》对官位令、职员令等内容进行了详细解释。

第二,探究律令的篇目以及各项制度的沿革,以了解其来龙去脉。如宋代律学家王键辑《刑书释名》就是一部解释历代刑书(法典)中的刑名以及用刑方法的作品。另一位律学家刘筠著《刑法叙略》中对刑官的设置以及历史沿革做了比较系统、完整的叙述。元代的律学家徐元瑞在《吏学指南》中,也对吏制、册籍制度、肉刑制度和推鞫制度等的历史沿革进行了清晰的阐述。而清代吴坛所撰《大清律例通考》和薛允升所著《读律存疑》则上下承接,对自古到光绪年间的历代律例条文逐条进行了探源溯流似的考证,并附按语以抒己见。日本明法博士惟宗直本的《令集解》,也充分运用历史主义的观点,不仅全面吸收和发扬了之前《令义解》的注释学成果,还对中国历代注释律令的作品进行了梳理和总结。

第三,阐发法理,凸显法的精神。美国学者考文(Corwin E.S.)在《美国宪法的"高级法"背景》一书的首页,引用了美国最高法院大法官霍姆斯(Holmes,1841—1935年)的话:"理论之于法律的教条,犹如建筑师之于建房的工匠,乃其最重要的一部分",以强调法理的重要性。① 每一部

---

① 参见[美]爱德华·S.考文:《美国宪法的"高级法"背景》,强世功译,生活·读书·新知三联书店1996年版,第1页。

律学作品都是以一定的法理为基础的。《唐律疏议》的重要特点之一,就是以儒家思想为基础的中国古代正统法学世界观全面渗入律学,达到了全部律文"一准乎礼"的境界,强调"德礼为本,政教为用"。① 明以后律学作品如雷梦麟的《读律琐言》等也处处渗透着中国古代正统法学的精神。而在日本的律学作品中,这一点也为统治者和律学家们所极力倡导。比如,上述日本古代最系统的私人法律注释书《令集解》在注释《户令·国遣行条》"有不孝悌悖礼,乱常不率法令"中"悖礼"和"乱常"两个词时,就是这么阐述的:"悖,逆也。乱常者,紊乱五常之教也。不率法令者,率,循也,不遵律令格式也。""古记云,悖礼,孝经,子曰:不爱其亲,而爱他人者,谓之悖德;不敬其亲,而敬他人,谓之悖礼。"②该条集解在解释"悖礼"时还说:"注云,尽爱敬之道,以事其亲,然后施之于人,孝之本也。"③

除了上述三个方面的内容之外,穷尽各种著述种类,着力宣传法律知识;比较各朝律条得失,提升当朝立法水平等,也是中国古代律学和日本明法道的重要内容。

(二) 日本明法道与中国律学的差异

由于日本明法道是在继受中国律学的基础上改名而来,因此,明法道与律学是同种同质,具有相同性。但仔细分析,两者仍然有着差异。

第一,学术的样态有所区别。同样是律令注释学,中国偏重律,以《唐律疏议》、《律解辩疑》(何广撰)、《大明律释义》(应檟撰)、《大清律辑注》(沈之奇撰)等律注释学作品为代表;日本偏重令,以《令义解》《令

---

① 当然,这里的"礼",已经不是早期儒家所强调的孔孟的礼,而是经过上千年变迁改造的唐代的礼,即"唐礼"。参见苏亦工:《唐律"一准乎礼"辨正》,《政法论坛》2006年第3期;高明士:《中华法系基本立法原理试析》,载朱勇主编:《中华法系》第一卷,法律出版社2010年版,第16—26页。实际上,礼和法、律与经的互通、融合,在汉代就已经实现了。叔孙通制《傍章》十八篇,赵禹作《朝律》六篇,都是礼仪的典章。参见钱剑夫:《中国封建社会只有律家律学律治而无法家法学法治说》,《学术月刊》1979年第2期。
② 《新订增补国史大系23·令集解前篇》,吉川弘文馆1966年版,第325页。
③ 《新订增补国史大系23·令集解前篇》,吉川弘文馆1966年版,第325—326页。

集解》等令注释学作品为代表。由于这一历史原因,也造成了在中华法系内部,中国保存了较多隋唐时期的律,日本保存了较多的令,仁井田陞(1904—1966年)就是在此基础上编撰了《唐令拾遗》一书。

第二,学术的指导思想有所区别,中国以儒家思想为主,吸收法、墨、道、佛等家学说;而日本,不仅吸收了中国的儒家思想以及相应的其他学说,而且还传承了自己民族历史上的神道思想。①

第三,学术的内容有所区别。从大的方面说,如中国的十恶(谋反、谋大逆、谋叛、恶逆、不道、大不敬、不孝、不睦、不义和内乱)在日本的法学界被转变成了八虐,即去掉了当时日本统治者认为危害性没有像在中国那么严重的"不睦"和"内乱";中国的八议(议亲、议故、议贤、议能、议功、议贵、议勤、议宾),日本律学界认为最后两个"议勤""议宾"也不是十分重要,所以删除,变成为六议。

第四,学术的主体有所区别。在中国,隋、唐、宋的律学研究主体是社会的士大夫阶层,中央和地方的行政司法官员,如长孙无忌、房玄龄、于志宁、司马锐等。只是在明清以后,开始有一些基层官府的幕友加入这一行列。而在日本,从事明法道研究的主体原来主要是归化人,②因而形成了由这些移民的后代延续的明法世家(律学世家),社会地位不高,其职位还经常被剥夺、免去。③

第五,学术的传授有所区别。中国在唐宋期间,律学是国家的官方教育,明法科是科举制度中必要的组成部分,虽然每年人数不多,但仍是广大青年入仕的重要通道之一,明法科毕业生不仅从事立法和司法工作,也从事国家其他管理事务,所以中国律学的社会基础比较广泛。而在日本,由于在大的格局中没有移植中国的科举制度,因此,其式部省下属大学寮中的明法科,是一种专业化、职业性教育,其培养目标是明法博士——国家的司法

---

① 以祭祀神为核心的思想,就是"神道"。参见[日]石田一良、石毛忠编:《日本思想史事典》,东京堂出版社2013年版,第18页。

② 即中国和朝鲜过来的移民,如著名明法世家惟宗氏就是中国秦代归化日本香川郡的秦忌寸氏的后代。参见[日]利光三津夫:《律令制とその周边》,庆应通信1967年版,第138页。

③ 当然,日本法律世家中也有个别贵族,如讚歧氏就是神栉皇子的后裔。参见[日]利光三津夫:《律令制とその周边》,庆应通信1967年版,第138页。

官员,且后来基本上被讃岐氏、惟宗氏、坂上氏和中原氏等律学世家所垄断。

造成上述差异的原因,在于古代中国和日本社会的区别。一方面,中国成文法典的历史源远流长,制律的知识积淀也极为厚重,自商鞅改法为律起,至隋《开皇律》已达近千年,中间历经秦、汉、魏、晋、北周、北齐等大的成文律典,唐以后,大明律、大清律,也是国家法制的基石。即使是宋代的刑统,实际上也是唐律的另一种表现形式。相对于律,令的历史短且地位低,受重视程度当然不如律。而日本国家成立也晚,成文法律的历史更短,在公元7世纪学习中国建立中央集权政府时,由于涉及国家的治理和政府的运作,因此令的功能与律具有同等甚至超越的作用,①日本最早的法典都以令冠名。② 即使制定国家大法时,也仍然律令并重,推出了《大宝律令》《养老律令》。③ 我想,这些就是中国律保留得好、律解释学发达,而日本令保存得多、令注释学发达的主要原因。另一方面,日本在绳文、弥生时代(公元前13000—公元57年)就诞生了对各类神(如能带来人口繁殖的妊妇女神、带来丰富食物的地母神、保佑子孙后代幸福安康的祖先神等)的崇拜意识和祭祀习惯,④这些意识和习惯在后来日本国家与法产生的过程中,日积月累发展成为日本神(道)思想。⑤ 公元6世纪末7世纪初日本学习中国隋唐政治法律制度、建设律令制国家时,虽然也移植引入律学的指导思想儒家的"礼",但并没有全部照搬,而是将其和上述日

---

① "令,谓教令也。教以法制,令其不相违越(官位上下贵贱)。"《新订增补国史大系23·令集解前篇》,吉川弘文馆1966年版,第3页。

② 如公元668年颁布的其真实性在日本学术界尚有争议的《近江令》,以及689年颁行的《飞鸟净御原令》等。参见[日]浅古弘、伊藤孝夫、植田信广、神保文夫编:《日本法制史》,青林书院2010年版,第29—30页。

③ 日本学者大津透认为,律令制的高度统治技术之特点,就是文书行政,而文书行政的运作,主要是靠令。由于日本社会开化比中国晚,因此,国家治理机构和政府行政也相对比较落后,这样,在将中国律令制引入日本时,也更加重视令的作用。参见[日]苅部直、黑住真、佐藤弘夫等编:《日本思想史讲座1·古代》,ペりかん社2012年版,第112页。

④ [日]苅部直、黑住真、佐藤弘夫等编:《日本思想史讲座1·古代》,ペりかん社2012年版,第44—46页。

⑤ "日本人祈愿神,基本上就是限于希望生命的繁衍、增长,生活的安乐、繁荣,即生活上、现实上的考虑。"参见[日]石田一良、石毛忠编:《日本思想史事典》,东京堂出版社2013年版,第20页。

本神道思想结合在了一起。其经典的表现就是,在中国礼制下,从皇帝至百官,都以不同颜色的服饰来宣示自己的身份,而日本引入中国的律令学说后,在规定朝廷的礼制服饰时,只规定了皇太子以下的服装颜色(黄、紫等),而没有规定天皇的服饰。① 那么,作为国家至尊天皇的衣服,应该是什么颜色呢? 日本就按照传统神道思想,要求天皇着白色,因为天皇带领百官祭祀日本神时,穿的就是白色衣服。② 由此可见,日本的明法道,虽然是中国律学的翻版,但已经被做了日本化的改造。在法制的其他领域也一样。中国是中华法系的母法国,而日本是中华法系的继受国和移植国。而从中国移植过来的法律,必然有一个本土化的过程,有一个修正改造使其适合日本国情的实践过程。正是在这样的社会大背景之下,出现了归化人对律学比较熟悉,较容易担任这一职位;出现了律学内容发生变异,"十恶"变成了"八虐","八议"成为"六议";出现了日本的大学寮明法科教育由于缺少科举制度的依托,而在社会性、广泛性、群众性等各个方面不如中国的律学教育等的一系列相异结果。

表4-2　古代中日法律学术发展简表③

时间	作品	作者	主要内容与学术价值	社会影响	备注
653年	《唐律疏议》	长孙无忌等	对唐律的精密注释,为中华法系学术的发展奠定了基础	影响了之后中华法系学术的发展	官撰,中国
7世纪末	《龙筋凤髓判》	张鷟	四卷,总计79条判例案由,含呈报审理复核裁决之全过程	迄今完整传世的最早的一部官定判例集④	官撰,中国

① 参见[日]苅部直、黑住真、佐藤弘夫等编:《日本思想史讲座1·古代》,ペりかん社2012年版,第110页。

② 参见[日]苅部直、黑住真、佐藤弘夫等编:《日本思想史讲座1·古代》,ペりかん社2012年版,第111页。

③ 本表所引文献,绝大部分是笔者数年来所收集的中日学者的成果,因数量众多,这里就不再一一注明。此外,本表也引用了杨一凡主编的《中国律学文献》(多卷本,前三辑由黑龙江人民出版社出版,第四辑开始由社会科学文献出版社出版)中收录的部分中国古代律学作品。

④ 详细参见(唐)张鷟:《龙筋凤髓判》,田涛、郭成伟点校,中国政法大学出版社1996年版;霍存福:《张鷟〈龙筋凤髓判〉与白居易〈甲乙判〉异同论》,《法制与社会发展》1997年第2期。

时间	作品	作者	主要内容与学术价值	社会影响	备注
701—718年间	《古答》	大和长冈①	《大宝律》的注释书	保留了《大宝律》的史料,为各家律注释书所引	私撰,日本
720年前后	《新令私记》	不详	《养老令》的注释	保留了《养老令》的史料,为后世律学所引	私撰,日本
725年前后	《令释》	不详	《大宝令》和《养老令》的注释	保留了日本令的史料,为后世律学所引	私撰,日本
8世纪中叶	《贞记》	贞江连继②	日本律令注释书	为令抄等律学著作所引用	私撰,日本
780年前后	《春记》	春日户足③	《大宝律》的注释书	为《令集解》《政事要略》等律令注释书所引用	私撰,日本
787—795年间	《律释》	不详	大宝和养老律的注释书,逸文涉及名例、户婚、厩库等六篇	为《政事要略》《法曹至要抄》等引用	私撰,日本
791—795年	《跻记》	阿刀氏	大宝、养老律令的注释书	为《令集解》等律令注释书所广泛引用	私撰,日本
793—798年	《穴记》	穴太内人	大宝、养老律令的注释书	为《令集解》等律令注释书所广泛引用	私撰,日本
798—812年间	《律书残篇》	不详	对五刑的内容及运作进行了研究	保存了《大宝律令》和《养老律令》中没有的史料	私撰,日本
800年前后	《新删定明法述义》	不详	对大宝、养老律令在实施时遇到的问题进行解释	对基层司法官员执法影响很大	私撰,日本
9世纪初	《政事要略》	惟宗允亮	奈良时期、平安前期法律事件和律令格式内容的记录	通过日记记录,保存了律令格式的史料④	私撰,日本

---

① 此书作者不明晰,但庆应大学教授利光三津夫根据诸多史料推测为《养老律令》的编纂者之一大和长冈。参见[日]利光三津夫:《律の研究》,明治书院1961年版,第220页。

② 日本古籍《法曹类林》卷百九十七(收入《新订增补国史大系》第27卷中,吉川弘文馆1965年版,第5—20页)等提及此人,只知道是明法博士,其他情况就一无所知了。

③ 《春记》的作者,利光三津夫推测为因幡国春日户村的主人"春日户足"。参见[日]利光三津夫:《律の研究》,明治书院1961年版,第228页。

④ 如在卷五十一交替杂事(调庸未进事)中,就记录如下:"延喜二年(902年)三月十三日,《贞民格》云:应复旧勘诸国贡调,国郡司违期事……"参见《新订增补国史大系28·政事要略》,吉川弘文馆1964年版,第259页。

续表

时间	作品	作者	主要内容与学术价值	社会影响	备注
810 年前后	《物私记》	物部敏久	大宝和养老律令的注释书,内容既涉及律,也包含了令	为后来的律令注释书所广泛引用	私撰,日本
834 年	《令义解》	兴原敏久、讃岐永直等	作为《养老令》的官方注释书,对日本令做了系统完整权威的解释	对日本中世的令注释学发生了重要影响	官撰,日本
9 世纪前期	《讃记》	讃岐永直①	大宝、养老律令的注释书	为《令集解》等律令注释书所广泛引用	私撰,日本
840 年前后	《额记》	额田国造今足	大宝、养老律令的注释书	为后来的律令注释书所广泛引用	私撰,日本
850 年前后	《律附释》	不详	共 10 卷,是对名例、卫禁、职制、户婚等 12 篇的注释	对《律集解》《令集解》的编纂有重要影响	私撰,日本
850 年前后	《五记》②	不详	《大宝律》的注释书	为《律集解》《令集解》等律令注释书所广泛引用	私撰,日本
868 年	《令集解》	惟宗直本	《养老令》的私家注释,也是对 9 世纪前期各家令注释成果的汇集	保存了《养老令》及《令义解》的珍贵史料	私撰,日本
9 世纪末	《律集解》	惟宗直本	借鉴《唐律疏议》的注律方法,对日本的律进行了汇集注释	保存了《大宝律》《养老律》的若干珍贵史料	私撰,日本
963 年	《宋刑统》	窦仪等	宋代刑律的规定,传承了《唐律疏议》的律学成果	对宋元的法律和律学影响很大	官撰,中国
约 989 年	《疑狱集》	和凝、和𫎡	对唐末五代时期判例的汇编、分析和评述	对宋代以后判例汇编评述具有开创意义	私撰,中国

---

① 关于《讃记》的作者,泷川政次郎认为是讃岐永直(参见[日]三浦周行、泷川政次郎:《令集解释义》"解题",国书刊行会 1982 年版,第 11 页)。但因为讃岐家族是日本中世法律世家,在讃岐永直之前,还有他的祖父讃岐千继、哥哥讃岐直广等著名的明法学家,所以利光三津夫认为将《讃记》的作者定为讃岐家族似更为妥当。[日]利光三津夫:《律の研究》,明治书院 1961 年版,第 231 页。

② 因为在《令集解》中,有"一卷私记""二卷私记"等说法。故利光三津夫推测《五记》是《五卷私记》的律注释书的简称。[日]利光三津夫:《律の研究》,明治书院 1961 年版,第 226 页。

续表

时间	作品	作者	主要内容与学术价值	社会影响	备注
11 世纪初①	《刑法叙略》	刘筠	对刑官等制度的设置及历史沿革作了研究	保存了中国古代刑法方面的史料	私撰,中国
1029 年	《律附音义》	孙奭	保存了唐律原文,对唐律做了解读音释	成为后世传承唐代律学的作品之一	私撰,中国
11 世纪	《刑统赋解》	傅霖②	以歌、赋的形式,对《宋刑统》中的一些重要规定进行通俗诵唱	保存了《宋刑统》的法条,开创了普法的新方式	私撰,中国
12 世纪初	《折狱龟鉴》	郑克	分 20 门,评述了春秋战国至北宋政和年间的 600 多案例故事	对宋以后司法部门具有重要的指导意义	私撰,中国
1150 年前后	《法曹类林》	藤原通宪	收录了讃岐永直等数十位明法博士出具的明法勘文,内容涉及官制和行政公务事项	保留了这些明法博士的法律意见,有珍贵的史料价值	私撰,日本
12 世纪③	《刑书释名》	王键	解释历代刑书及用刑方法	保存了中国古代刑法的史料	私撰,中国
12 世纪末	《唐律释文》	此山贯冶子、王元亮	对《唐律疏议》疏文中的字、词做出音读释义	保存了唐、宋的法律史料④	私撰,中国
12 世纪末	《法曹至要抄》	坂上明兼、坂上明基	收录各类法条 180 余项,并予以解读	保留了日本中世的律、令、格、式等法律史料	私撰,日本
1213 年	《棠阴比事》	桂万荣	汇集评述了刑法中的一些典型案例,涉及法医鉴定的内容	为宋以后判例研究和法医学提供了基础	私撰,中国

① 刘筠参与了宋代四大书之首的《册府元龟》的撰稿,承担了其中的刑法部分。《刑法叙略》是将此刑法部分内容单独抽出来的作品。《册府元龟》撰写于 1005—1013 年,刘筠是该书的作者,因此我们虽然不清楚刘筠的具体生卒年月,但大体可以知道他是 10 世纪末 11 世纪初的人。《刑法叙略》也应该是该时期的产物。

② 傅霖,《宋史》无传,在《刑统赋解》的重刻序中,沈家本推测是北宋人。由此推断,本书面世的时间应该在 11 世纪中叶。

③ 王键,《宋史》无传,其他相关资料中也只提及他是宋人,没有其他更加详细的线索。但从《刑书释名》中有对金的刑罚的介绍这一点来推测,王键应该是南宋时人。因为北宋的延续时间是 960—1127 年,而金的延续时间是 1115—1234 年,即金王朝建立 12 年后,北宋就灭亡了。因此,王键要研究金的刑罚,应该是在金王朝建立以后,而此时就已经到了南宋时期了。

④ 沈家本在《唐律释文跋》中指出:"释文本为《刑统》而非《唐律》注释"。参见(清)沈家本:《历代刑法考》(四),中华书局 1985 年版,第 2249 页。但我们知道,《宋刑统》全面继承了《唐律疏议》,因此,此书保存了唐、宋两朝法律的相关史料。

续表

时间	作品	作者	主要内容与学术价值	社会影响	备注
1247 年	《洗冤集录》	宋慈	对法医检验进行了系统的论述,开了中国古代法医学的先河	为宋以后的法医检验研究奠定了基础	私撰,中国
1261 年	《名公书判清明集》	幔亭曾孙	收集了 49 名士大夫的 473 篇书判,对案例的解读十分深刻	保存了珍贵的古代书判,传承了判例文化	私撰,中国
1301 年	《吏学指南》	徐元瑞	为官吏学习法律而编写的关于法律知识和为政品质的读物	保留了古代法律和官吏治理的知识和经验	私撰,中国
1308 年	《无冤录》	王与	在《洗冤集录》的基础上,丰富发展了法医检验的理论和知识	为后世法医检验提供了理论和实务的指导	私撰,中国
1340 年前后	《刑统赋疏》	沈仲纬	对傅霖的《刑统赋解》的逐句疏解	扩大了对刑法条文通俗化解释的路径	私撰,中国
1386 年	《律解辩疑》	何广	通过列举律文,再提出议曰、问曰、答曰、讲曰、解曰、又曰等形式,逐条注释、讲解大明律	保留了洪武年间①制定的《大明律》原文,特别珍贵	私撰,中国
1487 年	《大学衍义补·慎刑宪》	丘濬	分 16 个部分,或围绕一个专题,或针对史上某一事件,广征博引,阐述法律制度和思想	不仅比较历朝法律,阐述律意,而且广引先贤的相关论述	私撰,中国
16 世纪上半叶	《祥刑要览》	吴讷	涉及经典大训、先哲议论、善可为法、恶可为戒等四大部分内容	作者的编选、阐述,对当时的统治者和士大夫阶层,有指导意义	私撰,中国
1543 年	《大明律释义》	应槚	没有引用其他注释书,通篇都是以"释义"对《大明律》律文的阐述。只引《大诰》,没有附条例	本书虽简略,但它对律文的解释比较清楚、准确和明白易懂	私撰,中国
1549 年	《法家裒集》	陈永	涉及宗服歌、六赃课法、诬告折杖歌、律难引用、招议指南、律颐断法、法家秘诀等	"律难引用"部分,举了 46 种情形,对律的适用意义重大	私撰,中国

---

① 洪武年间为 1368—1398 年。

时间	作品	作者	主要内容与学术价值	社会影响	备注
1557 年	《读律琐言》	雷梦麟	层层分析，论述律文所涉主体、事项，立法用意，执行时可能遇到的问题以及如何处理等	释律时附了相关的问刑条例，因而保存了法律史料	私撰，中国
1600 年前后	《律学集议渊海》	荻渔隐者	先是引用律文，接着以"谨详律意……疏议曰……答曰……"等展开论述，集各家之长	保存了博答、哀集、集解、管见、辩疑、琐言等著作文献	私撰，中国
1610 年前后	《律例笺释》	王肯堂	对《大明律》的律文、例文等做出了权威解释	在明清时期被律学家奉为圭臬，广为流传	私撰，中国
1610 年	《明律集解附例》	高举	是地方官府刊刻的律例注释书，汇集了《大明律》律文、律文的解释、纂注以及相关的条例	由于系统、完整，解释权威，故而成为明代中后期的律学名著	私撰，中国
1638 年前后	《折狱新语》	李清	分十卷，收判词 210 篇，涉及婚姻、诈伪、淫奸、贼情等，附"疑狱审语"	我国现存唯一的一部明代判词专集，具有重要的史料价值	私撰，中国
1676 年	《读律佩觿》	王明德	将律文的次序全部打乱，放在各章之中，按照专题的性质分类，并与图表、注解、刑罚、罪条、法医检验等内容糅合在一起	该书既是对律文、条例的注释书，又是论说性质的专著，是明清律学发展过程中的高潮	私撰，中国
1699 年	《问拟》	黄六鸿	通过"问其所犯之由而拟其罪"的形式，解释律例以及用语的基本含义	其八字之义，释十六字、释看语等，对律学理论和实务有价值	私撰，中国
1713 年	《大明律例谚解》	榊原篁洲	德川幕府时期最早的律例注释书。以汉字和日文假名混合进行注释	引用中国古代政治法律文献达 117 部，受到时人赞扬	私撰，日本
1716 年	《大清律辑注》	沈之奇	通过上、下栏的方式，对 458 条律文、448 条条例作了融理论与实务为一体的诠释	与《读律佩觿》一起，成为清代律学的经典，系后世律例注释之楷模	私撰，中国
18 世纪初	《明律国字解》	荻生徂徕	用日语诠释《大明律》，注解律 460 条、例 382 条	对日本近世律例注释学的发展影响很大	私撰，日本
18 世纪初	《类聚三代格考》	荷田春满	对类聚三代格（弘仁格、贞观格和延喜格的汇编）作的研究	梳理了日本格的渊源，保存了史料	私撰，日本

续表

时间	作品	作者	主要内容与学术价值	社会影响	备注
1720 年	《大明律例译义》	高濑喜朴	受德川吉宗之命翻译的《大明律》和《问刑条例》等的注释书	对当时日本各藩的刑事立法有重大影响	私撰,日本
1729 年	《合例判庆云集》	周梦熊	按照法律名词的字数,将法律内容归纳总结阐述,如盐法、夜禁、告状不受理、造作不如法等	对司法实务部门理解执行律例有指导意义,对读律人有参考价值	私撰,中国
1730 年前后	《明律译》	荻生北溪	对《大明律》的日文翻译,试图用明刑慎罚的思想来影响司法官吏	为日本学界进一步研究《大明律》提供了基础	私撰,日本
1743 年	《大明律例详解》	高濑喜朴	吸收前人研究注释《大明律》的成果,包含律例详解21卷、问刑条例详解9卷,比较系统	呈给和歌山藩主之后,就被其作为座右铭而珍藏、遵循	私撰,日本
1774 年	《律例图说正编》	万维翰	共10卷,分吏、户、礼、兵、刑、工六个部分,对《大清律例》的条文进行画图解说	是清代律学通俗化作品的代表之一,对司法实务部门有指导意义	私撰,中国
1784 年	《刑名一得》	白如珍	共二卷,收录论命案、论强窃盗、论抢夺等15篇专题论文	对律学研究和司法实务有参考价值	私撰,中国
1785 年	《佐治药言》	汪辉祖	论述了尽心、尽言、息讼等40项心得,强调要提升司法官吏的职业道德和业务水平	作者任刑幕20多年的经验总结,对司法实务和律学教育有参考	私撰,中国
1795 年前后	《驳案新编》	全士潮等	32卷,收录驳案319宗,精心挑选,详尽评述,深入分析	对司法实务部门具有重要的指导意义	私撰,中国
1798 年	《祥刑经解》	汪生	对原刑象天地、立刑像禁戒、致刑慎听断、丽刑戒滥私、明刑弼教化等进行了专题论述	对律学研究和司法实务部门办案有参考价值	私撰,中国
1822 年	《刑台法律》	沈应文、萧近高等	首卷、附卷和副卷关于刑罚、行政司法公文程式等的阐述,正文16卷是对律的释文	具有律学百科全书的性质,对律学的理论与实务发展贡献甚大	私撰,中国
1831 年	《折狱卮言》	陈士镳	通过引经据典(如《周易》《吕刑》等)阐述对刑狱的看法,强调慎刑恤罚的主旨	对律学研究、司法实务以及司法官员品德修养有启迪意义	私撰,中国

时间	作品	作者	主要内容与学术价值	社会影响	备注
1831 年	《续刑法叙略》	谭瑄	接续宋刘筠的《刑法叙略》,继续梳理论述宋以后刑法的变迁	对司法实务有参考,为刑法史研究积累史料	私撰,中国
1834 年	《刑案汇览》	祝庆祺、鲍书芸等	清代规模最为庞大的判例集,共收判例 4045 个	为律学研究和司法部门广泛引用,影响巨大	私撰,中国
19 世纪上半叶	《新释令义解》	薗田守良	共 48 册,对《养老令》进行了逐条注释	为整理和保留日本令做出了贡献	私撰,日本
1834—1845 年	《刑部比照加减成案》	许槤、熊莪	共 64 卷,收录嘉庆、道光年间比照加减成案 2992 个	为司法实务部门办案提供一套参考标准	私撰,中国
1841 年	《琴堂必读》	白元峰	收录论命案、论抢夺、论批呈词、论叙供等 20 篇作品	对当时的律学研究和司法实务有参考价值	私撰,中国
1858 年	《刑名》	徐栋	共三卷,对律令、律本经术、刑名总论、审理杂案等进行了论述	为司法实务部门办案提供了思路	私撰,中国
1864 年	《大清刑律择要浅说》	志和	对犯上、亲告乃坐、纵容妻妾与人通奸等律例内规定进行逐项讲解,阐述很详尽	对律学研究和司法实务部门均有参考价值	私撰,中国
1870 年前后	《重修名法指掌图》	沈辛田著,徐灏重修	以图表的方式演绎解说律例文义	对司法实务部门有指导意义	私撰,中国
1883 年	《律法须知》	吕芝田	收录论叙供、论命案、论窃盗贼等十大类 420 则律例解说,对律例内涵的阐述比较深入	对律学理论和司法实务均有参考指导价值	私撰,中国
1884 年	《大清律例略记》	江峰	分 436 门,对律例"按条发挥、逐句解释"	对习律例者是入门书,对司法实务者有参考	私撰,中国
1884 年	《办案要略》	王又槐	清乾隆中期重要的律学文集,收有论命案、论犯奸及因奸致命案、论强窃盗案等论文 14 篇	重点研究罪与罚的论文集,对律学界影响很大	私撰,中国
1885 年	《提牢备考》	赵舒翘	整理清王朝建政以来有关监狱管理的条例、章程以及重要狱务的处理方法	中国历史上第一部关于监狱学的专著,学术价值很高	私撰,中国

时间	作品	作者	主要内容与学术价值	社会影响	备注
1886 年	《大清律例通考》	吴坛	通过按语方式,对律文以及所附条例进行详细考释,说明其历史变迁以及渊源变化	对清代律文、例文变迁的精致考释,为学术界提供了厚实的史料	私撰,中国
1887 年	《读律一得歌》	宗继增	就律例内容作歌,举律例 393 条,律限 21 条,六赃六杀 2 条	在赋韵释律之上,创出歌诀释律例的形式	私撰,中国
1899 年	《汉律辑证》	杜贵墀	从中国古籍关于法律的规定中梳理出可能是汉律的内容	对沈家本、程树德等的汉律收集整理有影响	私撰,中国
19 世纪末	《唐明律合编》	薛允升	对唐律和明律(例)做出比较、分析、阐释,附以其他各家律学的观点,最后提出自己的意见	论述除了旁征博引外,还开创了对法典进行正式比较的传统	私撰,中国
1903 年	《读例存疑》	薛允升	通过引律文、附条例和"谨按"的方式,对《大清律例》中例的历史和内涵做出深入的阐述	对例的分析研究达到新的高度,对司法实务部门影响巨大	私撰,中国
1910 年前后	《历代刑法考》	沈家本	四卷,涉及刑制、刑法、赦、律令、狱、刑具、刑官等的考证,含《汉律撼遗》《寄簃文存》等	对中国法制史、刑法史的奠基产生了重大影响	私撰,中国

三、律学(明法道)的基本特征

关于律学的基本特征,凡是研究律学的学者,如张晋藩、杨一凡、张伯元、俞荣根、王立民、怀效锋、朱勇、武树臣、张中秋、刘广安、王宏治、苏亦工、吕志兴、何敏等都做了阐述。归纳一下的话,大体包括:多元、丰富的表现形式;以儒学为指导思想,以注释为基本形态;官学与私家注律相辅相成;以"律""令"为主要研究对象,重刑事、重行政、轻民事;在整体风格上偏重实用,理论分析和阐述不突出;职业律学家群体地位不高,在中国还没有形成独立的职业阶层;实行着特殊的律学教育体制;律学成果直接影响着法律的运作实践;律学研究的精致化。详细分析这些特征,可以使我们进一步深入认识律学的本质。限于篇幅,以及避免与其他学者论述的重复,这里仅对多元、丰富的表现形式,官学与私家注律相辅相成,以及律学研究的精致化三个方面,并结合日本明法道的情况,进一步做些分析和探讨。

第一,律学的表现形式丰富多样。隋唐以后,随着律学的不断发展,其表现形式更为多元:①综合性的法典化的律注释书,如《宋刑统》等;②用音义解读法律条文和名词的著作,如孙奭著《律附音义》等;③体系性的律例注释书,如雷梦麟著《读律琐言》、王肯堂撰《律例笺释》、沈之奇的《大清律辑注》等;④歌赋类的律例解释书,如傅霖著《刑统赋解》、宗继增著《读律一得歌》等;⑤图解类的律学作品,如陈海云著《刑律图》、沈辛田编《名法指掌图》等;⑥专题论文集性质的著作,如蓝鼎元著《鹿洲公案》、王又槐著《办案要略》等;⑦充任幕府读律用律和律学教育的作品,如张廷骧著《刑幕要略》、汪辉祖著《佐治药言》、万维翰撰《幕学举要》等;⑧监狱管理的著作,如赵舒翘著《提牢备考》等;⑨解读判例的作品,如许梿和熊莪撰《刑部比照加减成案》、祝庆祺撰《刑案汇览》、全士潮等编《驳案新编》等;⑩普法读物类作品,如徐栋辑《牧令书》、包世臣著《齐民四术》等。① 当然,这 10 个方面的分类,其实也是形式上的,只是为了便于分析。因为许多律学作品本身可能兼具多种类型的特征,如体系性的一般也都具有综合性著作之特征等。

在日本,通过学习、传承中国的各类律学作品,也发展起了多种注释、讲解、阐述律令和其他法律形式的明法作品。如《律集解》是注释、讲解

① 虽然上述律学作品形式多元、内容丰富,但其贯穿的核心价值是一致的,这就是自汉代确立,由《唐律疏议》综合其成的中国古代正统的法学世界观,它也是以儒学为主,吸收法、道、佛等各家传统思想的律学观,体现了中华法系的鲜明特征。这一律学观的优点是强调民本思想,提倡法律简约、德主刑辅、宽猛相济、德刑并用、刑无等级、慎刑恤罚等;其缺陷是过分突出礼的功用,强调道德的无尽力量,法、律、刑相通,因此法律的工具属性比较浓厚。

《大宝律》《养老律》的律文,《令义解》《令集解》是注释解读《大宝令》《养老令》的令文,只是前者为官方,后者是私家注令。《额记》《穴记》等也都一样。而《政事要略》是对历史上所发生的法律事件和律令内容的记录,有点类似于中国古代各朝的刑法志。《类聚三代格考》则是专门对《弘仁格》《贞观格》《延喜格》之汇编的考证研究。由于在律学研究方面,日本是一个继受国家,所以在日本律学作品形态中,还多出了一种形式,即翻译、讲解中国的律学著作,如高濑喜朴的《大明律例译义》、荻生北溪的《明律译》,以及荻生徂徕的《明律国字解》、榊原篁洲的《大明律例谚解》等。

第二,官方律学与私家注律相辅相成。在中国古代,律学从其产生到隋、唐、宋时期,虽然官学、私学均有发展,但总体上以官方注释(官方律学,以《唐律疏议》《宋刑统》为经典)为基本形式。然而,从元以后,由于官方律学(教育)被取消,私家注律进一步兴起。尤其是明清时,统治者开始鼓励官吏和刑名幕友私家注律,以利用他们丰富的实践经验和集思广益来弥补官方注律的狭隘和不足。此时,私家注律基本上成为了律学的主要部分,明清时期一批高水平的律学著作,都是私家注律的成果。①

在日本,虽然私家注律比官撰要更多一点,如在对日本律令的注释书中,除了《令义解》是官撰的以外,其他全部是私家注律(令)。但这些私家注律,一方面,基本上都是对《令义解》的重复、补充和延伸;另一方面,即使是私家注律,也都是在《大宝律令》和《养老律令》的框架之内。因此,日本律学(明法道)中的官撰、私家注释也是非常默契、相辅相成的。尤其是13世纪日本的国家政治体制与古代中国相异后,即在日本的幕藩体制下,有许多律学作品,实际上是藩一级政府或首长指示律学家编纂的,官、私属性很难分清。如18世纪和歌山藩高濑喜朴完成的两本律学名著《大明律例译义》(1720年)和《大明律例详解》(1743年),就是接受藩主的要求而编撰的,然后由藩政府予以保管、组织实施。因此,这一法

---

① 关于清代私家释律的集中研究成果,可以参见张晋藩:《清代私家注律的解析》,载张晋藩:《清律研究》,法律出版社1992年版,第164—176页。

律学术,既有私家注律属性,也是官方组织编纂实施的结果。

第三,律学研究精致化。这一点,在《唐律疏议》中就已经体现得极为充分了。经过之后各代律学家的努力,至明清两代,律学在技术层面上已经极为精致,到了几近完美的境界。对此,我们可以清代王明德的《读律佩觿》为一典型,稍作分析。该书充分吸取了其他律学作品的长处,并进一步提炼升华。首先,《读律佩觿》一书的体系非常精致。八字广义,"读律八法",例、杂、但、并、依、从,以及从重论、累减、递减、听减、得减、罪同、同罪等字、词(王明德称其为"律眼")的律义等,一应俱全。其次,《读律佩觿》的释文风格有独创性,不以法典的结构顺序为纲目,而是以专题,即以一项罪名或一项刑法原则为轴心,而后将法典各个部分中有关的律文附上,展开论述。如"以枉法论"这一专题,就收入了吏、职制、公式、仓库、课程、兵、刑、捕亡和断狱等各律中与"枉法"相关的44项律文,进行详细阐述。此外,在明清的律学著作中,一般都载有"例分八字之义",但除了王肯堂的《律例笺释》之外,解释大多十分简略。只有《读律佩觿》一书将此八字定名为"律母",对其做了进一步的阐述,极为详细。最后,《读律佩觿》关于读律方法的阐述,也特别精细,作者将其称为"读律八法",即"一曰扼要、一曰提纲、一曰寻源、一曰互参、一曰知别、一曰衡心、一曰集义、一曰无我"。由上可知,《读律佩觿》既是一部对律文、条例的注释书,又是一部论说性质的专著。它代表了中华法系法律学术的最高成就。①

就日本的情况而言,明法博士除了引进、吸收中国律学的成果及其精细化的注释、中国律学的指导思想(儒学),从而推出了众多自己的作品之外,13世纪以后日本律学家在注释、阐述日本幕府的武家法典《御成败式目》时,也充分运用了中国的经验。比如,在《御成败式目》制定后不长的时间内,日本学者编撰的式目注释书就达34种之多,其中,《御成败式目荣意注》《御成败式目唯净里书》《芦雪本御成败式目抄》等,无论在体

----

① 关于律学研究的特征,还可以参阅何敏:《清代注释律学特点》,《法学研究》1994年第6期。在此文中,何敏指出了律学的六大特征:重归纳,轻演绎;重考证,轻分析;重实用,轻理论;重刑事,轻民事;重成案,轻判断;重善疑,以求真。

系、注释,还是在语言等方面,都达到了相当高的水平。① 如对"得让状后
其子先父母令死去迹事"(第20条),《御成败式目荣意注》作者解释道:
"右其子虽令现存,至令悔还者,有何妨哉,况子孙死去之后者,可任父祖
之意也。"接着,作者依据中国古代儒学经典,对其作了进一步的阐述:
"法意,子孙亡后,财已异财之后,不可悔返,况其后有妻子者可传领,父
母不可悔返。式目已违背,让有夫之女子财悔返之。家语曰,孔子曰,尧
子丹朱,舜子商均,禹父鲧,舜父瞽,不肖。无忧者,其惟文王乎。以王季
为父,以武王为子,父作之子述之,武王缵大王王季,文王之绪,壹戎衣而
有天下,身不失天下之显名,尊为天子,富有四海之内,宗庙飨之,子孙保
之也。虽有其子不孝,则父母不让之,虽他人,孝忠贞则让之,尧禅舜,舜
禅禹者也。"②这里,话语之间,不仅儒家之立场异常坚定,引用文献之十
分丰富,阐述条文之特别细密,还充满了对式目的批判精神。

四、律学的内在逻辑及其历史遗产

通过上述对律学的语源、诞生、发展演变、主要内容以及基本特征等
的梳理,我们可以大体了解律学的内在逻辑,也就是它的内在规律,这就
是:一方面,律学随着中国古代成文法律的产生以及职业法律家的崛起而
兴起;另一方面,律学也随着中华法系的衰落而趋于停滞,乃至走向衰亡。
因此,律学作为一种学术形态,它是依附于其研究对象律(令、格、式以及
例等)的生存与运行状态的。当统治者重视立法和司法、加强法律的运
行成为人们社会生活之重要部分时,律学的处境就好,乃至趋于繁荣;当
其受到经济方式的转变、社会形态的变革而失去服务的对象,慢慢丧失自

---

① 参见[日]池内义资编:《中世法制史料集·别卷·御成败式目注释书集要》,岩波书
店1978年版,第574—576页。

② [日]池内义资编:《中世法制史料集·别卷·御成败式目注释书集要》,岩波书店
1978年版,第79—80页。

我时，其发展就受到阻碍，甚至趋于灭亡。日本明法道的发展情况也一样。当奈良、平安两个时代统治者对学习引进中国律令制兴趣盎然时，明法道就蓬勃地发展起来，形成了所谓"律令制时代"。然而，当源赖朝在镰仓建立起幕府，天皇大权旁落，幕府自己开始建设武家法制，从而律令制法律体系失去发展之根基时，明法道也开始走向衰落。而当1868年明治维新之后，社会从小农经济转向工业化的资本主义商品经济时，明法道就彻底终结了自己的生命之旅，成为了一种法律文化遗产。

这样一个内在逻辑，使律学（明法道）成为一种与中华法系同呼吸共命运的法律学术，一旦中华法系之法律大厦倾覆，律学便成为了一种"皮之不存，毛将焉附"的文化遗产，退出了历史舞台。然而，需要进一步探讨的是，中华法系之律学虽然退出了历史舞台，但其作为文化遗产的法律学术价值并没有完全丧失，它仍然是我国及东亚国家新时期法和法学进步、发展与繁荣的本土资源，而可以为我们所继承、吸收和利用。在这一法律遗产中具有当代文化传承意义者，可以举出许多，如律学作品通俗易懂，基层司法人员对其有很大的认同感；与司法实践的紧密联系，所探讨的问题都是法律实务中需要解决的疑难问题；不管是研究还是写作，都具有很强的针对性；等等。如下三个方面，则更是律学中的精华，对当代法和法学研究具有极为重要的传承、弘扬价值。

第一，周密、严谨、精致的律令注释学，这是律学的基本特征，也是它最为主要的传世价值。如清代沈之奇著《大清律辑注》，在解释、阐述律例之规定、含义时，就是非常精致地展开的。首先，通过下栏（主体部分）对大清律律文进行逐字逐句注解并附以相关的条例。其次，再通过上栏的释文，对问题做出如下阐述：第一，对下栏内律文、条例中的名词作解释；第二，对下栏律文和注解中的文化背景和历史典故做出解释；第三，对下栏律文中的律意做出进一步的说明；第四，对各家律学著作的观点作出分析，提出自己的观点；第五，对下栏律文中的注，做出进一步的说明；第六，对下栏中的律文和条例的关系做出说明。《唐律疏议》《宋刑统》，惟宗直本的《令集解》，雷梦麟的《读律琐言》，王肯堂的《律例笺释》，薛允升的《读例存疑》，以及上述王明德的《读律佩觿》等，与《大清律辑注》具有同样的水准。这批律学作品就是通过这样逐层推进、细致入微的阐述，使中国古代律学的解释学水平达到了一个非常高的境界，成为中国传统文化中一颗异常绚丽的明珠。

第二，丰富、多元的研究方法。在律学研究中，不仅有归纳的、演绎的方法，训诂的方法，扩张解释、限制解释、字义解释、文句解释等法律解释学方法；还有历史的方法，即阐述各项法律规定时，必定将其起源、发展、演变的历史说得清清楚楚，如宋代刘筠的《刑法叙略》，在解释"刑官"的起源及发展历史时，就从虞舜时代"咎繇作士"说起，历经夏、商、周之制，春秋战国的规定，秦制与汉制，魏晋的变迁，南北朝的改革，隋唐的发展，五代十国时的规定，以及宋初的因袭，等等，十分详尽；社会学的方法，如《唐律疏议》在"户婚律"中解释"诸州县不觉脱、漏、增、减"户口的法律责任时，吴坛的《大清律例通考》在"户律·市廛"中解释"私充牙行埠头"时，都充分列举了当时社会中户口变迁与管制、牙行之现状与变化等社会状况，来说明律文和例文的正确含义；文献学的方法，如丘濬在《大学衍义补·慎刑宪》中，引用的文献就达 30 余部，有《诗经》《尚书》《周易》《春秋左氏传》《管子》《周礼》《论语》《孟子》《史记》《贞观政要》《宋史》《通典》《资治通鉴》《梦溪笔谈》等；以及佛教律疏的方法等。① 而比较，更是成为律学中的一个重要方法，薛允升的《唐明律合编》是这方面的典范。这些方法，虽然和现代意义上的研究方法还有一定差距，只能说是各种方法的雏形，但它们毕竟在中国古代的律学中，已经得到了充分的运用和发挥。

第三，更为重要的，是律学对法的正义的追求。中国古代的法律学术，虽然大量的是逐条、逐句、逐词地解释律令的含义，阐述律令在实施中遇到的问题，但也不乏对立法与司法之正义的追求。比如，丘濬在上述《慎刑宪》中就强调了"法须公正，法胜君言"的观点："帝王之道，莫大于中。中也者，在心则不偏不倚，在事则无过不及……夫是之谓祥刑。""夫法有定制，而人之犯也不常，则随其所犯而施之以责罚，必明必允，使吾所

_____

① 参见陈灵海：《通往唐永徽〈律疏〉之路》，《学术月刊》2015 年第 9 期。

罚者,与其一定之法,无或出入,无相背戾……用狱如此,无不利者矣。"①
王明德在《读律佩觽》中,对律学研究的正义价值更为强调,他认为,法律
工作者不仅考虑"我"的得失是不对的,就是希望为民作主、审好案件是
积功德的想法也是不能有的:"'我'之为害,千古一辙。无论庸愚鄙陋,
赋性凶残,惟私是营,如赵禹、张汤之属,卒归戮灭,否亦痛遭天谴,自不必
言。即秉质温良,慈祥和易,立心于布泽伸恩(功德),一以全活为主脑,
亦不免蹈有'我'之癖……其所谓功德,实乃孽德,非功德也。功德可自
做乎?独不思法乃天下之公,即天子亦不容私所亲……殊不知圣贤立教,
惟有一中。中,则洞洞空空,不偏不倚,何有于功德。倘意见微有执着,虽
公亦私,难免乎有'我'矣……故曰:读法必先于无'我'。"②

　　而日本的明法道,虽然在 12 世纪末镰仓幕府建立、律令制时代结束
后,开始走向衰微,但其文化价值仍然存在。不仅其明法博士、明法道 12
世纪后继续存在(如中原章久之明法世家、坂上明盛之明法世家等),明
法学家的活动一直延续至 1868 年以后的明治维新时代(如荻生徂徕、荷
田在满是 18 世纪,薗田守良是 19 世纪的明法学家,势多章甫的律学研究
一直持续到 19 世纪末的明治中叶),而且明法道中包含的律令注释学中
的一些精华,如对律条解释的精益求精,在解释法律条文时的历史方法、
解释学方法、比较方法、音读和训读方法、文献学方法(如日本近代律学
家榊原篁洲所著《大明律例谚解》一书,在阐述律例含义时,就引用中国
古代政治法律文献达 117 部)等,以及对司法正义的追求,也都为近代以
后日本的法哲学和法律解释学所继承并发扬光大。③

---

① (明)丘濬:《大学衍义补·治国平天下之要九:慎刑宪·总论制刑之义》。
② (清)王明德:《读律佩觽》,载四库全书存目丛书编纂委员会编:《四库全书存目丛
书》,子部,第三十七册,齐鲁书社 1997 年版,第 533—534 页。
③ 参见何勤华:《20 世纪日本法学》,商务印书馆 2003 年版,第 6 页。

中华法系之法律教育考[*]

——以古代中国的律学教育与日本的明法科为中心

公元 227 年,曹魏尚书卫觊上奏魏明帝曹睿置律(学)博士,开创律学教育之后,两晋南北朝继承发扬了这一做法,形成了国家有正规法律教育的传统,从而为隋唐时期中华法系诞生之时法律教育的成熟与定型奠定了基础。

一、中华法系法律教育的形成与发展

中华法系法律教育形成于隋唐时期,它承继两汉魏晋南北朝之律学教育的传统而来,但已有了巨大的变革和提升,并传播至古代日本、朝鲜和越南等地。

(一) 中华法系法律教育的形成

中华法系定型时期的公元 7 世纪,中国律学教育进入了一个新的发

---

* 本部分内容曾发表于《法律科学》2018 年第 1 期,由作者与袁也合作完成,收入本书时略有改动。

展时期。7世纪初,隋文帝杨坚废除了九品中正制①,隋炀帝杨广创设了分科举人,以策问取士的制度②,并在中央设立了专门管理教育的行政机构国子监。隶属于国子监的中央学校有国子学、太学、四门学、书学和算学。而律学则属于大理寺,设律博士、律博士弟子员,并沿用魏晋南北朝以来律学由司法部门主管的体制。到了隋朝末年,律学才归国子监管理。唐王朝建立后,进一步建立了进士科,从而正式创立了以考试来选拔官员的科举制度。当时,分常科和制举两种,其中常科中就设置有明法一科(源自晋时在百官中设立"明法"之官职),形成了独立成熟的官方律学教育。③ 按照唐代法律规定,在刑部的属官中,已没有了作为独立官职的明法的设置,明法成为了举荐官员的定额。《唐六典》卷第二记载:"凡诸司置直,皆有定制。(双行小字)诸司诸色有品直……门下省明法一人……刑部明法一人……中书省明法一人……大理寺明法二人……"明法成为科举取士的一门科目,它与秀才、明经、进士、俊士、明字、明算等一起,并列为七门科举取士科目中的一门。虽然,明法在唐以前就有,律博士(律学博士)在魏时就已经设立,但创立科举制度并将明法作为科举的一个科目使其成为官方法律教育的核心,则是唐王朝的发明。这就是为什么我们说唐的法律教育与之前的法律教育有本质之区别,以及中华法系的法律教育形成于唐代的理由。

中华法系的主要成员国日本的法律教育,其起步和发展,与中华法系的形成和发展,几乎是同步的。为了学习先进发达的隋唐法律制度和文化,日本派遣了多批遣隋使和遣唐使来中国学习。这一活动,可以视为日

---

① 《辞海》:"东汉末,曹操当政,提倡唯才是举。献帝延康元年(220年),曹丕采吏部尚书陈群的建议,推选各郡有声望的人出任中正,将当地士人按才能分别评定为九等(九品),政府按等选用。谓之'九品官人法',仍保持曹操用人'不计门第'的原则。"晋、六朝时沿用此制。隋文帝时废除此制,改行科举制。参见《辞海》上,上海辞书出版社2010年版,第2023页。

② 俞大纲、唐长孺、何忠礼、金铮等学者认为隋朝废除了九品中正制,又开始了以各科举人的做法,但性质上仍然是一种察举制。是唐朝开创了以进士为主要取士科目,士人定期赴试,国家从中选拔人才的科举制。

③ 《通典》卷第十五"选举"记载:"其常贡之科,有秀才,有明经,有进士,有明法,有书,有算。自京师郡县皆有学焉。"(唐)杜佑:《通典》卷第十五"选举",王文锦等点校,第1册,中华书局1988年版,第353页。

本最早的律学教育,即把中国的官府和律学家当作老师,学习中国的隋律、唐律,并将其学习的成果带回日本。因此,日本最早的律学教育,是一种通过留学方式开展的法律教育。这在人类历史上也是不多见的。① 而法律留学生中的佼佼者,有大和长冈(689—769 年)、吉备真备(695—775年)等。根据日本学术界的研究,日本国内的律学教育,大体始于奈良(710—794 年)、平安(794—1192 年)两个时代。在《大宝令》和《养老令》中,已经有了关于"录用官吏考试的明法(律学)"②的规定。在这之前,在元明天皇的和铜年间(708—715 年),依据格创立了明法科(律学科)③。但此时,明法科尚处在草创阶段,至圣武天皇神龟五年(728 年),明法科的制度才最后得以定型,明法(律学)的教育获得进一步的发展。④

那么,日本在大学寮中,是何时设置明法科的呢? 根据《类聚三代格》所载贞观十三年十一月二十七日的算博士家原氏主的解文,以及"官位令"集解关于神龟五年的格的解释,载有令外官律学博士(明法博士)的定员和相应位阶(正七位下),故许多学者认为可以推算明法科也是在同一年设置的。但日本学者利光三津夫认为,根据日本令外官设置惯例,一般都是先在大学寮的教育中设置某一学科从事教育,然后过了若干年

---

① 公元 11 世纪,在罗马法复兴的浪潮中,在意大利形成了以讲授、注释罗马法为使命的博洛尼亚(Bologna)大学,吸引了欧洲各国的年轻人前来学习法律,其人数最多时达到 1 万余人([日]碧海纯一、伊藤正己、村上淳一等编:《法学史》,东京大学出版会 1976 年版,第 85 页)。应该说这也是世界历史上为数不多的以留学教育为中心的法律教育。

② "明法"一词,在中国先秦文献中出现较多,如《管子》《韩非子》中多处使用该词,尤其是《管子》中"明法"成为独立一篇。与君主有"明君"和"昏君"一样,法律也有"明法"和"暗法"。而在通史作品中,"明法"最早出现于《史记》卷六"秦始皇本纪"之中,即"作制明法""普施明法"。该词为秦始皇巡游鲁地邹峄山和河南阳武县博浪沙时所刻在石头上的文辞中。至于"明法"一词的内涵,《韩非子》中"南面篇"说得最为清晰:"人主使人臣,虽有智能,不得背法而专制;虽有贤行,不得逾功而先劳;虽有忠信,不得释法而不禁,此之谓'明法'。"在之后的文献如《晋书·刑法志》《隋书·百官志》《唐六典》《太平御览》等中,都有"明法"的记载。

③ 日本学术界的通说,认为日本设置明法科,是圣武天皇神龟五年(728 年)。但利光三津夫根据早在和铜年间的史籍中,就散见有"明法博士",以及表达"明法博士"的"令师""律师"等用语,主张明法科的设置可以从圣武天皇神龟五年往前上溯至元明天皇和铜年间。参见[日]利光三津夫:《律令制とその周边》,庆应通信 1967 年版,第 117 页。

④ 日本历史学家井上光贞认为,日本明法科设置于天平二年(730 年)。参见[日]井上光贞:《日本律令的注释书》,尹琳译,载何勤华编:《律学考》,商务印书馆 2004 年版,第 245 页。

之后,该学科的令外官的定员和位阶才得以确定。如果依此来推论,那么在神龟五年(728年)令外官律学博士的定员和相应位阶定下来时,实际上在大学寮的教育中早已经有了明法科的设置。据此,以及《令集解》关于"僧尼令"的集解、养老四年的格中出现"明法博士""令师""律师""明法师"用语等资料,利光三津夫认为明法科的设置应当是在元明天皇的和铜年间(708—715年),其组织完善是在天平年间(729—749年)。

(二)中华法系法律教育的发展

根据《宋史》"选举志三"记载,宋代开国之初,没有设律学,只设有律博士掌授法律。宋神宗熙宁六年(1073年),才在国子监设立律学,设律学教授四人。元丰年间(1078—1085年),设律学博士、学正各一人。宋哲宗绍圣二年(1095年),又设置律学博士。有学者指出,在南宋的史料中,还没有发现有关律学和律学博士的记载,故他们推测,中国可能自南宋起,就不再设置律学,因而也就没有律学博士了。但是,《宋史》"选举志三"详细记载了南宋庆元年间(1195—1200年)、嘉定年间(1208—1224年)、咸淳年间(1265—1274年)律学考试的内容及程序、方式,故笔者认为南宋时期律学似乎并未取消。沈家本认为律学及律学博士自元代起才被取消的观点①,应当受到重视。

与唐代一样,宋代的教育行政管理机构在中央是国子监,下面常设国子学、太学和律学等。在地方,各路设提举学事司。宋代县级学务由县令及佐官兼任。北宋初,国子监设有广文、太学、律学三馆,但律学馆没有法律教师。宋代法学教育的发展与完善,与北宋时期的三次兴学有密切关系。第一次兴学在庆历年间("庆历兴学"),由范仲淹发起,目的是改进中央办学,提倡地方办学,以及改革科举制度和教学方法。第二次兴学在熙宁、元丰年间("熙宁—元丰兴学"),由王安石在变法中发起,在该次兴

①　"自元代不设此官,而律学遂微。"参见(清)沈家本:《历代刑法考》(四),邓经元、骈宇骞点校,中华书局1985年版,第2060页。

学中律学教育有了比较大的发展。第三次兴学在崇宁年间（"崇宁兴学"），由宋徽宗发起，由蔡京等人具体操作，这次兴学对律学的规范化、实用化也有影响。①

从元代开始，政府取消了法学教育的机构②，从而使法学教育趋于衰落。之后，官方的律学教育再也没有恢复过，一直到1911年中华帝国的灭亡。但明清时期，因统治者的提倡，社会要求官吏与百姓对法律的了解和理解更加强化。如《大明律》"吏律·公式"明文规定："凡国家律令，参酌事情轻重，定立罪名，颁行天下，永为遵守。百司官吏务要熟读，讲明律意。剖决事务。""若有不能讲解，不晓律意者，初犯罚俸钱一月，再犯笞四十附过，三犯于本衙门递降叙用。"《大清律例》"吏律·公式·讲读律令"条在此基础上，进一步规定"其百工技艺诸色人等，有能熟读讲解，通晓律意者，若犯过失，及因人连累致罪，不问轻重，并免一次。其事干谋反、叛逆，不用此律。"这些规定，都推动了在任官吏通过各种途径学习法律，而律学教育便担当起了让官吏"明法通律"的重任。

明清两朝虽然在学校教育中有一点法律的内容，但由于明代对知识分子实施高压政策，而清代又由于除顺治和康熙等个别人之外，大部分满族上层分子对法学的轻视，以及汉族士人的尊儒斥法，法律教育在明清两朝都是不受重视的。然而，社会又不可能没有法律，而立了法又不可能没有人去执行，执法者又不能对法律一无所知，而官方又没有正规的法律教育的途径。在这种情况下，就使法律教育走入民间和衙门，成为一种（由地方官员聘请的私人助理，即幕友主导的）幕府教育。由于幕友的社会地位并不高，关于幕友法学教育的资料并不集中，历史上留下来的主要有清乾隆年间名幕汪辉祖所著《汪龙庄遗书》及清末曾任多处州县幕职的

---

① 关于宋代三次兴学的详细情况，请参阅汤能松、张蕴华、王清云、闫亚林编：《探索的轨迹——中国法学教育发展史略》，法律出版社1995年版，第40—42页。

② 《元史》卷八十一"选举一"称："隋、唐有秀才、明经、进士、明法、明算等科，或兼用诗赋，士始有弃本而逐末者。宋大兴文治，专尚科目，虽当时得人为盛，而其弊遂至文体卑弱，士习萎靡，识者病焉。"见(明)宋濂等：《元史》卷八十一"选举一"，第1册，中华书局1976年版，第2015页。根据这一认识，元遂废除了唐、宋的明法科目、官方的律学教育，对整个科举制度的重视程度也逐步下降。

陈天锡所著《迟庄回忆录》。

在日本，从神龟五年（728年）至天长三年（826年），明法科经过近一个世纪的发展，已经达到相当发达的程度。但之后，明法科开始走向衰落。按照日本学者布施弥平治的观点，日本明法科教育的衰落，第一个原因是834年《令义解》的编纂面世。之前，日本解释、传授《大宝令》《养老令》是百家争鸣、百花齐放，从而促进了明法研究和明法教育的繁荣，而《令义解》的公布，使各家学说归于一，法律学术和法律教育的迅速发展局面不再持续。① 第二个原因，是令制本身的崩溃。虽然，律令制度一直延续到了1868年"明治维新"运动爆发，但实际上到《延喜式》（908年实施）之后，明法科的考试就被停止了。之后，官员岗位都由门阀贵族把持。南北朝（1329—1392年）以后，即使有一些律学研究成果如《令抄》《公事根源》等，也都是由非明法博士的学者所创作。明法科成了少数几个家族的私学，且开始衰落，连在中世纪显赫一时的讚岐家族、惟宗氏家族也都慢慢消亡，只剩下两家，即中原氏和坂上氏，但此两家到江户时代（1603—1867年）也基本消失。只是在明治前期略有复兴，但此时西法已经东渐，明法科只能为西方法学和法律教育所同化吸收。

二、中华法系法律教育的内容与特点

与西方古代和中国现代的法律教育不同，中华法系法律教育的内容服务于中国古代社会立法与司法的发展与需求，适合培养法律人才的要求以及官员治理、考核的需要，因而具有自己的特色。

---

① 这有点类似于古罗马法学的衰落情形。古罗马《学说引证法》（Legge delle Citazioni）的颁布，国家在赋予帕比尼安（Papinianus，约140—212年）、乌尔比安（Ulpianus，约170—228年）等五大法学家以等同于法典效力的法律解释权、使罗马法学家解释法律的观点趋于统一的同时，也遏止了百家争鸣、百花齐放的法律解释之繁荣局面。

（一）法律教育的内容

1. 入学资格

关于法律教育（律学）的入学资格，在中国，《唐六典》是这么介绍的：
"律学博士，掌教文武官八品已下及庶人子之为生者。"《通志·选举》也
记载："（唐）龙朔二年（662 年），东都置国子监、丞、主簿、录事各一
员……一曰国子学……四曰律学。（双行小字）取年十八以上、二十五以
下，以八品九品子孙及庶人之习法令者为之。"这里，虽然不是太详细，但
基本上规定了律学（明法科）专业入学的条件与资格，即身份：八品九品
子孙及庶人之习法令者；年龄：十八以上、二十五以下。至于其他要求，
《唐六典》也规定了：学生的"束脩之礼，督课、试举，如三馆（太学、国子、
四门）博士之法。"唐代法律的这些规定，也为日本所全盘吸收、借鉴。

在日本明法博士惟宗直本编撰的《令集解》（868 年出版）一书中，在
解释《养老令》"职员令·式部省·大学寮"条时，引用了天平二年的格，
即："释云：天平二年（730 年）三月二十七日奏，直讲四人（双行小字：一
人文章博士）。律学博士二人……明法生十人……简取杂任及白丁聪
慧，不须限年多少也。"根据《养老令》的其他规定，我们可以得知，这里所
说的明法科的入学资格（杂任、白丁），限定于大初位以下的下级官僚，即
担任舍人、史生、伴部、使部、兵卫、帐内、资人之职者，甚至还可以是庶民，
即作为不具有荫位特权等的无位者的中男、正丁，年龄 17 岁以上、25 岁
以下的聪慧之人。

在中国，发展至宋代，律学馆主要招收文武官八品以下子弟及庶人之
俊异者，研习法律，"凡命官、举人皆得入学，各处一斋"，入学者不以品官
子弟为限，各地举人也可入馆习律，律学馆选拔律学生的条件比较严格。
举人入律学馆必须有人荐举："举人须得命官二人保任，先入学听读而后
试补。"只有取得补试资格方可继续学习。由于元代取消了官方律学教
育明法科，并一直未恢复。因此在明清时期，学律之人大多入幕府跟随刑

名师爷学习（学幕）。学幕的人大多是家境贫寒或在科举上失意之人。幕友的教育并无正式的机构和制度，全凭师徒相授，因此，想学幕的人要找老师并无一定的途径，几乎完全决定于个人的机遇，主要靠亲故的介绍和提携。如果一位幕友决定顺应亲友之请，收纳一个青年为徒，亲友就要安排一番拜师的礼仪。此后，学徒就迁入幕斋，跟随幕师起居作息，帮忙做一些文书事务，幕师对他除了教授幕学知识，辅导实务练习之外，还要照顾其生活，管教其言行。在学期间，幕徒的衣食花销也都是幕师津贴的，师生之间的关系很是亲密。

2. 学习内容

日本古籍《故实拾要》卷八明确指出："明法者，律学也。官位令、职员令、三代格式等是也。"从中可以得知，明法科教育，就是以律令等法律规范为学习对象、教授内容的，明法科，相当于今天的法学院。日本法律学界的这一认识，源自对中国律学（明法）教育制度的移植。在中国唐代，律学生学习的主要内容是律令和格式等。《唐六典》卷二十一"国子监"记："律学博士一人，从八品下……以律、令为专业，格、式、法例亦兼习之。"格、式，是中华法系法律形式中的法律渊源之一，而法例，应该就是判例集，因为唐代就已经有了官撰和私人编写供律学生学习和考试用的判例集①了。因此，在中国唐代，明法科的学生已经在律令之外，必须学习格、式和判例了。从日本古籍的记载来看，学生的学习压力是很大的。日本红叶山文库本《令义解》纸背后所引《弘仁式》逸文记载："大学《弘仁式》云：凡应讲说者……《周礼》、《仪礼》、《毛诗》、律，各四百六十五日……《尚书》、《论语》、令，二百日。"律，要在 465 日内讲完，令，要在 200 日内讲完。律的条文大概有 500 条，令文约有 950 条。因此，学习律令的任务，基本上是一天一条律文、五条令文。学习压力还是比较大的。

---

① 如由唐代律学家张鷟所撰《龙筋凤髓判》（田涛、郭成伟点校，中国政法大学出版社1996 年版）等。

律学生平日除学习已有的律令、案例外,如有朝廷新颁条令,刑部立即送来学习。① 这与神宗时期不断改革新法有密切的关系。律学生对新法的熟识,为变法改革提供了大量可用之材。如果在学习刑名过程中,对法律条文或者断案有疑问的,须与审刑院、大理寺商议。至明清,幕友法学教育的第一要目是研读律例和有关幕务的书籍。② 第二项是在老师的指导下进行实习。一般为先由幕师在署内案卷中调出已经办理完毕而比较特殊的命盗、奸拐、户婚、田土等案若干,交给幕徒披阅,经过一定数量的案件的披阅,幕徒基本上对办案的手续有了一个大致的了解。③

3. 考试

《唐六典》卷第二记载:"其明法试律、令各一部,识达义理、问无疑滞者为通。(双行小字)粗知纲例、未究指归者为不。所试律、令,每部试十帖,策试十条:律七条,令三条,全通者为甲,通八已上为乙,已下为不第。"其他科目如"进士科"虽然在礼部考试时不涉及法律的内容,但在考中"进士"后仍须通过吏部"身、言、书、判"的考试后才能被任命做官,其中的"判"就是根据两个模拟案例写两份判决书。

明法科学生的考试制度非常严格。比如在日本,首先是入学后的明法生,要考其应该背诵的律令的条文,十日一次。《养老令》的"学令"记载:"其试读(背诵律令)者,每千言内,试一帖三言。"这一规定来自对唐代法律的继受。唐代律学的考试,就是这么考的。同时,帖试都是口试,即回答问题。如果在十天时间里,不能读千言文时,就推迟考试。讲读法

---

① 熙宁年间规定:"凡朝廷有新颁条令,刑部即送学。"参见(元)脱脱:《宋史》卷一百五十七"选举志三",第8册,中华书局1985年版,第3673页。

② 名幕陈天锡在《迟庄回忆录》中说:"学幕之初,兄命先读《大清律例》……尤须熟背其目录。律例中首应细读《名例》,其余各律,则须按需用之多寡,为研读之先后。"参见郭润涛:《官府、幕友与书生——"绍兴师爷"研究》,中国社会科学出版社1996年版,第138页。

③ 在清代幕友的法学教育中,除了阅读书籍、实习办案之外,还有一项重要的内容就是学习如何当好一名幕友,即所谓幕友的道德教育(职业教育)。对此,汪辉祖根据自己的亲身经验,在《佐治药言》和《续佐治药言》中谈得很多,如"立心立品"(心术纯正,品德良好)、"修身持家"、"择主事官"、"检吏制役"(监察抑制吏人和差役的非法舞弊行为)、"敬业爱民",总的是一句话:"为民谋利除害。"

律(类似于后世的法解释学)的考试,首先也是每十天考一次,选择三条条文,问其包含的意义。在每十天的旬试中,回答三条条文中,能回答两问者为合格,一问及以下为不合格。不合格者要由明法博士"斟量决罚"①。这种每十日考一次的旬考,宋代规定得更为详细和严格。如《宋会要辑稿》关于监考,就有如下一记载:"遇试日,其主掌敕书及检用条例,乞于诸路及百司,将来试中吏人内指差两人充;其本学诸杂文字,乞于审刑院、刑部、大理寺指名差手分二人行遣。本学合要刑统、编敕、律令格式,及应系刑法文字、并乞于合属去处取索。"考试过程非常周密,严防作弊。

除了每十日的旬考之外,明法科更重要的考试就是每年一次的岁考了。即在每年的年终,由大学寮长官或次官出席进行的考试。《令集解》"学令·先读经文条"记载:"释云:称年终者,依考期以七月可为年终。何者?为定博士考课故。《职制律》云:考校,谓内外文官武寮,年终应考校功过者。"《学令》还记载:"每年终,大学头助,国司艺业优长者试之。试者,通计一年所受之业,问大义八条,得六以上为上,得四以上为中,得三以下为下,频三下……并解退。"这里,《学令》规定得很清楚,如果连续三次(频三)为下第者,就将被追究违反官吏服务规则,勒令退学。

当然,作为明法科学生,最为重要的考试就是毕业前的明法试,即可以成为司法官的录用考试了。明法试的前提是学习优秀成为举人者。在《养老令》之"考课令"中所见的官吏录用考试之考生资格里,有贡和举两类。《律集解》"职制律·贡举非其人条"记载:"贡者,依令,诸国贡人;举者,若别敕令举,及大学送官者。"由此(大学送官者)规定可以推论,在大学寮明法试的资格当中,也有贡人和举人两个种类。由于在当时的日本,民间的贡人并不多,所以明法试举人,几乎是明法试考试的唯一成员。举人被推荐给太政官,太政官就向式部省下符,每年十一月在此进行录用考

---

① 《令集解》"学令·先读经文条"记载:"《古记》云……问,荫子真决,若令赎哉?答:据律令赎。但寮例决罚耳"(《新订增补国史大系23·令集解前篇》,吉川弘文馆1966年版,第451页)。可见,在《古记》出版的天平十年(738年)前后,就已经形成了对明法科学生在帖试和法解释学考试时落第不合格者进行决罚的习惯法。

试。监考人员是式部省次官以上的官员。根据《养老令》的"考课令"以及释文解释,我们得知,明法试的考试时间是上午八时开始,至中午继续,一直到晚上才结束。关于考试的题目,"考课令"几乎全盘照抄了中国唐代的制度:"凡明法,试律令十条。(双行小字注:谓,依此令,必可有明法博士及生)律七条,令三条。识达义理,问无疑滞者为通;粗知纲例,未究指归者为不。全通为甲,通八以上为乙,通七以下为不第"。

除了入学资格、学习内容、考试制度以外,关于明法科的学制,在学期间的待遇,对学生的管理以及毕业后去向等,中日两国也有相应的规定。限于篇幅,这里就不再展开了。①

(二) 法律教育的特点

第一,法律教育始终未能达到独立法科大学职业化教育的程度。一方面,中华法系的法律教育,即使在最辉煌的唐宋年间(日本是奈良、平安时代),也都是附属于儒学教育的,在中国是国子学、太学、四门学、算学、书学等多个学科之一,排名在第四;在日本,隶属于式部省下属大学寮之内,与明经、纪传、算学并列,但地位是排在明经等学科之后的。而中国在元以后,官方的法律教育就干脆被取消了。日本在1192年镰仓幕府建立以后,由于统治者注意力的转移,明法科的教育也是日趋衰落。且早在《延喜式》(908年实施)颁布后,明法科的考试就被停止了。而在西方,以意大利为发源地,从1088年就开始了独立的法科大学教育,并波及欧洲大陆各国,乃至深入欧陆之外的英国。中世纪以后,意大利等欧洲国家的法科大学教育,教师基本上是专职的,如博洛尼亚大学中的阿佐(Azo,

① 比如,关于学制,蔡芹香编的《中国学制史》一书中说唐代官学的学习年限,国子学为九年,太学及四门学与国子学相同,律学"六年毕业"(蔡芹香编:《中国学制史》,世界书局1933年版,第47—48页)。这说法应该来自《文献通考》的记载:国子学、太学、四门学生员"在学九岁、律生六岁,不堪贡者罢归"(《文献通考》,中华书局2011年版,第1208页)。又如,关于学生休假等,《文献通考》也指明"旬给假一日","每岁五月有田假,九月有授衣假"等。再如,关于毕业去向,中国唐宋的律学生员,如果终考合格可以获得官职,日本奈良、平安时代合格的明法学生则可以担任明法博士、大判事和检非违使等司法职务。

约 1150—1230 年）、阿库修斯（Accursius，约 1182—1260 年）等，都是全职教师。而中华法系法律教育中的教师，无论是中国（律学博士、明法掾等），还是日本（明法博士、大判事、检非违使等），基本上是司法官员，或者行政官员。此外，中世纪以后西方的法科大学里面，师生关系是平等的，甚至是以学生为中心进行教学、组织大学日常管理的①，而且大学也是独立于政府而自治的。这些，在中国与日本也是不存在的。

第二，时断时续，律学教育发展不稳定。与西方中世纪以后在意大利诞生的法律教育产生以后一直稳定发展不同，中华法系的法律教育，即使在隋唐时期，也时断时续，非常不稳定。比如，唐建立后，于高祖李渊武德时期（618—626 年）设立律学，隶属于国子监，但随后就被废。太宗李世民执政，又将其恢复。《旧唐书》"太宗本纪"记载：贞观六年（632 年）"戊子，初置律学"。同书"高宗本纪"记：显庆三年（658 年）九月，"废书、算、律学"（未说明理由）。该纪又记载：龙朔二年（662 年）在大规模改革官制的同时，"乙巳，复置律、书、算三学"。《新唐书》"百官志"记："律学，博士三人，从八品下……（小字）有学生二十人。"但到了第二年，即龙朔三年，律学又被废。律学博士变更为隶属于当时已经改称"详刑寺"的大理寺。② 此次被废的律学，到什么时候得到恢复尚不清楚，但从《唐会要》"学校"所记武则天和唐中宗时期的变迁来看，武则天圣历年间（698—700 年）大臣上书提到"三馆生徒"中，只有国子学、太学、四门学，不包括律学。633—634 年之后，在唐中宗神龙二年（706 年）时，我们又看到了律学的记载："神龙二年九月，敕……初入学，皆行束脩之礼，礼于师。国子、太学，各绢三匹；四门学，绢二匹；俊士及律、书、算学，州县，各绢一匹。皆有酒酺。"唐代对律学的又置又废状况，对继受唐代制度的日本也造成

---

① 由于大学由学生管理，所以学生领袖"学头（Rector）"一词，也就成为了今天大学校长（Rettore）一词的原型。

② 龙朔三年废律学的事情，《旧唐书》《新唐书》都没有记载。《旧唐书》只记载了龙朔三年二月"律学，录详刑寺"，见（后晋）刘昫等：《旧唐书》卷四"高宗本纪"，第 1 册，中华书局 1975 年版，第 84 页。日本学者利光三津夫据此认为，详刑寺即大理寺中的律学博士是司法官员，不是学校教育官职，所以此时作为教育的律学又被废除了。参见［日］利光三津夫：《律令制とその周边》，庆应通信 1967 年版，第 107 页。

了巨大影响,从而使在日本律令中最为重要的《大宝令》(中的"官员令")和《养老令》(中的"职员令")中,也没有规定明法科,造成了法律教育的不稳定。

第三,在中华法系的法律教育中,虽然也设置了律学(明法科),但它始终是偏学、小学,人数少,地位也低。我们从由唐玄宗时代出任宰相19年的李林甫(683—753年)所组织编写、反映盛唐时期典章制度的《唐六典》的记叙来看,律学博士的设置就一人。而同一时期的国子博士二人,太学博士三人,四门博士三人。就唐代博士的地位而言,国子博士"正五品上",太学博士"正六品上",四门博士"正七品上",而律学博士只有"从八品下",从官位级别上看,比其他博士要差好几个等级。从律学所招学生来看,情况更差。国子学科招学生300人,太学学科招学生500人,四门学科也有500人,而律学生只招50人。① 这还是盛唐时期的状况,其他时期就更加不用说了。日本的情况也一样。649年设置的式部省大学寮中,并没有关于律学的制度。701年《大宝令》以及718年《养老令》,也没有律学。神龟五年(728年)确立律学(明法科)教育以后,律学博士(明法博士)和律学生(明法生)的人数与地位仍然不如其他学科。比如,根据对《养老令》"职员令·大学寮"的集解释文,当时文章生招20人,算生30人,而明法生才10人。在招生年龄上,明经科招生要求13岁以上、16岁以下,而明法生是17岁以上、25岁以下;明经生必须从官位五品以上的贵族子弟中选,而明法生是从下级基层官员及一般庶民子弟中招收。明法科毕业生授官时情形也一样,秀才、明经、进士诸科毕业,起点就是正八位官品,到了一定年龄,就自然晋升为正五位以上的官员;而明法科毕业,优秀者也只是甲等,只能授予大初位(官员品级中最低一级)上的品位。因此,日本律学研究专家利光三津夫感叹地说:"官位五品以上的名门子弟,几乎就不会选择明法科了。"

第四,法律世家比较多,且历史传承久远。比如,在唐代,就有韩仲

---

① (唐)李林甫等:《唐六典》卷二十一"国子监",中华书局2014年版,第555—556页。《文献通考》对唐代教育体制的记载,与《唐六典》的稍有不同,如四门学招生,为"千三百人"。参见(宋)马端临:《文献通考》第2册,中华书局2011年版,第1207页。

良、韩瑗父子,戴胄、戴至德叔侄,苏瓌、苏颋父子,狄仁杰、狄光嗣、狄兼谟家族等。在宋以后,有和凝、和㠓父子,王樵、王肯堂父子,以及王明德家族等。在日本,法律世家更是一个中世法文化中的普遍现象,若干家族历代出任明法博士,从事大学寮明法科的法律教育。如讃岐法律世家,从讃岐千继、讃岐广直,到讃岐永直、讃岐永成等,延续数代;惟宗世家有惟宗直宗、惟宗直本、惟宗公方、惟宗允亮、惟宗国任等;坂上世家有坂上范政、坂上明兼、坂上明基、坂上重俊、坂上明政等;从惟宗世家因赐姓"中原"而分化出来的中原世家,如中原季直、中原业伦、中原章继、中原章政、中原章职、中原章政、中原明继等;因改姓从中原家族分化出来的势多世家,如势多治房、势多章坚、势多章武等。其中,中原世家延续数十代,律家(明法博士)上百人①,可谓世界少见,蔚为壮观。

第五,私学比较发达。在日本,由于秀才、明经和进士等科,都为五品以上官位的贵族子弟所占据,下层官僚以及庶民子弟在大学寮招生中就只能往门槛比较低的明法科挤。由于明法科学生招生名额不多,因而竞争激烈,考试难度极大。如果在入学之前没有长期的律令(包括古代汉语)的基础学习和训练,几乎是进不了大学寮的。这样,一方面造成了千军万马过独木桥进入明法科的情景②;另一方面,也带动了私家法律教育,以及法律家学的繁荣,出现了上述各法律世家。就中国的情况而言,元代以后取消官方的法律教育以后,学习法律基本上就是下级官员个人或庶民的事情了。明清时期基层官员的幕府法律教育,贫穷之年轻人或者科举考试落第之人,跟随幕府师爷学习。情形有点像英国中世纪的律师公馆(Inns of Court)之法律教育。但性质与实际地位远不如英国的律师公馆。因为在中世纪英国,从律师公馆的师傅那里学习出来,就可以担任国家的律师,然后再是法官,成为国家治理以及法律生活中的主力军。

---

① 至贞和五年(1349 年)还在活跃的中原季教,人数估计超过一百。参见[日]布施弥平治:《明法道の研究》,新生社 1966 年版,第 301 页。

② 利光三津夫经过对相关日本古代文献的考证,认为《养老令》的《职员令》虽然规定了明法生一年招收十人,但实际上限于各种条件,一年也就招收一人。"如果不是幼时就亲近汉籍且接受作为家学的律学的话,很难通过明法科的入学考试。"[日]利光三津夫:《律令制とその周边》,庆应通信 1967 年版,第 142 页。

而中国的幕府律学教育,即使学习结束成绩优秀,充其量也只是一名"吏",还无法成为"官",是地方官员的私人助理、法律幕僚。

三、法律教育与中华法系之兴衰、传承

由上可知,法律教育与中华法系的命运是息息相关、彼此互动的。它们是整体与部分的关系,法律教育作为中华法系的一个重要组成部分,它的发展与繁荣以及它的受到冷落、衰亡,必定反过来影响到中华法系的兴衰。尤其是法律教育,是一项特殊的事业,它通过将前人的法律知识向后代传授,通过法律学术积累的层层延伸,对一个国家和一个民族的法和法学的生存、延续、发展至关重要。而中华法系,作为由以中国为主的若干个国家法律组成的共同体,其命运受法律教育的影响,当然是不言而喻的。换言之,就大的方面而言,在中国,隋、唐、宋三代,中华法系最为鼎盛,因而此时的法律教育最为发达,法律教育也为国家输送了大量的高端人才;元以后,中华法系整体上走向衰亡,因此元以后中国的法律教育也是逐步走向衰落,以私学幕府等培养的法律人才大量集中在基层司法工作岗位以及幕府之中,失去了参与国家重大决策的机会和路径。

不仅如此,由于中华法系的灵魂是儒家思想,躯体是律、令、格、式、例等法律体系,其运行动力是众多在司法第一线的律家(以行政司法官员为主)。而这样一种灵魂、躯体和动力,在中华帝国的现实条件和机制下,都受制于皇帝及其顶端统治者的法的理念和法律素养,而中华帝国最高统治者的治国模式是人治,并不是法治,他们对法律是不重视的,仅仅将其作为统治的工具之一,而且是在道德说教无效之时不得已才去采用的工具。在这种情况下,统治者忽视法治是常态,重视法治是例外(如隋初、唐初时期),法律教育也好,中华法系的建设与运作也好,都是依最高统治者的统治利益衡量,甚至依统治者的注意力和心情而发生变化。日本的情况也一样。奈良、平安时代对法律教育的重视,是为了加强以天皇为中心的律令制国家的需要,而幕府政权崛起,统治者的注意力马上转到幕府的统治,更加注重武家社会的政治与习惯。

而这一点也解释了为什么中华法系的法律教育在公元 7 世纪初叶就已经得到确立,但却始终未能发展、转化、提升为近代法科大学一样的法律教育,而是由过了 300 多年以后的意大利博洛尼亚大学实现了这一华丽转身,成为世界历史上第一所法科大学,开创了近代型法律教育的先河。因为真正独立的法律教育,尤其是近代型法科大学教育,不仅要求有机构、有科目、有老师、有学生,毕业生有好的出路,而且更加重要的是要有法律教育的自治权,要有民主立法的环境,以及大学的自治。虽然有这么多的制约,但中华法系的法律教育还是为中华法系的发展、延续和传承做出了贡献。

第一,中华法系的法律教育,为中华法系的成长和延续培养了人才。在中国,隋、唐、宋三朝的科举考试制度中,都设置了律学。虽然,官方律学教育时断时续,规模也不大,但毕竟持续了近 680 余年,还是为国家的法制建设培养了不少人才。应该说,在中国古代,唐宋两朝对法制最为重视,皇帝和官员的法律素养最高,与比较发达的法律教育有着相当的关系。在日本,奈良时代和平安时代前期约 200 余年明法科的发达,也离不开大学寮的法律教育。明法科毕业生人数虽然不多,但他们都被授予明法博士、大判事、检非违使等司法职务,既从事法律教育,也承担着司法审判工作,还作为天皇政府的法律顾问,为朝廷提供明法勘文(法律意见书)。日本中世纪一批著名的法律家如山田造县麻吕、民友人、讃岐千继、讃岐广直、穴太内人、兴原敏久、额田今足、讃岐永直、御辅长道、樱井右弼、惟宗直本、令宗允正、小野文义、坂上范政、中原章贞等,无一例外地是由日本明法科教育所培养出来的高端法律人才。

第二,推动了立法和司法事业的进步。律学教育,是一种实务教育,也是一种经验教育。虽然,律学教育中也有四书五经的内容,以儒家的理论为教育之灵魂,但法律的教育,律、令、格、式以及法例等,仍然是明法科学习、背诵以及考试的基本内容。"《周礼》、《仪礼》、《毛诗》、律,各四百六十五日……《尚书》、《论语》、令,二百日。"日本《弘仁格》的这一规定,其制度原型是来自中国唐代的律学教育的学习要求。经过这样严格学习和训练的明法科的学生,对当时中日两国的主要法典如《开皇律》《唐律疏议》《大宝律令》《养老律令》等应该是非常熟悉的了。加上每十日一次的旬考,每年一次的岁考,以及毕业时的终考,明法科的毕业生的法律基础是非常扎实的,也能在国家的立法与司法事业中发挥重要的作用。唐永徽二年(651年)参与编纂《唐律疏议》的司马锐,以及接受了中国明法科教育,回到日本参加《养老律令》编纂的大和长冈(689—769年)和吉备真备(695—775年)等,就是这方面的杰出代表。在日本,自8世纪以后,国家所推出的律、令、格、式,基本上也是经由明法科培养成长起来的明法专家如盐屋吉麻吕、穴太内人、樱井田部贞相、惟宗直本、三善信贞、中原章久、坂上明盛等人的辛勤努力的成果。

第三,传承了法律学术。中华法系的法律教育,在为国家的立法、司法和法律服务等方面做出努力的同时,也为传承中华法系的法律学术做出了贡献。中国隋唐以后一批重要的法典注释作品如《唐律疏议》《律附音义》《宋刑统》《律解辨疑》《读律佩觿》《大清律辑注》等,都是法科教育的成果,并因律学家的努力而达到极致水准。日本的情况也一样,明法科教育,既传承了日本的律学传统,也极大地提升了律学研究的水平。利光三津夫通过自己的研究,证明日本的明法科教育是非常成功的。他指出,在日本明法科教育刚刚开始时,日本律学的水平不仅无法与中国相比,就是与第二流的新罗(朝鲜)也是无法比较的。然而,经过120多年严格的明法教育,至9世纪时日本的律学水准已经到达了一个相当的高度。《三代实录》贞观四年(862年)八月十七日条记载:承和年间(834—848年),大判事兴原敏久和明法博士额田今足,将在平时审判时积累下来的十道刑法难题摘抄出来,准备赴唐向中国律学专家请教。日本明法博士讚岐永直自告奋勇,说他可以来回答这些难题。结果,原来准备去唐朝咨询的法律难题,就被讚岐永直圆满回答了。

结　语　律学传统的继承与创新[*]

英国著名法学家梅特兰有句名言：“我们已经埋葬了诉讼形式，但它们仍然从坟墓中统治着我们”。这句名言的精神是说，一种法律制度一旦演变为一种文化传统，就会持续地束缚人们的思想和行为，很难在短时间内废除。

中国在法律领域，虽然没有形成如同英国诉讼程序那样的文化传统，但在 2000 多年的发展中，也形成了对士大夫和国民心理影响颇深的律学传统。这种传统在 20 世纪初叶虽已遭废除，但其某些要素却仍在影响着我们。只要对周围世界稍加注意，便会发现许多值得回味的现象：某些地区提倡依法治市，但具体措施却仅仅是抓好本地区的社会治安，减少犯罪；一些司法机关主张坚持“严打”，但强调的不是严格依法办事，而是加强刑罚的打击力度；等等。这些现象无疑说明了律学传统中“法即刑”“以重刑刑轻罪”等观念仍束缚着我们的思想这一不争的事实。

既然传统是无法在短时间内消灭，而只能逐步改造和扬弃（对不好的传统而言），或继承和发扬光大（对好的传统而言），那么，对仍在影响我们的律学传统应如何处理呢？其中有否可以继承、创新和发扬光大的要素呢？这是近年来法学界所热衷的课题，也是笔者就梅特兰的名言有感而发的立意所在。

---

* 本部分内容曾发表于《法制日报》1999 年 11 月 11 日，收入本书时略有改动。

中国的律学传统内涵非常丰富,其中虽有一些消极的成分,但也有许多值得继承和创新的内容。比如,以经释律是中国律学的一大传统。自汉代董仲舒等人开创用儒家经典诠释法律以来,直至清末,历代律学家都孜孜于此道。这一传统的内容当然已不适合今天的社会,但其精神是可以继承的。即凡是一门学问,必有一种世界观在起指导作用,否则,它将失去活力和生气。古代中国人可以以经释律,而我们则可以用马克思主义以及公平、正义的价值观来诠释法律,即使是儒家经义,内中优秀的成分,今天也仍然可以为我所用。

又如,秦代颁布法律后即有《法律答问》等疏解律意的作品出现,汉代的立法者应劭在制定法律的同时又撰写了《律本章句》,曹魏的刘劭、西晋的杜预和张斐,在参与立法后也分别写作了《律略论》《律本章句》和《律注表》,唐代的长孙无忌等人在制定唐律之后,又编纂了不朽的《唐律疏议》。至明清,律和疏的编纂已经融为一体,不分彼此了。从而,在中国形成了在立法的同时编纂律疏的传统。其优点是通过律疏,使简明的法律条文无法适应极为丰富多彩的社会生活的矛盾获得一定程度的解决。对此传统,我们也完全应该予以继承,并发扬光大。

从1975年出土的秦简中可以看出,早在秦代,统治阶级就已经很重视法律的学习宣传了。至明代,这一传统更是发展到了顶峰:朱元璋不仅定时让士大夫为他讲读唐律,而且在大明律中明文规定了讲读律令的条文,臣民如果遵守了可以获奖,甚至可免除一次刑事处罚;如果违反则要受到法律的制裁。朱元璋的做法不必因袭,但其想让每个臣民都了解法律因而不去犯罪的苦心,则是古今中外的人们都可以理解的(当然,朱元璋要人们懂法后不去犯罪、造反,危害其朱家帝业;我们则是要人们懂法后捍卫自己的合法权利,维护正常的社会秩序)。

法律注释和私学并行,也是中国律学的一大传统。如东汉马融曾"教养诸生,常有千数"(《后汉书·马融传》);郑玄"学徒相随已数百千人"(《后汉书·郑玄传》);郭躬"少传家业,讲授徒众常数百人"(《后汉书·郭躬传》);沛国陈咸家族则五代以律为学。汉以后,这一传统仍绵延不断,曹魏的刘劭,南北朝时期渤海的封氏家族,隋唐时期的王通、杨汪,宋代的朱熹,明代的王樵、王肯堂父子,清代的王明德家族等,都是这一传统的实践者和发扬光大者。

今天我们的法律教育当然已大大超越了中国古代私学的范围和水准,但是,我们的教育中有否可以继承、创新乃至发扬光大律学私学的成分呢? 本科教育另当别论,硕士和博士教育(这种教育仍带有私人授徒的性质)可否有各校的特色,从而形成自己的风格和学派呢?

在中国封建专制社会之下,尚且出现过法律注释和私人授徒"十有余家,家数十万言"(《晋书·刑法志》)的局面,为什么在目前民主和法治社会中不可以形成百家争鸣、各派竞放的繁荣的学术氛围呢?

附　　录

两汉律学考

（清）张鹏一　著　　何勤华　点校

序[1]

汉自萧何造律,益李悝《法经》为《九章》,实后来治律家之所祖。

尔时治律者,代不乏人。文翁守蜀,遣郡吏东学律令。南齐崔祖思谓:“汉来治律有家,子孙并世其业,聚徒讲授,至数百人。郑康成一代大儒,而为律章句。”汉人于律,其重之也如此。

当汉时,五经并置博士,授受渊源,《儒林传》颇能详之,而治律者之师承则莫之能详矣。

此编辑汉代治律之人,列之为表,授受渊源,虽不尽可考见,而两汉治律之人,即此编而征其得失焉。后之治律者,亦可以为鉴矣。

（沈家本）

今律:百司官吏讲读律令外,其百工技艺诸色人等,有能熟读、讲解律意者,若犯过失,及因人连累致罪,不问轻重,并免一次。

---

[1]　此序原为沈家本为该文所写的跋。后收入沈家本《寄簃文存》卷八。引自沈家本:《历代刑法考》(四),中华书局1985年版,第2274页。——点校者注(下文如无特别注明,均为点校者注)

国家望人人习律人人守法也。如此人情遇危险之境,无不悚然思避。刑罚之设,一无形之险境,然人往往不知避而陷于其中,与陷于其中而轻重出入不能当其情罪者,则以熟悉律法、讲求律义者之乏其人故也。

汉兴,崇尚律学,推本经术,如原心定罪、法天行刑、赃吏子孙免施禁锢、狂易杀人、奴婢伤人得减重论。其时,父兄师友习为世业,法律一事,类能酌其得失,施其改革,为一代所尊崇。

夫立法以惩奸,与延医治疾等。善为医者,必审天时地气与夫病症变迁,以施寒温攻泻之宜,而后病愈,而体可复。否则,执古方以治今疾,泥成法以临变症,其害可立而待。

今之时势,今疾也,变症也。今之律令,古方也,成法也。知其弊者,以古方、成法之不适于用,置而不问,委诸庸医之手,其非国家令人人讲读律令,与昔人家世律学之义哉!

今辑两汉治律诸人,列其事迹有关系者,以为审时医国研究之助,其诸郭躬、陈宠之流,乐为是正欤!

(富平　张鹏一识)

以下为西汉

人名	世业	官阶	事迹	撰著
萧何 史记世家 汉书本传		秦时以文无害为沛主吏掾、泗水郡卒史。高祖为汉王,以何为丞相。汉十一年拜为相国。孝惠二年卒。	高祖至咸阳,何收秦丞相太〔御〕史律令图书藏之,汉二年,侍太子,治栎阳。为法令约束。	因秦《法经》六篇,益事律兴、厩、户三篇,为律《九章》。
叔孙通 史记本传 晋刑法志		秦时博士。汉五年以定朝仪,拜太常。		益律所不及《傍章》十八篇。
张欧 史记本传	治刑名言。	孝文时事太子。景帝时为九卿。武帝元朔四年,拜御史大夫。后病免。	为吏未尝言案人,上具狱事,有可郤郤之;不可,涕泣面对而封之。其爱人如此。	

人名	世业	官阶	事迹	撰著
案:欧与丞相青翟、中尉嘉以吴楚反事,(刻)[劾]①奏要斩晁错,并父母兄弟妻子同产无少长,皆弃市。冤狱不能争。史言有可郤者郤之之语,未尽然也。				
张释之 史记本传		以赀为骑郎,事文帝。最后为廷尉。景帝立,岁余,为淮南王相。久之卒。	为公车令时,劾太子梁王不下司马门不敬罪。为廷尉时,断犯跸罚金及盗高庙坐前玉环弃市事。	
贾谊 汉书本传	年十八能诵诗书属文。	文帝时年二十余以廷尉。吴公荐召为博士,超迁至(中大)[太中]大夫。后为长沙王太傅。又拜梁怀王太傅。年三十卒。	诸法令所更定,及列侯就国,皆谊发之。	
晁错 史记本传	学申、商刑名之予轵张恢生,与洛阳宋孟及刘礼同师。	以文学为太常掌故。孝文时以贤良文学高第,迁中大夫,景帝即位为内史、御史大夫。后被诛。	孝文时,画划募罪人及免徒复作,徙塞下策。又言削诸侯事,及法令可更定者,三十篇。	更令三十章。《艺文志》法家晁错三十一篇。
宋孟 刘礼 见上	与晁错同师。			
田叔 吕季主 史记梁孝王世家			以通经术,知大礼,治梁孝王。刺杀袁盎,狱。还至霸昌驿,取火尽烧梁之反辞。言梁王不知,造为之者。其幸臣羊胜、公孙诡等以伏诛死。梁王无恙,景帝说[通"悦"]。	
彭祖 史记五宗世家	好法律。	孝景前二年为广川王。四年徙为赵王。	巧佞卑谄,足恭而心深刻。持诡辨以中人。立五十余年,相、二千石无能满二岁,辄以罪去。	
董仲舒 汉书本传 艺文志 晋刑法志	治《公羊春秋》。	孝景时为博士。武帝时举贤良,为江都、胶西两王相。病免。	仲舒致仕,家居。朝廷每有政议,数遣廷尉张汤,亲至陋巷,问其得失。于是作《春秋折狱》二百三十二事。	《公羊董仲舒治狱》十六篇;《春秋折狱》二百三十二事。

---

① 圆括号内为原文,方括号内为点校者理解之正确的用字,以下同。

人名	世业	官阶	事迹	撰著
案:以以经术施诸政治,春秋治狱一事,实自仲舒发之。当时人君向用其说,故汉世律法多洗秦旧,流风所被,浸为俗尚。今《春秋治狱》一书什不存一,然班、范二书犹堪征引(余别辑《两汉春秋决狱》),盖春秋为礼义之宗,公羊氏实受其传。世轻世重,俱有精义,刑律之家所宜取法也。				
吕步舒 史记儒林传	学公羊、谷梁《春秋》,师事董仲舒。	武帝时为丞相长史。	持节决淮南狱,擅专断,以春秋之义正之。天子以为是。	
公孙宏 史记本传	年四十余,学《春秋》杂说,习文法吏事,缘饰以经术。	少以薛狱史。建元元年以贤良征为博士。病免。元光五年,复以文学对策第一为博士。后为丞相,封平津侯。	为人意忌,外宽内深。杀主父偃,徙董仲舒,族郭解,皆宏力也。	
主父偃 同上 汉书本传	学长短纵横术。晚乃学《易》、《春秋》、百家言。	孝武元光元年,以上书拜为郎中,为齐相,以齐王自杀事,族诛。	元光元年上书阙下,所言九事,其八事为律令。	
张汤 史记酷吏传	父为长安丞。	给事内史为掾,调茂陵尉,为廷尉、御史大夫。以怀诈面欺罪自杀。	与赵禹共定律令,务在深文,拘守职之吏。孝武方乡文学,汤乃请博士弟子治《尚书》《春秋》。补廷尉史,亭疑法。① 深刻吏多为爪牙用。丞相宏数称其美。治淮南、衡山反狱,皆穷根本。严助、伍被皆汤争论诛之。又以伐匈,县官空虚,请造白金,笼天下盐铁,出告缗令。	有《越官律》二十七篇,谳决法廷尉挈令。
案:汉自文、景以后,用法渐平。武帝崇用儒术,刑律宜进三代矣。伊考其时,族诛惨刻之狱,史不绝书者,则张汤、公孙宏辈之希世用事,附经义以误人主之罪也。夫经义不患不明,患在托之以文奸邪,始则关一世之口,后且坚来世之信,而其祸直烈于洪水猛兽。不然,以武帝之光明有为,而江都大儒终老里巷,汤、禹酷吏肆志通显,岂非若辈托之有故,言之成理,足以深信而无可疑哉!世言母以子责,将而必诛等语,为当时用事者之所伪乱以售媚主擅权之术,谅哉!				
赵禹 汉书酷吏传 晋刑法志		以佐史补中都官,用廉为丞相史。武帝时为廷尉。后以老徙燕相。罪免。卒于家。	与张汤定律令,作见知,吏传相监司以法。	有《朝律》六篇。

---

① 亭:平,处理。

人名	世业	官阶	事迹	撰著
王温舒 汉书酷吏传		阳陵县亭长,以治狱至廷尉史。迁御史。为廷尉,中免。复徙为内史。后以奸利事,罪至族。自杀。	好杀伐行威,尝论报囚至流血十余里。	
路温舒 汉书本传	少为狱小史。学律令,又受《春秋》,通大义。	以狱小吏,为东里县狱史。举孝廉,为山邑丞,坐法免。元凤中,为奏曹掾,守廷尉史。宣帝立,举文学高第。后为临淮太守,卒于官。		有上宣帝尚德缓刑书。
儿宽 同上	治尚书,师欧阳生。后以郡国选诣博士,受业孔安国。	以射策为掌故,补廷尉文学卒史。除从事为奏谳掾,举侍御史,后迁御史大夫。位居九岁。卒于官。	以古法义为廷尉张汤决疑狱。	
何比干 后书何敞传	学《尚书》于晁错。经明行修,兼通法律。	汝阴县狱吏决曹掾,武帝时为廷尉。迁丹阳都尉。	与张汤同时。汤待法深而比干务仁恕。	
杜周 汉书本传	明法律。	以义纵荐为廷尉张汤史。后为廷尉,中废,后为执金吾。迁御史大夫。	少言重迟而内深次骨。治放张汤。善候司。常曰:"前主所是著为律,后主所是疏为令。何古之法乎!"	
杜延年同上	杜周子,明法律。	昭帝立,以三公子补军司空。(元始)[始元]四年,以校尉为谏大夫。后拜北地西河太守。五凤中,入为御史大夫。	论议持平,和合朝廷。常为霍光言,廷尉王平、少府徐仁,论侯史吴非匿反者,不得诋为不道。又举贤良,议[罢]酒榷盐铁,皆延年发之。	
于公 见下		剡县狱史,郡决曹。	决狱平。东海郡为生立祠,曰:于公祠。后以孝妇冤狱,辞疾去。	
于定国 汉书本传	于公子。少学法于父。为廷尉时,乃迎师学《春秋》,北面备弟子礼。	为狱史,郡决曹,补选御史中丞从事,举侍御史。宣帝立,为廷尉。甘露中为丞相,封西平侯。(元)[永]光元年,谢病归。	为人谦恭,尤重经术。决疑平法,务在哀鳏寡。罪疑从轻,加审慎之心。朝廷称之曰:"张释之为廷尉,天下无冤民;定国为廷尉,民自以不冤。"	

人名	世业	官阶	事迹	撰著
丙吉 同上	治律令。后学《诗》《礼》,皆通大义。	以鲁狱史,稍迁至廷尉右监、光禄大夫给事中。宣帝立,以旧恩封博阳侯。后为丞相。(元凤五年)[五凤三年]薨。	居相位,上宽大,好礼让。掾史有罪臧,不称职,辄予长休告。尝曰:"以三公之府有案吏之名,吾窃陋焉。"后为故事,公府不案吏,自吉始。	
黄霸 汉书循吏传	少学律令,习文法。	武帝末,以待诏入钱补侍郎谒者,坐劾免。复入谷,补冯翊二百石卒史。宣帝立,为廷尉正。后下狱,免。五凤三年,为丞相,甘露三年薨。	为廷尉正时,数决疑狱,庭中称平。	
严延年 汉书酷吏传	少学法律,善史书。	以东海郡吏,补御史掾,举侍御史,坐法,亡命。复为御史掾。后为涿郡河南太守。坐非谤不道,弃市。	为人短小精悍,敏捷于事。疾恶泰甚,中伤者多,尤巧为狱文。尝冬日传属县囚,会论府上,流血数里,河南号曰"屠伯"。	
尹翁归 汉书本传	晓习文法。	以狱小(史)[吏],为平阳县市吏,补河东太守卒史。举廉为缑氏尉,补都内令。后入守右扶风。元康四年卒。	为政虽任刑,然清洁自守,语不及私,温良谦退,不以行能骄人。	
郑昌 汉书本传 刑法志	明经,通法律政事。	太原、涿郡太守。	用刑法深,不如弘平。宣帝时置廷平,昌上书请删定律令。律令一定,愚民知所避,奸吏无所弄矣。宣帝未及行。	
郑弘 同上	郑昌弟,同上。	南阳太守。后为御史大夫。坐与京房议论见杀。	与兄昌皆著治迹,条教法度,为后所称。	
王尊 同上	能史书。后师事郡文学官,治《尚书》《论语》,通大义。	年十三为狱小(史)[吏],后除书佐。治狱为郡决曹。举州从事,察廉,补辽西盐官长。初元中,迁安定太守。坐法,屡废。后为东郡太守,数岁卒。	行美阳令,时断假子妻母事。	
郑宾 郑崇传	郑崇父。明法律。	御史。		
王禁 元后传	父王贺。少学法律于长安。	廷尉史。		

人名	世业	官阶	事迹	撰著
张敞 本传 萧望之传	治春秋。	以乡有秩补太守卒史。察廉为甘泉仓长。宣帝时,守京兆尹,坐法,免。后为冀州刺史,卒。	以经术自辅,政颇杂儒雅,表贤显善,不纯用诛罚,以此自全。元康二年,西羌反,上书:"请今诸有罪,非盗受财杀人及犯法不得赦者,得以差入谷赎罪。"	
萧望之 本传	治《齐诗》,事同县兰陵后仓。以令诣太常受业,复事同学,白从夏侯胜问《论语》《礼服》。	以射策甲科为郎。后以郡吏察廉为大行治礼丞。宣帝立,至史大夫,以事左迁太子太傅。元帝立,以恭、显等潜害,自杀。	驳张敞入粟赎罪议。宣帝时,中书宦官用事。元帝立,望之以为中书政本,宜选贤明。武帝游宴后庭,故用宦者,非国旧制,又违古不近刑人之(制)[义]。白欲更置士人,由是与恭、显等忤。	
案:望之地节四年论灾异疏,及五凤中谏伐匈奴;元帝时议罢中书宦官,引古不近刑人等义。皆公、谷《春秋》大义。班书言治《诗》《礼》,实为挂漏。其云望之驳张敞入粟赎罪议,以为疆对,则是也。				
陈汤 同上	少好书,博达善属文。	太官献食丞。元帝初,举茂材。屡坐事论。后迁西域副校尉,以功赐爵关内侯。屡坐,免,徙敦煌、安定。后还,卒于长安。	汤夺爵后,受成帝皇太后同母弟苟参妇五十金,许为其子伋求封爵比上奏,弘农太守坐臧百万以上,恐下狱。汤为讼罪,得逾冬月,受谢钱二百万。	
弘恭	明习法(律)[令故事]。		宣帝时,以明习法律与石显用事,久典枢机。为人内深贼,持诡辩,中伤人,忤逆睚眦,辄被以(交)[危]法。	
石显 佞幸传 萧望之传	同上			
薛宣	明习文法,练国制度。	少为廷尉书佐都船狱史。后以大司农属察廉,补不其丞。迁乐浪都尉丞。州举茂材,为宛句长安令。成帝立,仕至御史大夫。代张禹为丞相。后坐法,免。卒于家。	谷永荐宣法律任廷尉有余,经术文雅足以谋国体、断国论。宣为相,府辞讼例不满万钱不为移书,后皆遵用薛侯故事。然官属讥其烦碎无大体,不称贤也。	

人名	世业	官阶	事迹	撰著
朱博		少给事县为亭长,迁功曹。大将军府属,举枑阳、云阳、平陵令。后迁大司农廷,屡坐法,属免。哀帝立,以大司空代孔光为丞相。坐与赵玄、傅晏附下罔上罪,自杀。	为琅琊守时,儒学文吏时有奏记称说,博曰:"太守汉吏,奉三尺律令以从事耳,亡奈生所言圣人道何也!且持此道归,尧舜君出,为陈说之。"其折逆人如此。迁廷尉,时职典疑狱,恐为官属所诬,召见正监典法掾史,谓曰:"三尺律令,人事出其中。掾史试与正监共撰前世决事议难知者数十事,持以问廷尉,得诸君覆意之。"正监即共条白。博皆为平处其轻重,十中八九。官属咸服。	
王嘉本传晋刑法志		以明经射策甲科为郎,坐法免。除光禄勋掾。察廉为南陵丞、长陵尉。鸿嘉中,仕至御史大夫。哀帝建平三年,代平当为丞相。后以忤旨下狱,不食死。	孝成孝哀即位日浅,丞相王嘉除先帝旧约,穿令断律凡百余事。又荐廷尉梁相、尚书令鞠谭、仆射宗伯凤等明习治狱。	
案:晋刑法志载梁统言,元帝初元,轻殊死刑三十四事。哀帝建平元年尽四年轻殊死刑八十一事,手杀人皆减死罪一等,著为常法。又言,丞相嘉穿令断律,凡百余事。《哀纪》及《嘉传》皆不载。考嘉谏封董贤、举廷尉梁相等,其于律令必有所见,实为当时贤相也。				
梁相鞠谭宗伯凤王嘉传	明习治狱,知雅文,经明行修。	哀帝时廷尉。尚书令。仆射。	初,相与丞相长史、御史中丞及五二千石杂治东平王云狱,时冬月未尽二旬,相心疑云冤,狱有饰辞,奏欲传之长安,更下公卿覆治。谭等以为可许。哀帝以相等皆上体不平,持两心,幸云逾冬,无讨贼疾恶主仇意,免相等为庶人。	

人名	世业	官阶	事迹	撰著
孔光 本传	孔子〔十〕四世孙。父孔霸，治《尚书》。明经学，习汉制及法令。	年未二十，举议郎，成帝时，迁御史大夫、廷尉。帝崩，拜丞相。哀帝立，以事策免。后复为御史大夫、丞相。平帝立，为太傅太师。元始五年薨。	为博士时，数使录冤狱，行风俗，成帝议立嗣，光以为礼立嗣以亲，中山王先帝之子，帝亲弟也，《尚书》《盘庚》殷之及王为比，中山王宜为嗣。文断淳于长小妻迺始等更嫁，义已绝，不当坐长罪。上是之。	
翟方进 同上	读经博士，受《春秋》，积十余年，经学明习，兼通法律。虽受《谷梁》，然好《左氏传》、天文星历。	以射策甲科为郎，举明经迁议郎。河平中为博士，后迁御史大夫，坐事，左迁执金吾，二十余日，拜丞相。绥和二年，以灾异策免，自杀。	知能有余，以儒雅缘饰法律，号为通明相。然持法深刻，举奏牧守九卿，峻文深〔抵〕〔诋〕中伤尤多。如陈咸、朱博、萧育、逢信、孙闳等是也。	
陈咸 陈万年传 后书陈宠传	父陈万年。曾孙陈宠。咸于成、哀间以律令为尚书。	年十八，以父任为郎。迁左曹。元帝擢为御史中丞，坐法废。成帝立，补大将军长史。北海东郡太守，坐免，复为南阳太守。入为少府，坐事免。卒以忧死。	为太守时，以杀伐立威，豪猾吏及大姓犯法，辄论输府，以律程作司空，为地臼木杵，舂不中程，或解脱钳钛，衣服不如法，辄加罪笞，督作剧，自绞死者，岁数百千人。王莽篡位，令三子参、丰、钦悉解官，收敛其家律令书文，壁藏之。尝戒子孙曰："为人议法，当依于轻，虽有百金之利，慎无与人重比。"	

案：班书谓咸以杀伐立威，治放严延年。与后书《陈宠传》谓咸性仁恕，常戒子孙无与人重比。似判若两人行事。然咸不事莽朝，垂戒后人，蔚宗之书似为可信。

以下为东汉

人名	世业	官阶	事迹	撰著
卓茂 后汉书本传	元帝时,学于长安,事博士江生,习《诗》《礼》及历算,究极师法。	初辟丞相孔光府史。后以儒术举为侍郎,至京部丞。光武即位,为太傅,封褒[德]侯。	为密令时,人有言部亭长受其米肉遗者。茂晓以仁爱礼义交接之道。人曰:"苟如此,律何故禁之?"茂曰:"律设大法,礼顺人情,我以礼教汝,汝必无怨;以律治汝,一门之内,小者可论,大者可杀也。且归念之。"	
王霸 同上 东观记	世好文法。祖父为诏狱丞,父为颍川郡决曹掾。	少为狱吏。光武即位,拜偏将军,后为上谷守,封淮陵侯。永平二年病免。		
侯霸 同上 东观记	师事九江守房元,治《谷梁春秋》,为元都讲。从钟宁君受律。	成帝时,以族父渊任为太子舍人,王莽时,为淮平大尹。光武四年,征拜尚书令,明年,为大司徒,封关内侯。	光武初年,时无故典,霸明习故事,收录遗文,条奏前世善政法度有益于时者施行。每春下宽大之诏,奉四时之令,皆霸所建也。	
桓谭	好音律,遍习《五经》,皆诂训大义,不为章句,能文章,尤好古学。	以父任为郎。世祖即位,拜议郎给事中。后以不信谶,出为六安郡丞。道病卒,年七十余。	为议郎时,上疏请申旧制,伏官诛者子孙不得相仇杀,并抑商贾、禁兼并。令通义理明习法律者,校定科比,毋使奸吏因缘为市,班下郡国,蠲除故条,帝不纳。	
冯衍	九岁能诵诗,至二十岁博通群书。	王莽时将军廉丹辟为掾。世祖时为曲阳令、司隶从事。后废于家。	建武六年上书,陈八事,其(七)[六]为简法令。	
郭贺	明法。	建武二十年,辟为司徒蔡茂掾。后为尚书令,益[荆]州刺史,河南尹。	在职晓习故事,多所匡益。	
马援	十二而孤,少有大志,诸兄奇之。尝受《齐诗》,意不能守章句。	扶风郡督邮。光武即位,为待诏。拜太中大夫。后转伏波将(年)[军],封新息侯。	建武十九年,定交趾[阯]条奏越律与汉律驳者十余事。与越人申明旧制以约束之,自后骆越奉行马将军故事。	

人名	世业	官阶	事迹	撰著
鲍昱 鲍永传	父永,习欧阳《尚书》。昱少传父学。	建武初,署高都长。后为沘阳长。建初六年,以太尉薨。	建初元年,大旱,陈言请还诸徙家属,蠲除禁锢,兴灭继绝。帝纳其言。	
梁统 本传	性刚毅,好法律。	更始时,为酒泉、武威太守。建武十二年,拜太中大夫。出为九江守,定封陵乡侯。	为太中大夫时,上疏言定律令,重刑法事。三公廷尉以为隆刑峻法,非明主急务,不行。	
案:《东坡志林》,汉仍秦法至重。高、惠固非虐主,然习所见以为常,不知其重也。至孝文始罢肉刑与参夷之诛。景帝复挈戮晁错。武帝罪名有增无减。宣帝治尚严,因武之旧。至王嘉为相,始轻刑减法。东京因而不改。班固不记其事,事见《梁统传》。固可谓琉略矣。嘉,贤相也。轻刑又盛德,事可不记乎? 统乃言:高、惠、文、景以重法兴,哀、平以轻法衰。上书乞重法律,赖当时不从其议。此如人年少时不节酒色而安,老后虽节而病,便谓酒可延年,可乎? 统亦东京名臣,一出此言,遂获罪天,子松(疏)[竦]皆以非命,冀卒灭族,悲夫!				
何敞 本传	博通经传,能为天官。	元和中,辟太尉宋由府。后为汝南守,坐法屡免。卒于家。	为汝南守,以宽和为政。立春日,召督邮还府,遣儒术文吏行属县,显孝悌有义行者。及举冤狱,以《春秋》义断之。	
周纡 酷吏传	刻削少恩,好韩非之术。	少为廷尉史。永平中,补南行唐长。迁博平令,及齐相。和帝时,为司隶校尉,迁将作大匠。卒于官。	专任刑法,而善为辞案条教。	
黄昌 同上	好经学,晓习文法。	会稽郡决曹,州从事,拜宛令。补大司农,左转太中大夫。卒于官。	政尚严猛,好发(摘)[奸]伏。	
樊晔 同上	好申、韩法术。	新野市吏。建武初,为侍御史。后拜天水守。卒官。	政严猛,善恶立断,犯其禁者,率不生出狱。	
樊鯈 樊宏传	受公羊、严氏《春秋》于侍中丁恭。教授门徒前后三千余人。	复土校尉,长水校尉。永平元年,徙封燕鯈侯。十年卒。	永平元年,议刑辟宜须秋月,以顺时气。又以春秋义断广陵王荆狱。	删定《公羊、严氏春秋》章句。永平元年,与公卿定郊祀礼仪,以谶记正《五经》异说。
陈思王钧 孝明八王传	性隐贼,喜文法。			

人名	世业	官阶	事迹	撰著
樊准 同上	少励志行修儒术。	和帝永元十五年,以南阳郡功曹,补尚书郎,河内守。元初三年,为光禄勋。五年,卒官。	和帝时,上疏请公卿各举明经及旧儒子孙,进其爵位,使缵其业。召郡国书佐,使读律令。邓太后深纳其言。	
案:永初之初,水旱灾异,准上疏请安慰郡国,引《谷梁传》说,亦春秋学也。				
郭贺 蔡茂传	明法,晓习故事。	广汉郡主簿。建武时辟司徒蔡茂掾。为尚书令。荆州刺史。永平四年,拜河南尹。在官三年卒。		
郭弘 郭躬传	习《小杜(延年)律》。	为颍川守寇恂决曹掾。	断狱卅年,用法平。诸为弘所决者,退无怨情,郡内比之东海于公。年九十五卒。	
郭躬 同上	少传父郭弘业,讲授徒众常数百人。	以郡吏辟公府。元和三年,拜廷尉。永元六年,卒官。	永平中,有议奏彭专斩事及中常侍孙章误宣诏事。章和元年,言赦令宜及亡命未发觉者,肃宗从之。躬家世掌法,务在宽平,及典理官,决断多依矜恕。	常条诸重文可从轻者四十一事施行,著令。
郭晊	父郭躬,明法律。	南阳守。		
郭镇	躬弟子。少修家业。	以太尉府掾,延光中为尚书。迁尚书令。以诛江京等,封定颍侯,拜河南尹,转廷尉,免。永建四年,卒于家。		
郭贺	镇长子。	嗣父为侯。累迁至廷尉。		
郭祯	贺弟。能律法。	官廷尉。		
郭禧 并同上	镇弟子,少明习家业,兼好儒学。	延熹中为廷尉。建宁二年,为太尉。		
案:《郭躬传》言,郭氏自弘后,数世皆传法律,子孙至公者一人,廷尉七人,侯者三人,刺史、二千石侍中、中郎将者二十余人,侍御史、正、监、平者甚众,实为汉代法家之盛。而杨赐拜廷尉,以代非法家辞而不受,自是量能任职之义,而又谓三后成功,皋陶不与,以为咎之云云,则末世俗论,不足据也。				

人名	世业	官阶	事迹	撰著
吴雄 同上	明法律。	顺帝时为廷尉。位至司徒。	断狱平。	
吴訢	吴雄子,为法名家。	廷尉。		
吴恭 同上	吴訢子。	廷尉。	三世为法名家。	
陈躬 陈宠传	陈咸孙。	建武初,为廷尉左监。		
陈宠 同上 晋刑法志	陈躬子,明习家业,传法律,兼通经书。	少为州郡吏,辟司徒府。转为词曹,掌天下狱讼。肃宗初,为尚书。和帝永元六年,代郭躬为廷尉,后坐免。拜尚书。迁大鸿胪。十六年为司空,在位三年薨。	肃宗初,上疏言有司用刑深刻。诏绝钻鑚惨酷之科,解妖恶之禁,除文致之请谳五十余事,定为令。元和二年驳贾宗请三冬月报重议。为廷尉时,又言律令溢于《甫刑》之数,请使大辟二百、耐罪、赎罪二千八百,并为三千,除其余,与礼相应,以符"王者三百年一蠲法"之义。又律有三家,其说各异,宜令三公、廷尉平定律令。未及施行。	代司徒鲍昱撰《嫁娶辞讼比》七卷。
陈忠 同上	陈宠子,明习法律。	永初中,辟司徒府,三迁廷尉正。延光三年,拜司隶校尉,出为江夏守,复留拜出书令。会疾卒。	上除蚕室刑,解臧吏三世禁锢,狂易杀人得减重论,母子兄弟相代死,听赦所代者。又驳祝讽等断大臣行三年丧议,格不得上。又请褒崇大臣礼。其九卿有疾,使者临问,加赐钱布。皆忠所建。	有决事比廿三条。
郎顗 本传	父宗学《京氏易》,善风角、[星]算,六日七分,能望气占候吉凶。顗少传父业,兼明经典。	顺帝阳嘉二年,以公车徵,条陈灾异政事。又荐黄琼、李固。诏拜郎中,不就而归。	阳嘉时,第七条陈以为,自文帝除肉刑之罪,至今适三百载,而轻微之禁,渐已殷积。王者之法,譬犹江河,当使易避而难犯。宜因斯时,大蠲法令,官名称号,舆服器械,事有所更。	

人名	世业	官阶	事迹	撰著
案:颙所条陈,兼用《齐诗》及《公羊春秋》《诗纬》《春秋纬说》,非仅传《京氏易》也。其云汉三百载,斗历改宪,则与陈宠所云王者三百年一蠲法,皆《春秋纬说》,为孔子经世大义之一。				
龚调 来历传		安帝时,持书侍御史。	江京等与安帝太子乳母王男等互相是非,王男以诬被幽囚死。太子思男等,京惧,谗害太子,帝议废之。调据法律争之。以为男、吉犯罪,太子不当坐。帝不从。	
张敏 本传		建初二年,举孝廉。五年,为尚书。后为司空。延光六年,病免。卒于家。	建初中,有人侮辱人父者,其子杀之。肃宗敕其死,降宥之。后因以为比。敏上疏驳,和帝从之。	
张皓	少游学京师。	永元中,仕州郡,辟大将军府,五迁尚书仆射。永宁、阳嘉中,两为廷尉。卒年八十三。	皓虽非法家,而留心刑断,数与尚书辨正疑狱,多以详当见从。安帝废太子,皓与桓焉、来历争之,不能得。顺帝时,清河赵腾上书讥朝政,当伏重法。皓引《春秋》义营救之。后得减死罪。	
虞经 虞诩传	虞诩祖父	郡狱吏。	案法平允,务存宽恕,每冬月上其状,恒流涕从之。尝曰:"东海于公高为里门,子定国卒为丞相。吾决狱六十年,虽不及于公,其庶几乎!子孙何必不为公卿耶?"	
叔孙宣 晋刑法志				律章句数十万言。
郭令卿				同上。
许慎 儒林传	博[学]为经籍。	郡功曹,举孝廉,再迁洨长,卒于家。		《说文解字》十四篇。
案:许氏《说文解字》引汉律甚伙,必通当时律令,故引之。				

人名	世业	官阶	事迹	撰著
何休 同上	精研《六经》，世儒无及者。	以父官拜郎中，辞疾去。太傅陈蕃辟之。蕃败，禁锢，事解，仕至谏[议]大夫。光和五年卒。		有《春秋公羊解诂》，以《春秋》驳汉事六百余条。
案：江都以《公羊春秋》决狱，后何劭《公羊解诂》亦以汉律证明其说，则《公羊》实为中国言刑律者之所宗。何氏之通汉律，昭然可信。《儒林传》不言者，蔚宗之疏也。				
马融 本传 晋刑法志	从京兆挚恂学，博通经籍。	和帝永元时，应大将军邓骘召，拜校书郎中。诣东观典校秘书。后以南郡守，坐贪浊，免官，徙朔方。赦还。拜议郎，重在东观著述，以病去官。		律章句。
郑玄 同上	师第五元先通《京氏易》《公羊春秋》《三统历》《九章算术》。又从张恭祖受《周官》《礼记》《左氏春秋》《韩诗》《古文尚书》。	少为乡啬夫。后袁绍举为茂材，表为[左]中郎将，不就。公车征为大司农，以病归。		有律章句，魏世用之，不得杂引他家。
案：康成笺注《三礼》，用汉律颇多，当时儒者多究心律法也。				
陈球	少涉儒学，善律令。	阳嘉中，举孝廉，迁繁阳令。复辟公府，举高第，拜侍御史。后为永乐少府，以谋诛宦官。下狱死。	熹平元年，抗议以窦太后合葬桓帝宣陵。	
仲长统	好学，博涉书记，赡于文辞。	为尚书郎。后参丞相曹操军事。	东海缪袭称统才足继西京董、贾、刘、扬。	有《昌言》三十四篇，其《损益篇》多言刑法制度。

人名	世业	官阶	事迹	撰著
崔寔	沉静,好典籍,为议郎时,与诸儒博士定五经。	桓帝初,郡举至孝独行,以公车征,病不对策,除为郎。后拜议郎,坐梁冀故吏免。复拜尚书,不视事,数月归。	明于政体,吏材有余,论当世便事数十条,名曰《政论》。指切时要,言辨而确。	有《政论》。

案:东汉之季,政柄非人,吏贪民困,故仲公理、崔子真辈主用严刑。不知当时之刑不足惩恶者,非刑轻之过,用刑不能当其罪之过也。犹之乌附本以攻疾,然不能施于疾之所在,重以用之,疾不少治,而正气戕,庸有济乎? 寔之《政论》,大讥文帝去肉刑而用笞,重之非以轻之等语,亦异乎陈宠、朗顗之论,大抵东汉之时,经术纷杂,学者持论往往如此。江京、曹节等之亡汉,不能不慨萧望之论不行于元帝之世也。

人名	世业	官阶	事迹	撰著
钟皓本传	魏廷尉钟繇祖父。世善刑律,避隐密山。以诗律教授门徒千余人。	郡功曹,辟司徒府。自劾去。征为廷尉正、博士、林虑长,皆不就。年六十九,卒于家。	与陈寔、李膺友善。膺常曰:"荀君清识难尚,钟君至德可师。"	
王涣循吏传	任侠好气力。晚改节,敦儒学,习《尚书》、律令,略举大义。	广源守陈宠功曹,举茂材,除温令。永元十五年,为洛阳令。元兴元年,卒。		
杨终本传	年十三,为蜀郡小吏。太守奇其才,遣诣京事受业,习《春秋》。	显宗时,微诣兰台校书郎。坐事系狱,上书得赦。与白虎观讲论,后坐事徙北地,以赞颂嘉瑞贯还。永元十二年,拜郎中。以病卒。	建初元年,大旱,以《春秋》义为广陵、楚、淮阳、济南之狱,坐徙及屯绝域者讼冤苦,帝从之。	著《春秋外传》十二篇,改定章句十五万言。
应奉本传	应劭父。	汝南郡决曹史。举茂才。延熹中,拜司隶校尉。以疾退。	少聪明,凡所经履,莫不暗记。读书五行并下。为郡决曹[史],行部四十二县,录囚徒数百千人。及还,太守备问之,奉口说罪系姓名,坐状轻重,无所遗脱。时人奇之。	

人名	世业	官阶	事迹	撰著
应劭 同上	少笃学，博览多闻。	灵帝时举孝廉，辟车骑将军何苗掾。中平六年，迁太山守。兴平二年以杀曹嵩故，奔袁绍。	驳陈忠父母兄弟相代死听赦所代者令，又删定律令为《汉仪》，建安元年上之。时迁都于许，旧章堙设[没?]，书记罕存，朝廷制度，百官典式，多劭所立。	撰具《律本章句》《尚书旧事》《廷尉版令》《决事比例》《司徒都目》《五曹诏书》《春秋断狱》，凡二百五十篇。《驳议》三十篇。又著《汉官礼仪》《状人记》《中汉辑序》《风俗通》《汉书集解》，著述凡百三十六篇。
阳球	击剑，习弓马。性严厉，好申韩之学。	初举孝廉，补尚书侍郎。出为高唐令。九江守。光和二年为司隶校尉。以曹节谮，徙卫尉。后下狱死，妻子徙边。	闲达故事，其章奏处议，常为台阁所崇信。	

论支那律令法系的发达

——兼论汉唐间的律学 *

[日]中田薰　著　何勤华　译

一

所谓律令法系,是指由律和令两种法典形式组成之国家统治的基本法的支那独特的法律体系。众所周知,这一法律体系,在我国,自大化革新之后,也从唐朝那里继受了过来。但是,这一体系,并不始自唐朝,它的起源可以追溯到汉代丞相萧何制定的律令之中。从汉亡至唐约经历了九百年,其间兴衰的国家有数十个,但这些国家对法律的创造,几乎都是在其开国或者最初的二三代之间,并追随着汉初立法的先例,这与近世各国都在革命和事变之后就制定宪法等情况非常相似。唐以后情况也同,五代、宋、金、明、清都制定了律令或律。

不仅如此,支那法系还由于为中国之外的其他东亚各国所继受而壮大了力量。在东亚,制定最古的律令的是朝鲜三国时代的新罗,其时间是

　　* 本文原载中田薰著《法制史论集》第四卷(岩波书店 1964 年版),原标题为"论支那律令法系的发达",副标题为译者所加。原文有 3 万余字。本文选译的是其中关于律学部分的内容。文中注均为译者注。

在公元 520 年,相当于中国南北朝时代的梁王朝时期。因此,新罗模仿的可能是中国南朝法律系统的律令。接下来是我国,《近江令》《大宝律令》《养老律令》,都是以唐初的各项律令作为模范而制定的。在朝鲜,一直到其后的高丽王朝,是将唐律予以节略,制定了简单的律(律中包含了令)。其具体的时间不甚清楚,大体是第八代王朝显宗(1010 年即王位)以前的事情。此后,在高丽王朝末期(1392 年),又参酌大明律和元至正条格制定了律的草案,但它没有能够实施。在中国南部,14 世纪与明王朝对峙的安南王国,参酌唐律令制定了黎律(也将令编入了其中)。

这样,上述律令法系,如果从时间上说,上起汉代,下迄清王朝,存续了约 2000 余年;从地域上说,波及了整个东亚之南北及东洋地区,成为一大法系。在比较法上,具有诸多的研究价值。而我今天演讲的主题,则是要阐述从原始的汉律令到发达至顶峰的唐律令这一段时间,其律令的形式以及其性格之发展过程的概要。如果时间充裕的话,再论述一下中国历代王朝建立之初为何急着要制定律令的理由。

二

如上所述,律令法系的起源是汉代萧何的划时代的立法。但是,汉代的律令实际上是更为遥远的周代法制持续发展的结果。因此,这里有必要对汉以前支那最古老的法的体系作些回顾。人们一般认为,在支那,从太古时代起,法律特别是刑法就已经开始发达,并且其文字的使用也很古老,成文法的出现也很早。

略(以下,有近 15 页的篇幅回顾了从先秦至魏晋南北朝中国律令法体系的发展过程,因与律学发展关系不很紧密,故略)

北周在接替北齐之后,与南朝的陈王朝相对立,并使中国的律令法系分为南北两支。乘北周王室衰弱之际,原来的臣下杨坚篡夺了皇位,并进军南方灭掉了陈朝,统一了中国。此时为 6 世纪末,即西历 589 年。在此之前,隋之开国皇帝即文帝杨坚已经参酌汉以来的历代律令,于开皇元年至三年(581—583 年)制定了律令。因开皇律令吸收了汉以后历代王朝的立法(也有一种说法是仅仅吸收了后周的立法),因而是非常完备和优秀的律令,但非常可惜的是它没有能够流传下来。

文帝的儿子即有名的隋炀帝,于大业年间对开皇律令进行了修改,但实际上是把它改坏了。将隋灭掉夺得天下的是唐王朝。唐高祖于武德元年(613 年)即位,之后在武德七年制定了律令,据说该律令大体上袭用了开皇律令,由此也可以看出开皇律令是多么优秀。之后,在二十七年间对武德律令有两次修正,分别在贞观元年、永徽二年。其中,永徽律令是我国大宝律令的蓝本。其后,唐代对律令还有几次修正,这里就不再详述了。

以上,我对汉以后至唐约九百年间律令法系的发达,特别是对本次讲演的主题律令的性格的发展进化作了简明扼要的阐述。这当中,我想强调的是,还应当特别关注一下与律令的发达紧密相关的律令法学的发达。这是因为,法律的发达,促进了法学的发达,而法学的进步又推动了法律的发展,两者相辅相成,彼此影响,共同促进中国法的整体的进步。

三①

众所周知,中国早在战国时代就已发展起了刑名法术之学问。这一学问以法的本质和法的作用等作为自己的研究对象,相当于现在的法哲学,还不是严格意义上的法学。秦代的李斯在劝秦始皇焚书的奏折中说:"欲有学法令者,以吏为师。"以此可知,自秦王朝建立之前起,中国就已经有了比较发达的师徒相传的法学。

汉武帝采纳了大儒董仲舒的奏文,建立每年从郡国按照人口数的比

---

① 在原著中,本处是第六点。因译文有删节,故改为第三点。

例选择若干名官吏通过考试以举荐官员的候补者的制度,该考试有四个科目,其中有一科就是"能足以明习法令解决疑难案件",以便今后能够胜任"御史"之司法官职。从这件事中我们可以得知,在当时郡国的士大夫和官吏之间法学已经获得普及,以及汉武帝是如何地重用法律家等的状况。不仅如此,武帝后来还将一批以明法为家业的名家的子孙重用为郡吏、廷尉、御史和尚书等官职。

汉末成帝时,有以明法为世业的家族出身的尚书陈咸(《后汉书》卷四十六、①传三十六),在王莽篡位时虽被受聘,但却称病谢绝,将所有家传的法律书都收起来藏于屋里墙壁之内。这大概是学了秦始皇焚书时伏生将《尚书》藏之于壁的智慧吧。陈咸的曾孙陈宠在东汉章帝时,曾上奏请求对律令进行再次审议,对刑罚予以省略,其奏文中有一句话为"律有三家,其说各异"(《后汉书》卷四十六、传三十六)。由此也可以知道,当时律学分为三个学派并互相对立。

在上面我们所说的汉武帝时代,曾经出现过赵禹、张汤、杜周三位著名的酷吏,但也可以据此推测他们同时应是优秀的法律学家。其中,杜周和他的儿子杜延年(汉宣帝时的御史大夫)的学说被后世称为《大杜律》和《小杜律》。由此事可见,在西汉时期就已经有了法律的学派。至东汉中叶,有名的明法学家有郭氏、吴氏和陈氏三大家族,据说郭氏的学说就是源自《小杜律》。前述陈宠所谓"律有三家"指的或许就是这三大家族。东汉中叶郭躬在举行律学讲座时,听讲者往往达数百人之多(《后汉书》卷四十六、传三十六)。据传,钟皓的门人有上千(《魏志》卷十三、传十三)。参与东汉末叶律令修正的应劭,著有《律略论》五卷(《隋书》卷三十三、志二十八),但非常可惜的是没有能够传给后世。

汉代实际上是中国法律学最为繁盛的时期。但如上所述,至晋代突然出现了律和令分离这一值得大书特书的历史性转变。促成这种飞跃性转变的理由是什么呢?详细研究的工作只能留待将来去做了,这里能说的或许是汉代四百年间发达起来的法律学到了晋代结出了硕果吧。编修

---

① 此处及以下各处,原著均作"卷七十六",系误。

晋律令的是丞相贾充、明法掾张斐、河南尹杜预等十四个人,多数都是明法学家。其中,杜预撰写了律序并上奏说完成了律令,在撰写《律令注解》之著作时也留下了奏文,但传至后世的都已经是残文了。尽管如此,足可见杜预对法学所拥有的深厚素养了。

顺便说一句,杜预当时曾涉猎了几乎全部的古典,创作了至今仍然被作为儒学之经典的《春秋左氏传集解》之巨著,是一位大儒。同时,他还是率领着晋朝的水陆大军,渡过长江天险,讨伐东吴,导演在石头城头接受降旗,将吴主孙皓当面捆缚,让其舆襯(负着收敛有从卒死尸的棺材)从自己军队阵中出降之悲剧的献策者和水陆总指挥官,是一名众所周知的大将军。这种文武双全的英杰,同时又是一位法律大家,着实让人敬畏。举目东西方,古来像这种杰出的划时期的立法者,也就是汉穆拉比王、所罗王、萧何、杜预以及拿破仑等少数几位。

在晋律令作成之时张斐和杜预撰写了《律令注解》的著作一事,我们上面已经提及。同时,我们也已说到东汉末叶应劭所撰写的《律略论》。此外,在魏初,刘劭也撰写了《律略论》(《三国志·魏书》卷二十一)。但由于应劭和刘劭的著作都没有对律令作出注解,因此,对律令进行注解则是始自张斐和杜预的作品。关于晋律令对南朝的影响,是通过张斐、杜预两个人的作品得以施加一事,上面已经提及。然而,如此发达昌盛的晋代的法学,在晋朝东迁之后开始走向衰弱。刘宋以后的南朝各国并没有制定自己的新律令,这可以从史料中经常显现出来的南朝以张杜之律令注解合本为法律的依据一事中得知。

如上所述,在南齐,以在刘宋时通行的张杜之律令注解合本起草了《永明律》,在草案审议会成员中有识之士的代表是孔稚珪(即留下了著名的《北山移文》之孔德彰)。他是太子的常侍,生性不喜欢应酬时务,而是闲居在自己的山庄里,以吟诗作赋为乐,每日饮酒达七八斗之多,而后就倚在书榻边,一边眺望许多年没有去整理修剪因而被长草垂枝遮蔽着的庭园,一边以池塘中传出之蛙声作为自家之鼓乐声而为乐的奇人学者。他在法典审议会上,就发表了"寻古之名流,多有法学……今之士子,莫肯为业,纵有习者,世议所轻……将恐此书(学问)永坠下走之手矣"的议论。另一方面,因经验丰富而备受关注、时任内史之重职并屡屡就政事上奏的崔祖思,也反复强调了以下观点:"汉来治律有家,子孙并世其业……今廷尉律生,乃令史门户,族非咸、弘,①庭缺于训。刑之不措,抑此之由"(《南齐书》卷二十八、卷四十八)。如此之法学的衰微,不仅仅是南齐,而是南朝末各国之普遍现象。

那么,出现上述现象的原因是什么呢? 我想,至少可以举出两方面的事例。首先,在晋代,录用吏,并不是看他的学识,而是看他是否出身于门阀世家。这种腐败的风气,造成了主动去学习法律的人越来越少。其次,更为重要的原因是,受到了自晋初以来流行的"清谈"学派的影响。

清谈学派本于老庄,信奉无为,讥讽现世,蔑视名教,崇尚自然,平日以诗酒为乐,放荡无已,偷邻居的酒喝者有之(《晋书》卷四十九、列传十九毕卓传),喝醉之后赤裸着身体横卧在路上者有之(《晋书》卷四十三、列传十三乐广传)。他们谁也不怕,一味顺着自然而放纵生活,恣意享乐。不仅如此,该学派最讨厌的就是约束人们行为的"礼"和"法"。王隐《晋书传》轻侮地宣称:"(郑)玄曰:论经者,谓之俗生;说法理者,名为俗吏。"

清谈学派的代表,竹林七贤之一阮籍,曾描述了该学派的理想,他在《大人先生传》中的一节里面谈及"世上的礼法君子"时,讽刺谩骂地称其为"裤裆里的跳蚤"(《晋书》卷四十九、列传十九阮籍传)。这些话传到世上礼法君子的耳朵里,他们如何受得了。于是,他们也倒过来攻击清谈之徒,并将其视为世敌仇人(《晋书》卷四十九、列传十九嵇康传)。②

如此虚无缥缈的思想滔滔不绝地风靡南朝,就造成了(将律学视为)"犊鼻、裤中的蚤学"这样一种轻视现世学问的风气。而与此相反,在北朝的齐,法学发展达到了隆盛的阶段。由于立法水平的提高,国家的律令得以简明扼要,武成帝下达了制定律令的后敕,并要求经常向仕门子弟讲习

---

① 咸,即陈咸,陈宠的曾祖父,汉成帝和汉哀帝时以律令为尚书;弘,即郭弘,郭躬的父亲,精通《小杜律》。

② 中田薰先生此处是指《晋书》卷四十九、列传十九嵇康传中所述清谈学派因轻侮"礼法君子"而遭到迫害之事,如当时颍川贵公子钟会,属"礼法君子"之列,前去拜访嵇康,而嵇康不予理睬,只与向秀一起在大树下不停地打铁,钟会等了良久,没有办法,怀恨悻悻而去。不久,钟会便在晋文帝面前进谗言,结果致嵇康被杀。

律令,从而形成了"齐人多晓法律"之结果(《隋书》卷二十五、志十、刑法)。

隋王朝统一中国之后,一扫南朝的清谈学派,统治时间虽不长,但法学却借此机会得以勃兴。至唐代,中国的法学再次得到发展,进入隆盛阶段。这当中的原因有二:一是唐建国后在大学中增设了"明法科",让明法学生在"律馆"中接受法律教育,这可以视为中国法科大学的嚆矢。二是由于在录用官吏考试时增设了专攻法学的科目,因而在隋时设立的秀才、明经、进士三门学科称号(学位)之外,增加了"明法"这一新的称号(这种称号都伴有荣誉和特殊利益),这是比汉时的明法选举制更为进步的"明法出身"之制。从这一点也可以得知,在唐代法学者是如何获得重用,国家在法学者的培养方面是花费了多少精力。

永徽四年,长孙无忌等十九人奉敕编纂了"律疏",因在晋张斐、杜预以后未再出现过撰写律令注解书的事例,因此,可以推知"律疏"是直接模仿了张、杜的律令注解书。此时以及在此前后出版的私人所撰律令注解书大量面世,其中也有一些传入了日本,成为中央政府法学的基础。这些书大概也是模仿张、杜律令注解书的作品吧。晋法学影响了唐代法学,唐代的法学是中国法学繁荣的第二个重要时期,也可以说是中国法学发展的"文艺复兴时期"。但这只是问题的一个方面,另一个方面,它也说明了汉的法学经过晋的中介传至唐代。因此,汉代萧何在法律方面的业绩实在是伟大,它的影响不仅及于中国后世,在东洋法制史上也留下了巨大的足迹。

最后,按照预定的计划,我还要讲一下自汉至唐的各个朝代之初,为什么都制定了作为国家根本法的律令的理由,因讲演时间已到,我无法再说下去。对此,我感到非常遗憾。这部分内容,只能留待下次另外安排时间再作详述了。

附记:本文是在对讲演原稿作出个别订正补充基础上完成的。由于讲演的主旨在于平易地阐述律令法系发达的概要,因此,在史料考证方面并不十分严格,且多有省略。如果读者想进一步了解详细的资料,可以参阅在《法制史学会年报》创刊号上刊登的拙稿《古法杂观》中的相关内容。此外,本文参考程树德氏所著《九朝律考》之处比较多,特此说明。昭和二十六年(1951年)十一月记。

后　记

2004 年,笔者在商务印书馆出版了《律学考》一书。至今,刚好过去了 20 年,时间过得真快啊!

在这 20 年中,我国学术界就中国古代律学研究,又推出了一批成果,笔者自己也陆续完成了一些自己感兴趣的专题研究。在此过程中,笔者除了关注学界同仁的研究方向、学术重点和前沿成果之外,应人民出版社编辑江小夏博士的邀请,将与本主题相关的论文(有些是 2004 年之前发表的),也汇编成一集子。按照小夏博士的建议,这个集子起名《律学新考》,作为人民出版社"人民文库·法律"丛书之一种。

在本书出版之际,笔者最想表达的是感谢之情。首先是要感谢人民出版社的领导,没有他们的高瞻远瞩,本书就不可能出版并被纳入"人民文库"之中。而没有编辑小夏博士这一年的辛勤劳动,本书也不可能以现在这一样式和面貌与读者见面。

其次是要感谢刊用这些论文的期刊以及这些刊物的主编和法史编辑,它们是《中国社会科学》《中国法学》《法学研究》《中外法学》《法学》《华东政法大学学报》《政治与法律》《法学评论》《法商研究》《法律科学》。正是因为他们认真、仔细、执着、有时带有质疑和批评的修改意见,使得各篇文章最后能够逻辑自洽、文字流畅、趋于完善。

当然,随着一批在中华法律文化领域耕耘的青年才俊的逐步成长,我国对中国古代律学的研究已经日益繁荣,有些成果在史料、观点和立意上都已经达到了一个非常高的水准。笔者希望,本书能够成为学术界在这一领域继续开拓研究的铺路砖和垫脚石,为中华优秀传统法律文化的创新发展、为人类法治文明的进步尽一点微薄之力。

何勤华
于华东政法大学
法律文明史研究院
2024 年 11 月 5 日